U0605080

数字政府

让城市『智』理有方

王　健　乔艳阳

周　超　刘东辉 ——主编

人民日报出版社

北京

图书在版编目（CIP）数据

数字政府：让城市"智"理有方 / 王健等主编.
北京：人民日报出版社，2024. 10. -- ISBN 978-7
-5115-8455-7

Ⅰ. F299.23-39

中国国家版本馆CIP数据核字第2024D8U858号

书　　名：**数字政府：让城市"智"理有方**
SHUZI ZHENGFU : RANGCHENGSHI "ZHI" LI YOUFANG
作　　者：王　健　乔艳阳　周　超　刘东辉　主编
出 版 人：刘华新
责任编辑：刘天一
封面设计：中尚图
出版发行：**人民日报**出版社
社　　址：北京金台西路2号
邮政编码：100733
发行热线：（010）65369527　65369846　65369509　65369512
邮购热线：（010）65369530
编辑热线：（010）65363105
网　　址：www.peopledailypress.com
经　　销：新华书店
印　　刷：大厂回族自治县彩虹印刷有限公司
法律顾问：北京科宇律师事务所（010）83632312
开　　本：710mm × 1000mm　1/16
字　　数：293千字
印　　张：18.5
版次印次：2025年3月第1版　2025年3月第1次印刷
书　　号：ISBN 978-7-5115-8455-7
定　　价：68.00元

如有印装质量问题，请与本社调换，电话（010）65369463

前　言

　　党的二十大明确提出，推进新型工业化，加快建设制造强国、质量强国、航天强国、交通强国、网络强国、数字中国。党中央围绕实施网络强国战略、数字中国战略作出一系列重大部署，各方面工作取得新进展。2022年4月19日召开的中央全面深化改革委员会第二十五次会议（以下简称"会议"）审议通过了《国务院关于加强数字政府建设的指导意见》（以下简称《指导意见》），为今后一段时期我国数字政府建设指明了方向，而且对于如何构建协同高效的政府数字化履职能力体系，如何构建数字政府全方位安全保障体系，如何构建科学规范的数字政府建设制度规则体系，如何构建开放共享的数据资源体系，如何构建智能集约的平台支撑体系，如何以数字政府建设全面引领驱动数字化发展，如何加强党对数字政府建设工作的领导等方面提出了具体要求，本书紧密结合《指导意见》的要求展开详细论述。

　　会议指出，要把满足人民对美好生活的向往作为数字政府建设的出发点和落脚点，打造泛在可及、智慧便捷、公平普惠的数字化服务体系，让百姓少跑腿、数据多跑路。我们要按照中央的要求，加快推进数字化政府建设，以数字化改革助力政府职能转变，统筹推进各行业各领域政务应用系统集约建设、互联互通、协同联动，发挥数字化在政府履行经济调节、市场监管、社会管理、公共服务、生态环境保护等方面职能的重要支撑作用，依法依规促进数据高效共享和有序开发利用，统筹推进技术融合、业务融合、数据融合，提升跨层级、跨地域、跨系统、跨部门、跨业务的协同管理和服务水平。

　　本书回顾了我国数字政府建设的演进过程，探讨了我国数字政府建设的基本思路与总体框架，分析了完善数字政府建设的保障和支撑，在研究数字政府建设与提升政务服务效能、数字政府建设与推进社会治理现代化、数字政府建设与应对安全领域新挑战的基础上，结合国内国际数字政府建设实践，提出了新时代新征程实现我国数字政府建设现代化的路径选择。本书旨在强化系统观念，希望在加快我国数字政府体系化建设方面，提供一些借鉴和参考。

课题组由王健、乔艳阳、周超、刘东辉四位教师构成。本书一共分为十章，第一章、第三章、第四章由王健撰写；第五章、第七章、第十章由乔艳阳撰写；第八章、第九章由周超撰写；第二章、第六章由刘东辉撰写。王健负责全书的统稿工作。

本书适合各级党校（行政学院）、干部培训机构的学员培训使用，也适合高等院校相关专业本科和研究生学习参考，还可以用作成人的科普读物。由于时间仓促，加之作者的水平所限，书中难免有疏漏或不妥之处，欢迎大家批评指正。

本书编写组

2024 年 4 月

目 录
CONTENTS

第一章　数字政府建设概述

一、数字政府的内涵与特征

（一）数字政府的内涵

目前，理论界对数字政府的定义呈现多样化。有学者认为，数字政府是"信息技术革命的产物，是工业时代的传统政府向信息时代演变产生的一种政府形态"[1]。也有学者将其定义为"将政府与其他主体之间的互动、政务服务、社会治理等政务活动统统数字化并存储于云端……政府事务在数字化、网络化的环境下展开的政府存在状态和政府活动实现形式"[2]。还有一些学者进一步将"数字政府"界定为：政府基于数字基础设施的赋能、协同与重构[3]。杭州电子科技大学刘淑春教授（2018）结合浙江的实践，认为政府数字化转型是系统性、协同式变革，包含治理理念创新、数字技术创新、政务流程创新、体制机制创新，涉及战略制定、治理模式、组织架构等方面的内容。[4] 对外经济贸易大学戴长征教授（2017）提出我国应以"系统性、整体性、协同性"为理念，以信息化驱动现代化为主线，打造数字政府并完善数字政府治理体系[5]。

笔者认为，数字政府即政府通过拓展数字化思维、强化数字化理念、运用数字化工具、实施数字化战略、制定数字化规则、配置数字化资源，从而达到提高政府治理效能、增加优质政府服务供给、增强公众服务满意度的目

---

[1]　王伟玲：《加快实施数字政府战略：现实困境与破解路径》，《电子政务》2019 年第 12 期．

[2]　何圣东，杨大鹏：《数字政府建设的内涵及路径——基于浙江"最多跑一次"改革的经验分析》，《浙江学刊》2018 年第 5 期，46．

[3]　黄璜：《数字政府：政策、特征与概念》，《治理研究》2020 年第 3 期，15．

[4]　刘淑春：《数字政府战略意蕴、技术构架与路径设计》，《中国行政管理》2018 年第 9 期，37．

[5]　王益民：《数字政府》，中共中央党校出版社，2020 年．

标，是一种新型政府治理和公共服务形态。打造数字政府的关键在于坚持以人民为中心的发展理念，强化信用管理，充分挖掘数据资源，提高管理效率，改善服务体验，促进公众与政府的良性互动，实现政府公共服务价值和政府治理效能的"双提升"。

（二）数字政府的特征

从目前已有的研究来看，数字政府主要体现了新技术应用环境下，政府通过完成数字化转型实现治理的变革，满足公众对公共服务和公共价值的需求。因此，数字政府包含以下四个特征。

1. 数字政府的"平台化"

政府通过推动与社会公众、企业和社会组织等共同创造、共同设计和共同交付的创新，从公共服务的提供者变成改善公共服务生态系统的管理者；公共部门提供数据和基础设施，并确保公平、包容和社会效益，在推动企业抓住正在崛起的平台经济机遇方面发挥关键作用；通过打造信息和通信技术基础设施、提高信息及时传送与数字实时处理能力、提升劳动力数字技能等方式，夯实数字平台服务的基础。

2. 政务服务"智能化"与"便利化"

随着大数据、云计算、人工智能、区块链技术的广泛应用以及 5G 网络、虚拟现实技术、智能服务终端的"全覆盖"，多种政务服务摆脱技术束缚，让更多的政务服务事项"网上办成常态，网下办成例外"，这大大缩减了时间和空间带来的办事成本，使更多政务服务事项"马上办""网上办""就近办""一次办"。

3. 政府治理"智慧化"

政府通过强化数据资源统筹规划、分类管理、整合共享，实现公共数据资源一体化管理，为各级党委和政府进行科学治理提供数据支撑；充分发挥数据资源的优势和作用，预测政策需求和对未来做出规划，把数据作为创新驱动和引领发展的先导力量，作为应对危机、解决现实问题和实现目标的基本工具。加快数据有规律性地跨组织边界流动，使部门之间更容易进行交互和提供更好的服务，为政府治理能力和治理效能提升奠定坚实的基础。

4. 政府部门间高效"协同化"

数字政府是不同于传统政府的新形态，其运作依赖数据共享和各个子系统的协同，以实现政府治理的智能化、平台化、数字化、便捷化和精准化为目标。协同化主要强调部门之间的互联互通，在业务协同方面能实现跨地区、跨层级、跨部门、跨系统、跨业务的高效协同管理和服务体系。

（三）数字政府运行的基本条件

数字政府运行必须将实体政府与数字技术相融合，即必须以互联网、计算机、大数据等技术为支撑，同时以政府行政系统的调适为要求，打造数据化的新型政府运行模式。数字政府是从政府组织优化、资源配置方式、政府治理能力等视角进行规划建设的新系统工程，是一次发展理念的创新、一种发展模式的升级，主要体现在以下几个方面。

第一，数字政府以信息技术为支撑，将按照数字化、数据化、智能化、智慧化的演变规律与发展路径，实现层级式优化完善，不断推动政府运行体系的转型升级与融合创新。通过针对政府的数字化改造、数据化管理、智能化运行、智慧化共治，使政府运行环境发生根本性改变，促进平台型、数据型、开放型、服务型政府的全面发展。为此，要推动数字政府发展演进，积极构建新时代的政府数据治理体系，以政务信息共享与整合为切入点，提升政府数据运营效率，增强政府决策的数据支撑。

第二，数字政府建设的目标是推动治理模式创新，为群众提供满意的公共服务。以公众在公平、正义、民主、法治、安全等方面的实际需求为出发点，通过体制机制创新，充分发挥新一代信息技术优势，革除公共管理和公共服务过程中不符合发展要求的障碍，推动政府治理模式的全面升级。所以，打造数字政府，要围绕政府、企业、社会公众等服务对象，聚焦服务模式创新，不断优化服务流程，打造完善的公共服务体系，为社会公众提供良好的生活环境与发展空间，使公众充分享受数字政府建设成果，不断提升社会公众的获得感和幸福感。

第三，数字政府是将实体政府数字化、虚拟化，通过组织扁平化、业务协同化、服务智能化等方式，以及与实体政府的有效衔接与相互驱动，打造一种新型政府运行模式。从目前实际情况来看，主要通过推动实物虚拟化、人员虚拟化、组织虚拟化、服务虚拟化等，减少实体政府一些环节的存在，不断优化服务流程等，如让更多的行政审批事项"网上办""掌上办""指尖办""不见面"。

第四，数字政府是一种新的生态体系。随着以大数据为核心的信息化新阶段的到来，数字政府建设运营的复杂度增加，专业性增强，需要进一步厘清政府、企业、公众的角色定位，逐步形成在新的法律法规、标准规范、合作模式等环境下运行的新型组织。首先，要加快构建协同高效的政府数字化履职能力体系。一是强化经济运行大数据监测分析，提升经济调节能力；二是推行智慧监管，提升市场监管能力；三是推动数字化治理模式创新，提升社会管理能力；四是优化利企便民数字化服务，提升公共服务能力；五是强化动态感知和立体防控，提升生态环境保护能力；六是加快推进数字机关建设，提升政务运行效能；七是推进公开平台智能集约发展，提升政务公开水平。其次，要大力推动政府数据开放，加强政府与社会数据融合，鼓励企业参与政府数据的开发利用，进一步提升公共管理与公共服务水平。最后，要加强资源共享，充分利用政府公共服务平台与商业平台创新运营模式，形成共建共享生态体系，全面提升数字政府建设质量。

（四）数字政府建设的发展阶段

我们可以把数字政府建设的形成和发展过程总结为四个阶段。

第一阶段：政府信息化阶段（20 世纪 70 年代后期—2001 年）

20 世纪 70 年代后期到 80 年代初，中国政府在电力、地震、气象、地质、人口等领域开始应用计算机辅助科学计算。这些主要是对计算能力的应用，还谈不上支持政府管理。80 年代中期，中央开始对经济、金融、铁道、电力等十多个关系国家经济命脉的国家级信息系统进行立项建设。90 年代启动的"三金工程"即金卡、金关、金桥工程和"政府上网工程"都是这个时期的经典工程。在这一阶段政府是以更新信息化的软硬件来辅助处理政务业务和政府门户网站的建设为特征，由于当时尚未正式启用电子政务的概念，因此我们称为"政府信息化"阶段。

第二阶段：电子政务阶段（2002—2017 年）

2002 年国家发布《国家信息化领导小组关于我国电子政务建设指导意

见》，2006 年发布《国家电子政务总体框架》，基本奠定了之后十多年电子政务建设的总体范畴，因此我们将这个阶段称为"电子政务"阶段。该阶段根据典型政策或现象，又可以分为四个子阶段。

第一个子阶段是从 2002 年到 2009 年。两网、四库、十二金等著名电子政务工程就起始于这个阶段，这些工程大多是关系国民经济系统正常运行的重点行业管理信息化工程和政府内部基础设施建设，至今仍然是重要建设内容。

第二个子阶段是从 2009 年到 2012 年。在政府自身建设和运营的电子政务系统之外，出现诸如政务微博、政务微信等一批可以承载政务信息服务的第三方平台，同时，智慧城市、政府大数据、数据开放等概念也纷纷出现，技术创新"风起云涌"。尽管与传统电子政务有较大差别，但这些创新通常也都被纳入电子政务的广义范畴之中。

第三个子阶段是从 2012 年到 2015 年。党的十八大之后，中央成立网络安全和信息化委员会办公室，网络空间治理、大数据发展等都被提到中央层面。工业和信息化部和国家发展改革委在 2012 年前后分别发布《国家电子政务"十二五"规划》和《"十二五"国家政务信息化工程建设规划》。同时，一批由部委率先部署，之后逐步收拢为由国家发展改革委牵头的跨部门地方试点项目，比如"信息惠民""（新型）智慧城市"等在全国铺开。

第四个子阶段是从 2015 年到 2017 年。中央在这个时期提出"放管服"的改革思路。"放管服"与"互联网 +"相互结合推出两个方向改革：一是围绕"优化服务"展开的"互联网 + 政务服务"；二是围绕"放管结合"展开的"互联网 + 监管"。同时期，国家发改委发布《"十三五"国家政务信息化工程建设规划》，提出"基本形成满足国家治理体系与治理能力现代化要求的政务信息化体系，构建形成大平台共享、大数据慧治、大系统共治的顶层架构"。这个阶段以利用物联网等技术来推动政务服务数字化建设为特征，核心理念由政府部门为中心转向以人为本。

第三阶段：数字政府阶段（2018—2020 年）

自 2015 年我国部署实施《促进大数据发展行动纲要》以及"互联网 +"战略以来，数字政府正式进入以数据为核心的建设阶段，数据治理与数据资产化成为关键。习近平总书记指出要"加快建设数字中国"，同时要"运用大数据提升国家治理现代化水平"。尽管一些地方政府和学术界很早就开始使用"数字政府"，但是并未获得普遍采用。此次作为"数字中国"体系的有机组成部分，这个概念得到了强化，并从2018年开始在贵州、广东、浙江等省份地方治理中被迅速推开，地方规划相继出台，我们将这个阶段称为"数字政府"阶段。①

第四阶段：智慧政府阶段（2021年至今）

2021年8月，中共中央、国务院在《法治政府建设实施纲要（2021—2025年）》（以下简称《纲要》）中回应科学技术日益发展的大数据等现代信息技术时，明确提出了"全面建设数字法治政府"的基本路径和目标要求。建设数字法治政府本质上就是建设智慧政府，与传统的数字政府相比，智慧政府建设"更强调数字技术在政府建设中的保障作用"，运用人工智能、大数据、区块链等数字技术促进法治政府建设的发展与完善，推进依法行政。② 从此，数字政府进入技术体系、管理模式、服务模式的智能创新阶段，我们称为"智慧政府"阶段。③

二、加快数字政府建设的重大意义

2022年6月，国务院出台了《国务院关于加强数字政府建设的指导意见》（以下简称《指导意见》）。《指导意见》强调，加强数字政府建设是适应新一轮科技革命和产业革命趋势、引领驱动数字经济发展和数字社会建设、营造良好数字生态、加快数字化发展的必然要求，是建设网络强国、数字中国的基础性和先导性工程，是创新政府治理理念和方式，是形成数字治理新格局、推进国家治理体系和治理能力现代化的重要举措，对加快转变政府职能、建设法治政府、廉洁政府和服务型政府意义重大。

（一）有利于转变政府职能

2016年5月9日，国务院召开电视电话会议，正式提出要持续推进"简

---

① 黄璜：《数字政府：政策、特征与概念》，《治理研究》2020年第3期，6.
② 尹孝勉：《迈向实质法治的智慧政府建设》，《求索》2023年第2期，171.
③ 王琦，张静：《数字政府》，北京邮电大学出版社，2020年．

政放权、放管结合、优化服务"。党的二十大提出"加快建设制造强国、质量强国、航天强国、交通强国、网络强国、数字中国"。我国数字政府建设应牢牢牵住政府转变职能这个"牛鼻子"，以简政放权、创新监管、提升服务为核心强化多部门联合监管和协同服务，始终坚持把深化"放管服"改革作为先手棋，推动政府从"群众跑腿"转变为"数据跑腿"。数字政府建设既要让数字化、协同化、智慧化成为"放管服"改革的重要依据，也要使政府部门以服务者的角色重塑政府、市场、社会三元结构的适应性权力配置，最终实现政府职能的数字化转型。

（二）有利于建设法治政府

党的十八届三中全会提出，坚持用制度管权、管事、管人，让人民监督权力，让权力在阳光下运行，把权力关进制度的笼子里。要不断完善制度体系，构建决策科学、执行有力、监督有力的权力运行体系，更好地让人民监督权力、让制度管住权力，促进政府工作更加开放透明。在数字化时代，大数据、云计算、人工智能、区块链等技术为加强数字政府建设、强化政务公开、扩大政务信息覆盖面、加大政务信息共享范围、增加政务信息的应用场景提供了重要支撑。这使得政府不断完善网络问政平台并主动回应网民的关切，增加社会公众参与公共政策的制定、执行和监督的机会，最终提升政府自身的透明度。2021 年 8 月，中共中央、国务院印发的《纲要》明确提出要健全法治政府建设科技保障体系，全面建设数字法治政府，其本质上是坚持运用互联网、大数据、人工智能等技术手段促进依法行政，着力实现政府治理信息化与法治化深度融合，优化革新政府治理流程和方式。数字法治政府是从技术维度和法治维度来推进新时代新发展阶段的政府建设，既要加快运用数字化工具建设政府，又要注重运用法治思维和法治方式处理政府建设中的各种问题。

（三）有利于加快建设服务型政府

服务型政府的根本特征在于坚持以人为本，实现以公众需求为导向的服务模式。从现实中不难发现，数字政府建设有力地推动了服务型政府建设。通过数字化手段为人民群众提供优质公共服务，既是我们党的根本宗旨在数字时代的全新诠释，也是践行党的初心使命在新发展阶段政府建设实践中的卓越展现，通过"让数据多跑路，让群众少跑腿"，让更多事项"网上办""掌上办""指尖办""不见面"，不断提升政府工作效能，优化政务服务环境，增强人民群众的获得感、幸福感、安全感。

三、数字政府时代的到来与治理方式的变革

2017 年底习近平总书记提出"加快建设数字中国"，同时提出"运用大数据提升国家治理现代化水平"。党的十九届四中全会提出，建立健全运用互联网、大数据、人工智能等技术手段进行行政管理的制度规则，推进数字政府建设。由此可见，中国的数字政府时代是在技术革新不断迭代升级和治理理论、治理能力不断优化前进的相互交织中发展起来的。一方面是技术的不断更新升级，另一方面是政府治理能力的显著提升。当前我国数字政府建设在有效利用互联网、大数据、人工智能等手段的基础上，融入国家大数据战略，建立国家宏观调控数据体系，将"互联网＋"与"放管服"改革相结合，着力打造符合中国特色的数字政府模式。2022 年 4 月，习近平总书记在主持中央全面深化改革委员会第二十五次会议时强调，要全面贯彻网络强国战略，把数字技术广泛应用于政府管理服务，推动政府数字化、智能化运行，为推进国家治理体系和治理能力现代化提供有力支撑。[①] 就建设本质而言，数字政府不仅仅是互联网技术与政府治理的简单叠加，而是在相互助益与耦合中不断提升和进步。政府牵头推动技术进步，推动政府治理持续创新和转型，利用技术为政府赋能，从而实现国家治理现代化。

数字政府的运转模式及其特点方面，相较于之前的"互联网＋政务服务"模式有了更大突破。一是实现了新一轮智能技术的变革与升级。数字政府作为现代化政府公共服务的主要趋势和运行形式，能够运用信息化科技手段广泛采集经济、政治、文化、社会等领域相关信息，并运用大数据分析、人工智能等技术进行深度处理，指导政府科学决策，优化政府的服务治理。二是

---

① 《习近平主持召开中央全面深化改革委员会第二十五次会议强调：加强数字政府建设 推进省以下财政体制改革》，《人民日报》2022 年 4 月 20 日第 1 版．

加强公共服务与社会民众的紧密联系。数字政府建设通过互联网与每一位公众点对点相连，公众既可以通过网络的形式对政府工作进行监督、建言献策，也可以通过网络的形式参与政府公共服务的各项内容。在加强民众与政府的互动、增进民众对政府的情感和信任度的同时，切实保障人民的知情权、参与权、表达权和监督权。因此，无论是从政府自身的角度还是从公众需求的角度出发，数字政府都更为精准地做到需求的匹配和满足。

新发展阶段"数字政府"也呈现出新的特点。一是数字政府建设从流程范式向数据范式的转变，这是数字政府演变的必然趋势。对数据的充分利用不但能够减少因数据流转产生的时间成本，而且能够达到简化流程提高效率的目的。利用"数据"来实现"数字化"的价值，能够达到"精准数据治理"的目的。二是数字政府的治理架构向平台化模式发展。平台化是数字发展领域的重要趋势，能够依托标准的服务窗口，给不同群体提供服务。当前政府通过建立大数据管理机构借助市场化手段，降低数字政府开发成本，充分发挥先进技术的作用。三是智能化数字环境的应用。数字政府的建设不同于早期电子政务的技术基础，智能化成为政府当前的核心需求。当前5G、人工智能、物联网等新技术被认定为新型基础设施，随着"新基建"的不断推进，更多的新型算法被用于提供先进、高质量的公共服务。

由此可见，数字政府建设为公共服务领域带来了新的变革，在资源配置、流程优化等方面均发挥出巨大能量，数字政府的转型升级将为公共服务的革新提供重要支撑。政府进行数字治理的基础性支撑就是科学技术的进步，不同于过去线上办公技术的使用，数字政府通过多种数据赋能机制的运用进行数据整合和共享，从而打破政府与公民之间以及政府不同层级之间的信息壁垒，为未来公共服务的发展提供保障。

四、政府治理方式的变革与"数字鸿沟"的弥合

在数字政府时代正式开启前，良好的智能化技术发展势头引发了"数字鸿沟"迅速扩大的问题，进而诱发关联的其他多种社会问题。联合国经济及社理事会的文件指出，"数字鸿沟"是指由于信息和通信技术在全球的发展和应用，造成国家（地区）之间、国家内部群体之间的差距。如果不能有效解

决"数字鸿沟"所带来的一系列问题，"数字鸿沟"有可能成为各个国家（地区）间以及国家内部发展不平衡的新根源。"数字鸿沟"有三大较为突出的表征。

第一，区域资源分配不平衡。一方面，不同国家间存在"数字鸿沟"。当前全球互联网的普及相当不平衡，高收入国家和低收入国家在互联网普及层面存在相当大的差距，全球最贫困的国家更成为这场数字革命中的"贫困者"甚至是"数字赤贫"国家。另一方面，一个国家中的不同区域也存在"数字鸿沟"。我国的数字政府建设在一些城市，比如北京、广州、上海、深圳等地已经发展得非常成熟，居民只要通过手机即可办理大部分业务。相比之下，在偏远地区，互联网仍不发达。因此，应特别关注农村居民、老年人口和低收入人群等弱势群体，改善和提高其互联网接入条件与使用技能。此外，应持续优化互联网时代数字治理的保障和改善民生效果，营造有利于消除地区性"数字鸿沟"的软环境[①]。

第二，不同人群的多元化需求无法充分满足。互联网的蓬勃发展以及越来越快的更新迭代并没有让更多人在技术的进步中感受到时代的便利，由于不同人群对互联网的接受能力存在差异，导致网络带给人们越来越多便利的同时也给不善或不会使用互联网的群体带来越来越多的非便利之处。对于互联网技术来说，年轻人、受教育程度高的人更加容易接受并利用它们，而对于一些处于偏远地区、受教育程度低、年龄较大的人来说，仍然不能为他们提供有效服务。数字时代的非网民群体仍然值得关注，非网民群体无法接入网络也就意味着其在出行、消费、就医等过程中将会遇到很多困难。电子政务的本质是"以网络为工具，以用户为中心；以应用为灵魂，以便民为目的"。所以政府的改革不仅应该满足网络主要用户的需求，更应该兼顾不同人群的差异性。对于非网民群体来说，这类人群往往对新鲜事物的接受能力比较差，难以享受到数字政府所带来的便利，这就对下一阶段"互联网 + 政务"的发展提出了更高的要求。政府必须增强需求捕捉的敏锐性，针对不同人群制定多样化的方案，同时也要加强对这类困难群体的培训，开发适合他们使用的

---

① 李宏，孙钰婷：《中国地区性数字鸿沟社会经济成因与治理研究》，《兰州交通大学学报》2024 年第 2 期，135－136.

智能设备或优化软件使用方式。让政府的服务在兼顾便民性的同时更具人性化，让数字时代的红利惠及全体人民。

第三，技术升级的需求与现有能力之间存在差距。数字政府建设依托的是当今互联网技术的不断更新。当前 5G、人工智能、云计算、区块链等新兴技术正在推动数字政府的基础设施走向"万物互联"的未来。数字技术的运用现状和理想需求间仍存在一定差距。一是就数据收集范围的广度而言。虽然人们可以通过计算机、手机等终端设备实现政民互动，但数字政府的服务范围远不止于此，有的地方道路、桥梁、排水等市政设施仍未入网，无法进行自动化管理以及自动反馈，不能透明化管理，无法与外界进行信息交换、资源共享。数字政府建设要实现的是所有终端的全域数据采集，这就需要进一步实现技术的深度开发。二是就用户体验感而言。与商用平台相比，许多公共服务平台和政务服务中心并不能给民众带来极致的用户体验，甚至由于部分政府部门重建设而轻维护，导致许多"僵尸网站""僵尸平台"依然存在，不但不能够为民众提供有效和全面的政务服务，还可能白白浪费民众在办理事务时所投入的时间和精力。此外，政府作为公共服务最大的提供者，面对的是多种用户群体，数字政府的平台优化能力显然还不能够兼顾"数字弱势群体"。三是就各地数字化改革发展的基础而言。数字政府平台搭建需要大量资金、人力的投入，这对于经济欠发达地区来说存在一定难度。我国在新技术领域有着良好的基础，需要将更多新技术应用于数字政府建设，利用技术发展和产业升级势头倒逼公共服务部门不断进行自我革新，扩大数字技术在政府治理过程中的应用范围，最大限度增加为不同人群服务的可及性。通过人才培养与技术引进实现平台的优化和前沿技术的应用，从而达到促进政府服务与时代发展相接轨，与社会各界相互激励，加速现代化建设进程，让创新便捷的公共服务惠及整个社会的目的。

数字政府作为政府数字化改革的新模式，成为助力政府优化治理体系的重要抓手。数字政府不仅通过搭建信息系统整合平台，助力科学决策、精准施治，让政府决策更加有深度，还充分满足不同区域不同群体间的多层次需求，发挥了弥合"数字鸿沟"的作用。

一是不断缩小地区间"数字鸿沟"。在数字政府建设和推广过程中，国家对信息资源进行宏观调控，从大范围完善边远地区基础设施入手，让数字政府得以进入并覆盖更多地区，特别是农村等偏远地区。例如，推动偏远地区宽带网络等基础设施建设，加强对偏远地区群众互联网使用能力的培训教育等，巩固拓展脱贫攻坚成果同乡村振兴有效衔接，从顶层设计层面将地区间"数字鸿沟"的弥合落到实处。

二是运用新技术优化数字政府平台，缩小技术与能力间的鸿沟。从用户端来看，面对市场服务的极致优化，部分市场化的技术也不断被用于政府数字化建设。政府与信息技术企业联合开发，可以让 5G 技术的应用为数字政府的发展加速，使政府对数据的收集、整理、整合能力进一步提升，更大程度地满足群众网上办事的效率要求。人工智能在数字政府中的应用也让线上政府服务更有温度，不仅能够促进政府政务处理流程简单化、政府服务更具有个性化和人性化，还能打破时空限制，塑造真正的智能化政务服务。由此可见，数字政府建设能够在很大程度上精准地把握不同群众的需求，并且能够根据需求的变化做出进入新一轮改革的准备[①]。

三是推出更具针对性的公共服务，填补人群间的"数字鸿沟"。虽然数字政府建设通过其强大的整合、分析、智能学习等能力，推动政府公共服务理念不断创新，但"以人民为中心"的发展理念没有改变。首先，开发更多适应老年人、残疾人等弱势群体的智能服务产品，例如利用智能技术开发各种服务软件的"老年版"，具有大字体、大图标、高对比度文字的功能，采用简明、便捷的操作模式，将智能服务自然嵌入老年人高频使用的服务场景，真正体现智慧管理和智能服务。其次，借鉴国内外先进经验并结合服务群体的需求特点，通过空间再造、资源优化、设施更新及内容策划等，提升公共图书馆、医疗机构、养老院、培训机构的服务能力和水平。最后，不断加大对低收入群体、老年人、残疾人等弱势群体的培训力度，通过义务培训让他们熟练掌握各种软件及小程序的应用，尽快融入数字社会，共同分享数字服务带来的红利，从"被动触网"转向"主动入网"，实现学习、购物、医疗问诊、法律咨询、养老服务等事项网上办理，减少"数字鸿沟"的影响。

---

① 吴磊：《需求锚定、结构赋能与平台耦合：数字政府建设的实践逻辑》，吉林大学 2022 年博士学位论文.

五、准确把握以加快数字政府建设赋能中国式现代化的实现

（一）数字政府建设是中国式现代化的重要内容之一

党的二十大报告明确指出，要以中国式现代化全面推进中华民族伟大复兴。要实现中国式现代化，国家治理体系和治理能力必须现代化，其中非常重要的就是政府治理现代化，这不仅包括政府治理方式和治理手段的现代化，例如政府治理的信息化、数字化、智慧化；还包括政府治理模式的现代化，例如"一件事一次办""互联网＋监管"等，这充分体现了政府治理效能的提升，也是中国式现代化的应有之义。党的二十大报告明确提出，到 2035 年，要"基本实现新型工业化、信息化、城镇化、农业现代化；基本实现国家治理体系和治理能力现代化"。毋庸置疑，这是推进中国式现代化战略部署的重要组成部分。加快数字政府建设是实现"信息化"的主要体现，也是实现中国式现代化的重要内容之一。

（二）中国式现代化要求数字政府建设体现"中国特色"

党的二十大明确提出，中国式现代化，是中国共产党领导的社会主义现代化，既有各国现代化的共同特征，更有基于自己国情的中国特色。数字政府建设如何体现中国特色？可以从以下几个方面进行考量。一是坚持党对数字政府建设的全面领导，从政治、思想、组织、作风等方面严格规范数字政府建设，保证我国数字政府建设沿着正确的方向不断发展。二是以习近平新时代中国特色社会主义思想为指引，以习近平新时代中国特色社会主义思想的世界观和方法论来解决我国数字政府建设中的难题。三是在技术上更多地体现"中国制造""中国创造"，将大数据、云计算、人工智能、区块链、5G等先进技术融入数字政府建设，使更多的政府服务事项"网上办成常态，网下办成例外"，开发更多的高频服务场景，更多事项实现"网上办""掌上办""指尖办""不见面"。四是加大内宣和外宣力度，展现数字政府建设中的"中国故事""中国智慧""中国力量"。

（三）以数字政府建设赋能实现中国式现代化的必要路径

1. 数字化转型与数字思维转变

数字化转型不仅是技术的实现，而且要求用新的眼光、新的视角去看待旧的问题、旧的过程。数字思维与大多数组织，特别是公共部门组织对待外界的方式不同，这是一种利益相关者的不同思考方式、一种不同的产品和服务发布方式，以及一种不同的工作方式。对于数字思维的定义，学界还没有达成一致，但对于获得数字思维的组织来说，有四个共同的特征：开放功能、协同创建、对用户关注以及灵活的处理方式。在我国地方政府数字化的实践中，通过统筹的数字化机构进行管理，地方政府领导的支持和统一的管理机构有利于加强顶层设计、协调各方利益，进行统筹规划，减少数字化进程中的障碍，推动数字化政府建设稳步发展。

2. 拓展数字服务创新的内容

随着互联网的不断发展，数字服务创新已经成为当今社会的一个热门话题，也是各行各业的发展方向。数字服务创新区分于传统服务模式，它是通过数字渠道传播提供完全在线的服务，融合了智能化技术，全面简化了为用户服务的流程。数字服务创新在教育、医疗、金融服务等行业已经得到广泛应用，例如数字学习空间、电子病历、无人银行服务等，这极大地改善了传统行业的服务路径并提高了服务效率。随着数字经济的不断发展和数字服务创新的加速推进，数字服务行业将会有着更大的发展空间。

数字服务创新会对社会、企业、个人产生深远影响。数字服务创新对社会的影响主要体现在促进了社会公正性的提高，改变了传统的工作模式和生活模式；数字服务创新对企业的影响主要体现在不仅能促进企业提升生产效率，而且能帮助企业提升用户体验，增加企业销售收入；数字服务创新对个人的影响主要体现在不仅提高了个人的生活品质，而且让个人有了更多的自主选择。总体来看，数字服务创新在各个方面的推动作用越来越明显，虽然一些问题还需持续解决，但是数字服务创新未来的发展值得期待并充满机遇。

3. 政府机构在扩大数字业务方面的有效性

有机构在调研美国、加拿大、澳大利亚、印度和新加坡等国政府数字化建设之后表示，数字技术在他们的议事日程中占重要地位，但他们扩大这些计划的能力提升缓慢。主要原因有以下几个方面。一是数字化战略与业务重点之间不一致，如果没有广泛的业务支持，战略规划就不可能存在。二是政府组织还没有做好应对变革的准备，如果没有采取行动的紧迫性，或者没有准备好接受变革的文化，那么提升必然缓慢。在数字化改革中，政府机构在扩大数字业务方面的有效性非常必要，因为政府本身既是核心主体和对象，也是引领数字技术重塑经济社会运行方式的关键行动者。就数字经济而言，在基础规则和平台建设中，政府不能缺位。同时，多元主体参与显得更为重要，政府也不能越位。就数字社会而言，政府的数字化改革必然撬动作为共治方的社会进行相应的转型，通过政策引导和能力支持，推动数字社会建设。综上所述，政府在提升治理体系和治理能力现代化的进程中，在大力推广"数字治理""智慧管理""智能服务"的过程中，要统筹好技术和规则的关系，统筹好发展和安全的关系，统筹好效率和公平的关系，同时加快专业人才培养，提升政府部门数字业务的有效性。

4. 以数字政府建设带动城市创新能力的提升

创新是引领发展的第一动力，而城市作为各种经济活动和社会活动的重要空间载体，同时也具备创新资源和要素的集聚功能。与此同时，随着互联网、物联网、大数据、云计算、人工智能、区块链、5G 等信息技术的不断发展，城市治理逐步朝着数字化、智能化、系统化、法治化转型，数字政府建设已成为政府改革的主旋律，推进数字治理也成为政府改革的重要方向。我国城镇化水平不断加快，与此同时，各种城市问题、城市矛盾、城市风险也逐步显现，如何促进城市范围内的科技创新、产业焕新、城市更新已成为有待研究的重要课题。因此以数字政府建设带动数字赋能城市治理，不仅可以体现政府治理的效能，而且可以防范和化解各种城市风险，进一步提升城市创新能力和防风险能力，促进城市走内涵式发展道路和实现城市可持续发展，加快城市"智治"的进程，全面推进"大城细管、大城智管、大城众管"，奋力谱写中国式现代化之城市篇章。

5. 不断提升政府工作人员的数字素养

政府工作人员的数字素养包括部门领导和员工是否有相应的数字化思维和数字化技能。数字化思维是指对政府数字化改革有清晰的认识，具有宏观统筹和利用数字工具解决现实问题的思维方式；数字化技能是指一定的数据处理能力和数字工具的使用能力。政府部门的党员特别是领导干部对数字化建设的认识直接决定了其推进数字化战略的决心；宏观统筹的思维则有利于促进制定落实指导性的数字化战略。一定的数据处理能力有利于领导正确理解政府数字化建设的实质，更好地提升政府治理效能。同时，也便于其利用数字化的成果服务政府决策，提升决策的科学化、精准化水平，更好地为公众服务，为加快中国式现代化，为实现中华民族伟大复兴提供强有力的数据支撑。政府部门工作人员的数字思维、数字素养和运用数字工具进行管理的能力决定了其对全面推进政府"数字治理"的信心，影响推进数字政府建设的速度和质量，应予以高度重视。

【本章小结】

本章分析了数字政府的内涵与特征，探讨了加快数字政府建设的重大意义，探讨了数字政府时代的到来与带来的政府治理方式的变革，面对智能化技术发展引发的"数字鸿沟"，探讨了政府治理方式的变革与"数字鸿沟"弥合的对策。最后，从全新的视角探讨了中国式现代化对数字政府建设提出的新要求，并分析了以数字政府建设赋能中国式现代化实现的必要路径。

【思考题】

1. "数字政府"运行的基本条件是什么？

2. 加快"数字政府"建设，有何重要意义？

3. 新时代新发展阶段的数字政府建设呈现出哪些新的特点？

4. "数字鸿沟"三大较为突出的表征是什么？

5. 以数字政府建设赋能中国式现代化实现的关键要素有哪些？

【延伸阅读】

天津不断夯实"数字政府"建设的基础——

"城市大脑"应用场景的不断拓展与"互联网＋监管"实践探索

（一）智慧城市的创新发展——天津"城市大脑"应用场景不断拓展[①]

天津坚持以习近平新时代中国特色社会主义思想特别是习近平总书记关于网络强国的重要思想为指导，驰而不息推动学习贯彻落实党的二十大精神

---

① 资料来源：天津大数据管理中心提供，2023 年 6 月．

行动化、具体化、实践化，聚焦全面建设高质量发展、高水平改革开放、高效能治理、高品质生活的社会主义现代化大都市的目标，从"城市是生命体、有机体"的全局出发，以"让城市更聪明一些、更智慧一些"为主线，持续推进大数据、人工智能、云计算、数字孪生、5G、物联网和区块链等新一代数字技术应用和集成创新，加强城市运行、社会治理、政府监管等领域大数据归集共享，打造直达民生、惠企、社会治理的应用场景，构建"数字天津"建设新格局，形成新型智慧城市创新发展的"天津样板"。

1.天津"城市大脑"建设的主要做法

（1）加强党的领导，加快数字赋能城市治理

市委网信办、市大数据管理中心以构建更加高效便捷的数字公共服务体系和更加普惠可及的数字生活服务为宗旨，以场景牵引和数字赋能为主线，统筹谋划、协同推进，积极推进天津"城市大脑"建设，夯实城市数字底座，推动城市数据资源汇聚融合和运行态势感知，加快驱动业务流程优化、重塑和再造，赋能城市治理手段、治理模式和治理理念创新。

（2）立足总体规划，强化统筹管理

2021年8月，天津市人民政府印发《天津市加快数字化发展三年行动方案（2021—2023年）》。截至2023年，天津将"城市大脑"打造成为城市数字化发展新底座，建成"津产发""津心办""津治通"数字化综合应用平台，分批落地69个民生热点领域、数字治理典型应用场景，基本建成智治协同、运转高效的整体数字政府，让城市成为能感知、会思考、可进化、有温度的"智能体"，提高人民群众的获得感、幸福感、安全感。

按照《天津市加快数字化发展三年行动方案（2021—2023年）》，充分利用天津市数字化发展"统分"工作机制，立足推进数字经济、数字社会、数字治理、数字化政务服务各项任务落实，形成"组长＋办公室＋专班"的工作架构，推进负责领域任务落实，组织研究解决工作推进过程中的资金、资源等重难点问题，开展工作调度。

（3）筑牢数字底座，打造智能中枢通用平台

建设"城市大脑"中枢系统，打造一个稳定的跨部门、跨业务、跨系统的协同平台，为应用场景提供信息化支撑。从场景架构上看，为应用场景提供支撑的是系统，系统之上是应用，系统之下是数据流通，支撑数据流转的

是电子政务外网和政务云，天津"城市大脑"在其中发挥中枢作用，通过中枢系统满足"城市大脑"应用场景跨部门、跨业务、跨平台协同的核心需求，保障业务信息即时在线、数据实时流动，支撑多样化的服务应用场景，实现"部门通""系统通""数据通"。一是互通。各平台、系统通过接入"城市大脑"中枢，在"城市大脑"中实现业务和数据的交互融合，从技术底层消除信息孤岛。二是在线。通过"城市大脑"中枢，各个业务部门可根据不同的业务需求实现数据的即时获取以及基于数据的分析结果和行动策略的即时执行。三是智能。通过"城市大脑"中枢进行数据分析和模型算法解决城市治理中的动态复杂问题，提升政府治理能力和惠民服务能力，使"城市大脑"成为支撑未来城市发展数字化的核心基础设施。今后，随着"城市大脑"接入的场景和沉淀的数据越来越丰富，为各部门、各区信息化系统赋能价值体现得更为突出，从而为天津市治理体系和治理能力现代化提供更加强有力的数字化支撑。

（4）强化场景牵引，构建惠民惠企协同应用场景

天津"城市大脑"主要由中枢、系统平台、数字触达端和应用场景等要素组成，运用大数据、云计算、区块链、人工智能等新技术，实现城市治理体系和治理能力现代化的数字系统和现代城市基础设施。天津"城市大脑"通过全面汇总整合全市各级各部门的基础性信息资源，推动系统互通、数据互通，促进数据协同、业务协同、政企协同，打造直达民生、惠企、社会治理的丰富场景应用，不断完善城市治理现代化数字系统解决方案。以高频需求场景为牵引，从"城市运行""社会治理""便民服务""政府监管"等领域，打造具有牵引性、普惠性、感知性的示范场景。天津"城市大脑"首批应用场景已落地实施，通过大数据应用与信息化协同手段不断推进社会治理水平与治理能力的现代化；让百姓切实体会到信息化新技术带来的美好生活。通过统一的数据赋能和技术赋能，为天津市在民生服务提升、营商环境优化、基层全面减负、城市治理精细化等场景中快速进行流程再造和业务创新，提供全面有力的技术支撑和保障。

天津"城市大脑"以应用场景建设为牵引，其发挥的服务效能也是通过应用场景来体现的。目前，天津"城市大脑"接入了银发智能服务、慧治网约车、惠民惠农政策直达、慧眼识津、智慧矛调等多元化应用场景，这些场

景涵盖了社会治理、民生服务等重点工作领域，推动城市治理和公共服务数字化，让服务越发充满智慧，使百姓生活更加幸福。

"银发智能服务"场景。该场景聚焦老年群体的高频事项和服务场景，采用"1+3+4"的服务模式，即1个市级服务平台＋水、电、燃气3项数据＋红外探测器、SOS一键报警设备、智能血压仪、智能手环4类智能感知设备。平台运用人工智能、物联网等科技手段实现云网技术赋能，使关爱老人"智能暖心"、应急救助"一键呼叫"、基层服务"一键到达"，有效解决老年人在生活中遇到的急事、难事，着力提升互联网数字时代老年人的科技获得感、生活幸福感。平台积极发挥作用，助力社区关爱有需家庭解决急难愁盼问题，通过老年人起居数据"全汇聚"、安全监护"全流程"、健康管理"全方位"、贴心服务"全智能"、情感陪护"全天候"的方式，在以智慧手段服务线下安全监护、健康管理、为老服务等方面取得实实在在的效果。

"惠民惠农政策直达"场景。该场景由财政、人社、民政、农业农村、住建、规划、金融机构等多家单位共同建设，将原有的多项补贴、多个渠道、多种介质的发放模式规范整合为"一卡统发"，将社保卡"一卡通"打造成为老百姓的民生卡、实惠卡、幸福卡。该场景依托惠民惠农"一卡通"服务平台，通过对接天津"城市大脑"中枢，畅通补贴业务系统与"一卡通"服务平台对接渠道，汇聚困难人员、生活补贴申请等数据，改变数据线下传输现状，实现数据采集、公示申报、数据审核、补贴支付全流程线上办理，建立起科学规范、安全高效、公开透明、监管到位的惠民惠农财政补贴信息化管理体系。

2. 天津"城市大脑"建设的基本经验

（1）通过构筑统一底座夯实基础支撑和创新能力

通过搭建"轻量化、集中化、共享化"的城市智能中枢，联通存量信息系统，汇聚政务服务、城市治理、惠企惠民等多源异构数据，整合委办局业务数据与社会企业数据资源，实现数据互通和流程再造。通过"城市大脑"中枢系统建设，推动数据供给侧能力统筹建设和输出；在应用大协同场景下，逐步沉淀公共服务能力，实现数据驱动的跨域应用敏捷快速构建创新能力。

（2）通过规范统一标准强化平台的可复制可推广性

编制《天津"城市大脑"中枢接入规范》，建立标准化的接入机制；着力推进我市大数据标准体系建设，加快数据要素流通，提高数据要素利用效率，推动天津市数据资源高质量共享开放，鼓励社会各界对公共信息资源进行开发利用，深入挖掘数据价值。

（3）通过系统丰富与聚合推动数据融通

加强政务信息化项目顶层设计，结合信息化项目建设同步规划数据共享、业务协同和触达渠道。在制定项目技术方案阶段，统筹考虑接入"城市大脑"中枢系统，依托天津"城市大脑"实现各业务部门间的协同。立足天津"城市大脑"建设，聚焦城市有机生命体征，夯实数据资源底座，构建城市数据资源体系，助力城市治理数字化转型。

（4）通过持续推动场景建设赋能数字化社会生活

通过打造一批具有牵引性、普惠性、感知性的示范场景，实现跨区域、跨部门、跨行业的数据汇聚、碰撞、计算，推动政务服务"一张网"和城市治理"一张网"不断融合，探索出"管理穿针、数据引线、基层落地"的天津特色数字化城市治理方案。

（二）央地协同，部门联动——天津"互联网＋监管"探索与实践①

为深入贯彻落实习近平总书记关于建设网络强国、数字中国的重要论述，贯彻党中央、国务院关于创新监管理念和监管方式以及推动"互联网＋监管"改革的决策部署，按照国务院关于加强数字政府建设的指导意见中关于"大力推行智慧监管"的总体要求，探索天津市"互联网＋监管"系统与重点领域监管业务系统对接的应用场景，形成可复制、可推广的经验，天津市委网信办、市大数据管理中心大力推进"互联网＋监管"工作，通过不断完善系统功能，加强全市监管数据汇聚，推动执法工作实现监管事项全覆盖、监管过程全记录、监管数据可共享。

目前天津市"互联网＋监管"体系已初步形成，有力支撑全市数字政府建设，同时立足天津地方特点和监管业务的需求，积极依托"互联网＋监管"系统探索规范监管、精准监管、智能监管新模式，为构筑数字时代竞争新优势提供基础支撑。自2021年下半年以来，与国家共同开展全国唯一的"互联网＋监管"系统多级联动应用试点建设，充分利用国家平台汇聚的海量多源

---

① 资料来源：天津市大数据管理中心提供，2023年6月.

数据，结合天津市在执法监管工作中发现的实际难点堵点，以场景牵引应用、以数据赋能实战、央地联动、服务基层，探索出一条基于数字化协同监管的新路径。

1. 主要做法

充分依托"党管数据、党统监管"的模式和方法，由天津市委、市政府牵头，天津市委网信办、天津市政府办公厅组织市市场监管委、市发展改革委、市公安局、市司法局、市应急管理局、市交通运输委、市政务服务办、市大数据管理中心、滨海新区等相关单位，会同国办电子政务办共同组建试点工作组，由天津市委网信办主任、市政府办公厅办公室副主任共同担任组长，统筹推进试点建设工作。在政策发布方面，天津市以政府数字化发展转型为契机，以市政府名义印发《天津市加快数字化发展三年行动方案（2021—2023年）》（津政发〔2021〕14号），明确"以高标准开展国家'互联网＋监管'系统多级联动应用试点建设工作"，将平台建设纳入数字政府建设框架；为进一步推进试点建设，向全市印发《天津市开展"互联网＋监管"系统多级联动应用试点工作实施方案》（津党网通〔2021〕30号），明确试点各项建设任务负责部门，全力保障高质量完成试点各项任务。

（1）坚持数据汇聚共享，夯实数字化监管执法基础

一是完善天津市"互联网＋监管"系统基础库，持续推进监管事项目录清单库、监管对象基础信息库、执法人员信息库、监管行为信息库、投诉举报库、信用信息库、监管舆情及第三方平台信息库、知识库八大基础库数据汇聚；二是根据业务场景汇聚及治理主题库数据，天津市"互联网＋监管"大数据平台充分汇聚政府、企业及社会三方面数据，汇聚及治理了安全生产、交通运输、食品与药品监管等重点监管领域的政务数据，联通国网天津电力等企业相关数据，充分利用具有基础性特征的国有企业数据和具有公共性特征的平台型私企数据，实现数据的全面归集。

（2）坚持系统建设为要，构建"11227"全流程监管体系

结合天津市监管业务工作实际，以"城市大脑"基础计算平台为支撑，构建天津市"互联网＋监管"系统"11227"体系。编制"1"张覆盖市、区两级的监管事项目录清单，建立"1"个监管大数据中心，建设"2"个系统界面，建设"2"个支撑体系，建设监管事项目录、监管投诉举报处理、综合

监管、监管效能监督评价、风险预警、监管数据综合管理、监管移动端"7"个应用系统。一是监管事项目录系统，实现天津市本地监管事项规范化管理、标准化应用；二是监管投诉举报处理系统，接收国家"互联网＋监管"系统转来的投诉举报信息，并与本地投诉举报处理系统实现业务联动，对监管投诉举报信息进行受理、转办、督办、反馈等全流程管理；三是综合监管系统，为本地专项协同监管任务（专项任务、联合执法、协同任务）提供数据支撑，接受国家"互联网＋监管"系统分发的跨省联合监管任务，并全周期记录系统监管过程，实现任务执行全过程"看得见""可追溯"；四是监管效能监督评价系统，依托大数据中心，汇聚监管业务、投诉举报、社会舆情、群众信访、重大事故、群众评价等监管数据资源，构建可计量、可检索、可追溯、可问责的综合评价指标体系；五是风险预警系统，利用数据分析比对、关联计算、机器学习等多种技术手段，加强风险研判和预测预警，及早发现防范天津全市范围内的苗头性风险，为开展重点监管、联合监管、精准监管及辅助领导决策提供支撑；六是监管数据综合管理系统，实现对全市监管对象、执法人员、监管知识库等基础信息进行统一的管理，实现对监管对象全生命周期监管检查数据的汇聚应用；七是监管移动端应用程序，打造以监管对象查询、双随机抽查任务、风险核查任务、跨省联合任务、本市协同任务、投诉举报任务、移动执法任务反馈、数据信息采集等为核心功能的全流程监管移动端。

2. 系统建设主要成果

（1）建设法律法规管理系统

天津市"互联网＋监管"政策法规管理系统根据法律规章的位阶、立法机关、地域效力、发布情况，以及法律法规、规章条款的"章节条款项目"等特性，按照区划、版本号制定出法律法规、执法依据、执法事项的编码规则，已编码化相关法律法规2300余部。为实现系统自动赋予法律法规唯一编码化标识及动态更新管理，建设完成法律法规管理系统，实现以法律法规作为核心数据，系统自动化串联权责清单、监管清单、执法清单的统一和衔接，为实现监管事项标准化工作提供重要支撑。

（2）建设信用分级分类子系统

在大力推进本市行业信用分级分类监管子系统的基础上，天津市"互联网+监管"系统建设完成信用分级分类监管子系统，通过对国家推送的公共信用信息和本市行业信用分级分类评价信息的全面归集建立信用信息库，推进企业信用风险管理、信用约束、信用风险预测、信用信息共享，依托天津市"互联网+监管"系统信用分级分类子系统开展信用分级分类监管工作，在公路建设、水运工程建设等8个行业探索开展的守信激励、失信惩戒措施近60项。

（3）建设重点领域风险预警模型

在重点领域，结合天津市实际业务需求，依托天津市"互联网+监管"系统的枢纽作用，通过汇聚市场监管、公安、税务及互联网等数据，以场景牵引及大数据赋能在交通新业态、安全生产等领域开展示范应用，建设完成网约车监管、客运车辆监管、高危建筑工程企业等涉及13个领域30余个风险预警模型，推动"全民监管""全时监管""全域监管"的应用体系，通过天津市"互联网+监管"系统、监管移动APP等多种终端实现线上和线下融合、标准化和个性化共进的应用目标。

3. 典型应用场景

（1）打造"慧治网约车"典型应用场景

依托国家"互联网+监管"系统中的"交通运输新业态模型"发出的风险预警信息，针对传统交通运输存在"发现难、检查难、取证难、整改难"等执法痛点，会同市公安局、市交通运输委、市交通运输综合行政执法总队建设完成"网约车监管模型"，提高了非法营运网约车监管的针对性、精准性和有效性。模型通过"城市大脑"中枢平台，充分汇聚企业登记信息、行政审批、互联网等多方相关业务数据，包括车辆信息、驾驶员信息、网约车营运证信息、网约车订单数据、GPS数据，从风险来源角度出发，通过风险量化评估体系构建风险模型，通过机器学习等算法进行多维分析，得出网约车实时聚集热力图、非法网约车惯常驻停点与时间热力图、非法网约车途经重点区域等。结合共享信息和移动"津监管"APP查询车辆运营全部信息，包括订单编号、载客时间、驾驶里程、订单金额、订单完成时间等，精准打击非法运营网约车。有效支撑基层执法工作，创新监管理念和手段，提高监管的整体效能。通过对网约车行业的慧治举措，天津市"互联网+监管"交通新业态领域"非法网约车"风险预警模型助力全市网约车合规率不断提升，截至 2023 年初，天津市网约车合规率达到 80% 以上。

（2）打造"智慧克危"典型应用场景

模型充分发挥天津市"互联网＋监管"系统枢纽作用，进一步提升重点领域央地协同联动监管水平，围绕"危化品车辆信息不共享，监管效率低"等问题，搭建"危化品运输"风险预警模型。在国办电子政务办的大力协助下，汇聚交通运输部非津牌车辆运政信息，结合市公安局电警卡口数据、进出津危化品陌生车辆信息，市交通运输委津牌危货运输车辆道路运输证、从业人员从业资格证信息、运政车辆信息、市应急局重点危化品生产企业信息，完成模型搭建，识别需重点监管、执法的车辆黑白名单及轨迹信息。通过打通跨区域、跨部门的多项数据链路，利用国家层面的数据支撑，完成 25 辆跨省市重点车辆分析，实现了京津冀地区协同联动合力监管。

以上案例信息由天津市大数据管理中心（现更名为天津市数据局）提供

2023 年 6 月

第二章　数字政府建设的演进过程

一、数字时代的到来呼唤政府治理理念的变革

进入 21 世纪，随着互联网、物联网、大数据和云计算等信息通信技术及智能技术的高速发展，人类社会在信息化发展上迈上新台阶——数字时代。数字化概括了这个时代信息化发展的最突出特征，"互联网 +""数字赋能"已成为各行各业研究和寻求变革的前沿，政府治理也不例外。一方面，以大数据为代表的新一代信息技术赋能为传统政府治理提供了新的工具，为过去由于人力、时间、空间等限制而无法开展的工作找到了出路；另一方面，数字时代的到来使社会呈现出前所未有的复杂性与不确定性，呼唤政府治理理念和治理手段的与时俱进，打造更加智慧、高效、公开的政府治理模式。

（一）数字政府转型的特征

1. 从管理型政府到服务型政府

管理型政府诞生于走向工业化社会进程之中，是统治型政府的前进和升级。在漫长的农业社会历史中，分配是传统农业社会对资源配置的主导方式，在人的社会关系体系中，分配关系一直处于主导地位。在王朝治理模式下，掌握了稀缺资源的处置权，再加之等级森严的权力运行体系，使得这种分配关系成为现实，即使王朝更替，但政府的统治功能和手段不会发生实质性变化，依靠单向线性统治就能实现分配关系的确立和对社会的管理，统治型政府的有效运行基础在于农业社会的确定性相对较强以及社会复杂程度较低。进入工业化社会后，交换关系削弱了分配关系，社会确定性降低、复杂程度升高，契约成为输送信任的工具，与之相适应，政府的社会管理职能从统治职能中离析出来，处理好市场与政府的关系成为近代政府职能转变的重大课题。为适应工业化特点，管理型政府秉持维护社会秩序，同时进一步发展经

济的治理目标，依靠法律手段调整社会经济关系，在自由资本主义时期，政府担任的主要是"保护者"或"守夜人"的角色，政府的职能主要是一种"保护型职能"，即"站在市场之外去为市场的发育和成长提供一定的政治条件和社会环境，保证市场竞争的有序化"。

管理型政府重要的职能体现于对市场经济关系的维护上，虽然工业化社会带来一定程度上的不稳定性且社会复杂程度提高，但管理型政府通过化简原则，可以快速地把控制对象控制在可控的范围内，并通过上述手段很好地实现维护社会秩序和发展经济的目的。而自 20 世纪 70 年代以来，全球化与后工业化浪潮袭来，原本社会的秩序、可预测性和稳定性被复杂性、不确定性和风险取代，控制导向的管理型治理模式遭遇危机，20 世纪 80 年代到 90 年代先后掀起新公共管理运动和新公共服务运动。进入 21 世纪以后，以大数据为代表的新一代信息技术的发展给人们的生产、生活带来了重要影响。数字时代使得人们的消费方式、社交方式、学习方式甚至生存模式都发生前所未有的变革，这种变革的发生一方面产生更多更具隐蔽性、复杂性和难以控制的社会关系。另一方面，这种变革的发生也深深地影响塑造了人们新的思维方式和行为模式。应对数字时代冲击的政府治理该走向何方已成为各国政府面临的挑战，服务型政府成为数字政府建设的应有之义。

服务型政府是建立在民主政治基础之上的，以服务社会、服务公众为基本职能的政府治理模式，它超越了管理型政府的控制属性。服务型政府要求政府以提供公共产品、公共服务为基本职能，廉价高效是服务政府的基本追求。服务型政府的应然之状考验着政府的行政能力，而以大数据为核心的数字技术的赋能为解决公众多元诉求、实现服务型政府的服务本质插上翅膀。可以说，后工业化浪潮的卷袭带来的新问题需要服务型政府这一政府治理领域的新答案，与此同时，信息技术的革命为服务型政府赋能，使其更加有效践行服务型政府使命。

服务型政府超越以往控制导向的政府治理模式，政府控制社会关系发号施令式的单一互动模式被打破，建立了政府、公众、社会多方沟通机制，数字技术应用于政府治理之中，极大地提升了公共服务质量和效率，但这并不意味着政府对管理手段的完全摒弃，伴随新技术发展和使用而产生的数据安全、信息爆炸以及伦理问题仍需要政府的管理控制。因此，服务型政府是对管理型政府的优化改造，而数字技术的引进，让这一适应当前社会发展的政府治理模式成为现实。

2. 从电子政府到智慧政府

无论是电子政府还是智慧政府，都源于信息技术的迅速发展和计算机网络的广泛应用，特别是近些年来，以大数据、云计算为代表的信息通信技术和人工智能的崛起，电子政府晋级到更高阶段，智慧政府应运而生。

电子政府兴起的动因在于公众对于政府工作服务质量以及信息公开提出了更高的要求，为提高政府工作效率、提升服务质量，满足公众监督和信息公开的需求，各国开始探索开展电子政府建设，电子政府主要依托于互联网信息技术，电子政府建设的重点工作主要包括政务信息公开、政务服务和政务办公三个方面。政务信息公开是指政府机关根据法律法规和信息公开要求，通过电子政务平台公开政府工作内容、预算、计划、决策等公共信息，并提供便捷的查询和下载服务。政务服务是指借助互联网技术，通过公共服务平台为市民提供便捷的政府服务，包括电子证照、网上办事等服务。政务办公则是指政府机构通过电子政务平台实现政务办公自动化，提高工作效率并简化流程。

电子政府建设的开始是政府门户网站的建立，最早出现在 20 世纪 90 年代中期，主要功能为通过电子方式提供信息与服务，联合国调查报告则显示，到 2012 年，在接受调查的 193 个国家当中，只有 3 个国家还没有建立自己的政府网站，其余 190 个国家都实现了政府的网络呈现，并在线提供相应的信息与服务。[①] 政府门户网站的建立意味着"以公众为中心"的用户导向形成，政府门户网站发布大量政府相关信息供公众使用，打破地域、时间的限制，公众能够随时查阅、了解政府信息。这只是电子政府的初级阶段，电子政府的进阶之路则是电子政府在线功能不断扩大的过程，最为突出的特点为电子政府平台互动性不断增加，此时的电子政府成为双向沟通开放平台，改变了公共服务的提供方式，并逐渐形成了以公众为中心、以公共服务为导向的社会治理方式。公众的需求并不是单一的，而是多元交叉的，这就意味着

---

① 邵娜：《互联网时代政府模式变革的逻辑进路》，《海南大学学报（人文社会科学版）》2016 年第 1 期，23-39.

一项公共服务的提供往往需要跨部门、跨机构合作。因此，政府部门间的信息共享与合作成为电子政府发展的新要求。这一阶段，电子政府发展趋势表现为跨部门间信息横向连接加强，数据整合能力和跨部门合作能力显著增强，以公众为中心、以公共服务为导向的理念提升到新的高度，"一站式""一网""一窗"成为热词，"整体政府""无缝隙政府"等理念开始提出，成为对电子政府发展的实践要求的一种理论回应。电子政府的发展为管理型政府提供了全新的运行逻辑，社会治理方式的转变进一步对管理型政府的内部管理与组织方式提出了变革的要求。虽然电子政府催生了公共管理模式的一次变革，但电子政府在实践中仍面临信息孤岛、数据静态、各自为政的问题。面对公众更便捷、更方便、成本更低、时间更短的公共服务需求，电子政府则显得力不从心。以大数据、人工智能为核心的新一代技术的更迭，为优化公共服务提供了可能，世界各国开启智慧政府建设探索阶段。

智慧政府是指政府充分利用大数据、云计算、人工智能等新一代信息技术，以用户创新、大众创新、开放创新、共同创新为特征，强调作为平台的政府架构，并以此为基础来实现政府、市场、社会多方协同的公共价值塑造，以及实现政府管理与公共服务的精细化、智能化、社会化。纵观世界多个国家和地区的发展趋势，大致经历了数字化模式储存政府数据的办公自动化阶段，部门间信息互通、政府职能整合的数字政府阶段，开始迈向提供高效、智能、个性化服务的智慧政府阶段。目前，已经有多个国家和地区先后发布智慧政府的建设计划，智慧政府的重点工作主要包括政府大数据建设、人工智能应用、智能城市等方面。政府大数据建设是指从政府机构和公共服务、社会组织、市民个人等多种数据来源获取的大量数据进行数字化整合和分析，从而提高政府管理和公共服务的水平。人工智能应用是指政府机构通过人工智能等技术手段，如机器学习、自然语言处理、语音识别、智能推荐等，提升对政策制定、舆情监控、受理服务等方面的管理能力和服务质量。智能城市建设则是指政府以信息化手段来推动城市治理的现代化，将城市的各项公共服务、设施等进行数字化和智能化，提高城市运行效率和市民生活水平。

相较于电子政府的基本功能，智慧政府可以说是电子政府的更高级版本，智慧政府通过物联网、区块链、云计算等技术兼具即时感知、高效运行、科学决策、主动服务、智能监管、开放协同和韧性兼容等特征。智慧政府包括智能办公、智能监管、智能服务、智能决策四大领域，体现了五位一体的政务治理系统：感知、融合、共享、协同、智能。具体而言，一是数据共享，通过建立政务大数据平台，整合各类政务数据资源，实现政务部门之间信息共享，提高政府决策的科学性和精准性。二是在线办理，以满足公众需求为核心，通过建立政务服务中心，打造标准化、通用共享式"互联网＋政务平台"，实现政府服务的电子化、网络化、智能化，提高服务效率，降低服务成本，方便民众办理政务事项。三是内部流程再造，外部公共服务倒逼内部流程改革，相关部门或第三方依托平台开发附加应用，这种以平台为基础的非线性生态思维被用来有效改造传统科层制组织模式，以跨部门的公共服务模式助推形成新型政府治理结构，据此打造提供更高效精准、无缝隙化公共服务的政府治理平台。四是智能分析，通过建立政务大数据分析系统，实现对政府工作和社会热点事件的实时监测与分析和对各类数据的整合与利用，及时反馈实时数据、及时发现并处理问题、及时提供不同公共政策决策辅助。

3. 从分散型政府到整体型政府

政府从成立之初就保持着专业分工、职能分置的组织结构，分设不同部门管理公共事务，可以说分散性是政府的天然属性，然而，公众并非单一需求，甚至同一需求背后涉及多个部门，分散型政府不仅效率低，对于公众而言由于烦琐的程序和诸多不便而成为负担，数字时代的到来，为解决这一矛盾提供了契机，政府权力边界再界定和权力运行机制再调整成为数字时代政府变革的基本意蕴，分散型政府向整体型政府转变。

整体政府起源于 20 世纪 90 年代中后期，是西方国家继新公共管理运动之后，第二轮政府改革运动的重要举措。整体政府改革的主要动因是为解决部门主义、视野狭隘和各自为政等问题而提出来的，因为面临社会需求的复杂化和多元化、公共服务需求的增加、政府财政的窘困和组织的弹性化及自主化等困境，改革的重点已经从结构性分权、机构裁减和设立单一职能的机构转向整体政府。整体政府是在提供公共服务过程中，有效利用整合各类稀缺资源，采用一体化的管理方式与技术，优化公共管理主体公共服务职能，以高效、便捷、互动、协调一致的行为为公民提供完整、无缝隙服务。1997年，时任英国首相布莱尔在公民服务会议上首次提出"整体政府"理念，澳大利亚、新西兰、加拿大、美国等国家先后进行了"整体政府"改革实践，

"整体政府"成为当代西方政府改革的新趋向。从各国"整体政府"改革实践和规划来看，政府整体性变革主要包括三个方面。首先是不同层级或者同一层级上治理的整合，它包括地方政府、地方以及中央政府的代理机构、国际社会范围内全球治理网络的整合。其次是治理功能的整合，它既有同一机构内不同功能上的整合，也有不同部门之间的整合。最后是公私部门之间的整合，这既有政府部门与私人部门之间的合作，也有非营利性机构之间的合作。

实现各部门的高效协作是一个庞大的工程，在大数据、云计算迅猛发展的算力时代，政府部门间已搭建起了部门间协调统筹机制，形成新的合作模式，从而形成整体合力，最为典型的案例就是"最多跑一次""一站式办理"等行政审批制度的改革与流程再造。在数字技术的加持下，公众和企业到政府办理一件事情，在申请材料齐全、符合法定条件时，从受理申请到形成办理结果的全过程只需上门一次或零上门。2018 年 3 月，"最多跑一次"被写入《政府工作报告》，其中指出要深入推进"互联网 + 政务服务"，使更多事项在网上办理，必须到现场办的也要力争做到"只进一扇门""最多跑一次"。直观来看，数字技术赋能的政务服务也极大地提升了政府办事效率，为公众提供了便利。进而言之，促进了政府职能转变，并为市场注入活力。深入研究发现，"最多跑一次"的改革背后是数据跑路的数量堆积和政府线上工作流程的再造，有学者评论，"最多跑一次"改革还代表了从手工化行政到技术化行政再到智能化行政的深刻的行政革命。①

基于现代技术建立的整体政府运行的重要基础是在线协作和数据共享，强调借助互联网等现代信息技术在不改变现行组织体系的前提下构建起沟通协调机制，将政府部门职能进行联结。联结起来的政府部门通过互联网平台将各自的数据在保障安全的前提下进行共享，以降低行政成本、提高行政效率。而在线协作和数据共享都需要一定程度的线下职能整合，从而提升整体性政府建设的效率。在线协作是指政府组织在不改变专业分工、职能分置的基本原则下政府各部门通过互联网等现代信息技术实现协作的一种方式，解决政府部门间协调和合作机制的问题。在线协作的基础是行政流程的整体化

---

① 许耀桐：《"最多跑一次"是深刻的行政革命》，《浙江日报》2018 年 4 月 12 日第 7 版.

和审批标准的统一化，实质是按照一致的标准将分散的行政流程归类、整合、排序，从而实现流程整体性的目的。其主要方式是利用互联网等现代信息技术建立起来的协作平台使政府部门间得以进行实时协作，互联网不仅为在线协作提供了技术支撑，同时借助了互联网的政府管理的成本也大大降低。通过在线协作，政府部门的职能得以实现线上连接，过去烦琐的线下协作也得以简化，真正"让数据多跑路，让群众少跑腿"。在线协作并不是整体性政府的全部要义，各成一派的数据建设仍使政府各部门处于碎片化的模式，突出表现在数据专网、数据孤岛等方面，数据共享成为整体性政府的另一关键所在。数据共享，是指在特定的条件下（如法律法规规定或授权）一个政府部门可以通过一个操作系统读取、运算、分析其他政府部门数据的运作方式。数据共享的深入发展可以极大地利用现有的数据资源，充分挖掘现有数据的使用价值，降低数据收集、录入等的成本，同时建立"数据共享池"和"数据库"，通过对数据库的分析，预先挖掘民众的隐性需求。[①] 然而，当前数据共享还处于初级阶段，很多数据共享只是数量的堆积，同时也有很多数据限于法律规范、技术要求和主观消极态度而无法实现共享。总体而言，数据共享有效性不足，对数据的有效整合利用就更无从谈起，实现数据共享还需从技术标准统一、协调部门利益、法律规范要求等方面努力。目前，数据共享仍是局部的，数据共享任重道远。另外，数据共享也必须有一定的限度，防止数据滥用所带来的数据安全、数据犯罪甚至数据灾难等问题。

4. 从包揽型政府到协作型政府

自由资本主义时期，以亚当·斯密为代表奉行管得最少的政府是最好的，"守夜人"是政府功能定位，但随后因其无法克服经济危机而遭淘汰。20 世纪 30 年代，凯恩斯主义主张放弃自由放任政策，政府要积极干预经济和社会，建设包揽从摇篮到坟墓的"福利政府"，政府作为唯一社会管理者，控制一切公共事务，包揽型政府发展到顶峰，包揽型政府的无所不能势必引起政府机构的扩张，最终由于政府开支规模过大而宣告失败。为了克服危机，20 世纪 70—80 年代，西方国家发起了新公共管理运动，主张建立"企业家政府"，

---

① 　陈国权，皇甫鑫：《在线协作、数据共享与整体性政府——基于浙江省"最多跑一次改革"的分析》，《国家行政学院学报》2018 年第 3 期，62–67，154.

认为政府不应过多地具体承担提供公共服务之责任，而是尽可能地以委托、承包、代理等市场化的制度安排，将公共服务的责任转移给私营部门。协作型政府正是发端于多元主体共同参与公共事务管理之中，协作型政府主张社会事务治理应该多元化、多中心化，实现多元治理主体的协同效应，政府作为公共管理主体中的前辈，在社会事务的治理中占据主导性的地位。

从政府价值角度而言，协作型政府是服务型政府建设的一个面向，服务型政府将政府行政目标从单一管理公共事务转变到为公众提供优质服务。包揽型政府下，政府之间、政府部门之间条块分明，各司其职，公共服务"碎片化"明显。另外，政府提供的公共服务种类越多，机构越庞大，必然导致服务质量的下降和效率低下，同样需要除政府外的社会主体的参与。无论是不同级别政府之间、不同职能部门之间还是多元治理主体之间协作实现的前提与基础即为有效沟通和协调机制，只有加强信息沟通，相互之间获得真实有效的信息，才能增进组织间的信任，组织间的协同合作也才有可能发生。现代信息技术的发展恰好支撑了线下整合的庞大工程，支撑起了组织间的沟通与交流，构建组织之间快速、方便的资源信息共享的一体化模式，实现了组织间的无缝隙对接，同时打破时间空间限制，实现与公众的高效沟通。

协作型政府从形式上主要体现在以下三种模式之中。

（1）不同级别政府、不同职能部门间整合服务。公众以传统方式办理一项事务（如开办公司、房屋买卖等），需要往返不同的政府机关，分别办理工商登记、税务登记、环保评估、公共卫生等业务，不仅需要重复填写各种类似的资料，而且经不同的机关审批时间成本大幅提高，程序烦琐效率低下，如今通过数字政府服务平台，个人登录统一的数字政府的入口网站得到完整的、跨部门的整合式服务。政府间职能的整合优化，要坚持适度集权与分权、公平与效率、财权与事权相匹配等原则，合理划分纵向政府和横向部门间的权与责，如中央政府的职责、地方政府的职责以及中央政府与地方政府的交叉性职责，各行政部门的职责与各部门共同职责。另外，还体现于政府间横向关系日趋协调，如京津冀、长三角等区域一体化建设。

（2）多元主体间协作管理。考虑到数字技术的变化、财务和成本、风险共担、市场的灵活性等多种因素，政府可以以公共服务外包的方式，与企业、社会组织形成合作伙伴关系，共同提供更符合需求的创新数字服务。企业可以发挥技术专业优势完成政府机关无法独自开展的软硬件开发工作，同时能将政府信息及服务内容通过多元渠道发布，为民众提供更为便捷的服务；另外，政府掌握最全面的数据，可以在合理范围内开放给银行、医院、社会等，例如银行为顾客提供所得税、征信查询、税收优惠等便民服务。

（3）公众参与公共事务过程。在数字服务背景下，政府与群众之间的关系不再是单向的、固定的、被动的，而是双向的、互动的。政府可以利用数字技术，加强与群众之间的沟通和联系，广泛听取群众的意见和建议，不断了解群众对公共服务的需求，不断创新及改进公共服务，通过数字化手段，扩大群众对公共事务的参与范围。

5. 从半公开政府到透明政府

透明政府是行政机关全面推进决策、执行、管理、服务、结果全过程对社会透明，通过加强政策解读、回应关切、平台建设、数据开放等形式，保障人民的知情权、参与权、表达权、监督权，增强政府公信力和执行力，提升政府治理能力。透明政府要求政府事项能公开尽公开，以满足公众监督管理需求。政府通过线上、线下相结合的方式开展政务公开，线上的方式主要通过政府门户网站来实现，政务公开的内容多是围绕政府一段时期内大政方针政策、政府财政预决算以及告知相关服务事项等。技术更迭开发了新的空间、扩大了信息可及宽度，使得政务公开进入更高阶段，即透明政府。透明政府在更大范围、更多渠道、更长链条上实现公开透明，是公开政府的升级版本，主要体现在以下方面。

（1）政务公开范围扩大。除政府重大事项工作进展和政策动向外，透明政府政务公开范围进一步扩大，以服务群众为中心，聚焦于使用者的需求和公民的期望，发布社会福利、住房政策、环境保护、政策解读问答等方面的与公众生活息息相关的细节信息。同时，还提供实时更新的数据，比如交通拥堵、空气质量等，让群众了解实时信息并合理安排自己的生活。

（2）拓展信息渠道。数字政府建设过程中，"互联网＋政务服务"模式得到不断深化，充分发挥门户网站和新媒体平台的作用，同时加大力度推广移动应用端，通过统一平台一站式获取各类政务信息，及时、主动、全面发布关于社会救助、养老服务、涉农补贴等涉及人民群众切身利益的信息和重点工作动态，实现线上线下全方位的信息获取渠道。

（3）延伸服务链条。数字政府聚焦公众诉求，以极大便利群众生活为目标，打造亲民阳光政府，除了实现对信息公开的升级，还通过数字平台探索公众监督的新模式，群众可以通过政务平台向政府举报问题、投诉不公，并实时反馈进度，也可以通过网络广泛参与网上议事厅、网络听证会等活动，在公共政策的制定和公共服务的提供上，充分听取群众意见，以便用数字化的方式提供更优质的服务。

（4）数据开放。大数据时代，数据成为重要稀缺资源，被整合开发的数据蕴藏着宝贵的财富，帮助我们更好地享受生活。政府是掌握最权威、最完整数据的部门，政府本着透明、廉洁、责任和参与的原则，向医院、银行、生活服务商、公民等开放政府数据，在透明政府下，社会主体不仅可以了解政府信息，实现充分的知情权，还通过政府数据开放创造更加便捷的生活。

技术的发展为透明政府建设提供了重大助力，但距离实现透明政府的目标还任重道远，主要面临的挑战有三个方面。

（1）技术挑战。建设透明政府，高效稳定的移动应用、新基建设施需要大量的技术支持、经费投入和开发人员的投入。政府部门需要与科技公司合作，共同研发，保障应用的安全可靠。此外，还需要采取措施确保应用的运行稳定，并及时更新修复漏洞，以防止数据泄露。

（2）信息安全挑战。政府部门需要建立完善的信息安全机制，保护群众个人信息不被泄露和滥用。同时，群众也需要充分了解自己在使用移动应用时应注意的安全问题，提高信息安全意识。

（3）群众参与挑战。虽然为群众提供参与的渠道，但群众对政府工作的监督仍需依赖于他们的积极参与。政府部门应该加大宣传力度，推动群众了解和使用移动应用，并鼓励群众通过新形式参与政府决策、提出意见和建议。

二、从管理型政府到服务型政府

伴随着互联网、物联网、大数据和云计算等信息通信技术及智能技术的发展，人类社会宣告进入信息化社会发展的更高阶段，信息化带来的对人们生活方式、思维方式的变革前所未有。相应地，政府治理方式同样需要随时代和群众需求的变化而变革。大数据时代的到来也使社会呈现出前所未有的高度复杂性与高度不确定性，风险危机事件的频发使"人类既往全部控制导向的思维都陷入了失灵"①，幸运的是，以大数据为代表的新一代信息技术赋能为政府治理提供了新的工具，为政府治理方式变革提供了强大助力。

（一）管理型政府失灵

大数据时代是一个具有高度复杂性与不确定性的时代，管理型政府的控制导向治理模式已无法全部适应社会治理需求，有学者总结了信息控制失灵、政策工具失灵、公共产品与公共服务供给失灵的弊端②。

1. 信息控制失灵

管理型政府不仅掌握着信息，还掌握着控制信息的专业技能，并拥有对信息的最终解释权。大数据时代，政府、企业，甚至个人获取信息的渠道更加多元，信息的流向难以确定，对信息资源的利用并不再受政府部门的控制。同时，传统管理型政府以国家为管理界限的治理要面临来自全世界的治理对象，信息的开放性使得政府治理的难度进一步加大，驱动了政府治理模式变革。

2. 政策工具失灵

公共政策是管理型政府用以调节社会秩序、缓和社会矛盾、实施社会治理的主要工具。一旦政府制定的政策存在瑕疵，公民能够快速发表意见并将其广泛传播，负面信息一旦形成，政府公信力和权威性将大大折损。由此，大数据时代的发展使公众参与决策的成本降低，网络成为监督政府政策的有力平台，倒逼政府改变原有政策制定方式。除此之外，网络的虚拟性、快速性也给政府治理带来新的难题，以往的公共政策很可能无法适应新的情况，面临维护社会秩序、调节社会矛盾的失灵。

3. 公共产品与公共服务供给失灵

在公众需求较为单一的时代，管理型政府通过标准化服务对公众的需要进行规模供给，当公共产品和公共服务供给出现不足时，政府依靠其强势地位化解矛盾冲突。管理型政府既是公共产品与公共服务的生产者、供给者，

---

① 张康之：《为了人的共生共在》，人民出版社，2016年.
② 耿亚东：《大数据驱动政府模式变革：从管理型政府到服务型政府》，《内蒙古大学学报（哲学社会科学版）》2022年第4期，46—54.

也是监督者。信息技术的发展，将世界带入一个虚拟与现实相呼应、互动与联系日益增强的境况。政府供给公共产品与公共服务的一般化和标准化与社会需求的多样性和复杂性之间的矛盾日趋激烈，复杂性与不确定性的增长让管理型政府难以为继。由多元主体提供公共产品和公共服务成为选择，充分发挥各主体专业优势，建设更高的效率、更低的成本的供给方式。此时，政府放松对公共产品与公共服务的控制，将其外包给有能力的非政府组织和企业时，成为有限政府，负责保证其良好运转的制度安排。

（二）服务型政府目标

对管理型政府失灵的修正即服务型政府的努力目标，服务型政府力图实现以下转变。

1. 全能型转变为服务型

全能型政府包揽一切职能，全方位、标准化提供公共产品与服务，主要通过指令性计划和行政手段进行经济管理和社会管理。政府扮演了生产者、监督者、控制者的角色，社会其他主体提供公共服务的职能和角色被淡化。随着公众需求的多元化、复杂化，全能型政府显得力不从心，不能满足或满足不了社会公共需要。服务型政府提供公共服务仍是其一项重要职能，但政府同样可以将提供公共产品和服务的部分职能外包于其他社会主体，以实现资源的有效利用和效率优化，服务型政府更为重要的职能转换到为市场主体服务上来，为各种市场主体提供良好的发展环境与平等竞争的条件。

2. 审批型转变为服务型

为进一步释放活力，增进市场效率，简政放权是建设服务型政府的基础工作，坚持"非禁即入"的自由竞争理念，减少行政干预中的随意性，促进生产要素的流动，使各种生产要素在市场竞争中优胜劣汰，优化组合。简政放权应聚焦于缩小审批范围、简化审批流程、放宽审批条件，做到对妨碍市场开放和公平竞争以及实际上难以发挥有效作用的行政审批予以取消；也可以通过市场机制运作，用市场机制代替行政审批；对于确需保留的行政审批，要建立健全监督制约机制，做到审批程序严密、审批环节减少，使审批效率明显提高，行政审批责任追究制得到严格执行；对条件性、资质性审批，放宽要求，将其放到市场中去检验。

3. 高成本型转变为高效率型

逐步降低政府行政成本是建设服务型政府的前提。政府运作的高成本与政府服务的低效率如影随形，要合理划分中央和地方对经济社会事务的管理责权，明确中央和地方对公共服务方面的管理责权，从而提高工作效率，同时积极发展独立公正、规范运作的专业化市场中介服务机构，按市场化原则规范和发展各类行业协会、商会等自律性组织，减小政府规制范围，也有利于降低行政成本。另外，要增强政府的回应性，政府的回应性是衡量政府服务质量的重要指标。公共管理人员和机构应当定期地、主动地向普通民众及企业征询意见、解释政策和回答问题，对公众提出的问题和要求，及时做出处置和负责的反应。具有充分回应性的服务型政府模式，促进政府在权力结构中角色的变化：政府由原来的公共权力统治者，变为市场秩序的监管者和公共服务的提供者。

（三）服务型政府特征

互联网、人工智能、云计算等信息技术赋能服务型政府建设，使得服务型政府的愿景变为现实。从已有实践看，信息技术在以下方面推动了政府职能转变。

1. 在行政程序上公开透明

政务必须向公众公开，包括政府组织的使命公开、办事程序公开、常用法规公开以及办事结果公开等。目前，政府普遍做到利用政府门户网站发布各类政务信息。同时，为了便于公众查询各类信息，有条件的政府陆续推出一站式移动应用，政务公开内容、公众所需生活服务信息等一应俱全，各级政府部门微信公众号、微博账号、抖音等视频号相继开通，在主动发布信息之余，增加与公众互动等功能，让公众实时、准确获得信息。

2. 在行政职能上坚持服务至上

服务社会成为政府工作的宗旨，寓管理于服务中，为企业发展创造良好、公平的竞争环境，为公民提供完善的公共服务。最为典型的就是推进行政审批制度改革，变群众跑腿为数据跑腿，形成"最多跑一次""一站式办理""一网通办"等服务形式。政府线下整合部门职能，线上建立统一平台，通过平台实现信息查询、办事咨询、提交材料等基本功能，政府实现线上审批、线上反馈，极大地提高了办事效率。

3. 在行政机制上坚持创新

政府是一种自然垄断性组织，只有引入创新、激励和竞争精神，才能提高效率。其次为了适应政治经济技术变化需要，必须进行管理制度的创新。科学技术带来的社会变革必然带来政府治理的新挑战，以往不适合、不匹配的政策制度安排需要随时代进步而更新。同样地，信息技术的赋能，为政府组织结构重塑和政府流程再造带来新的机遇，推行线上办公和智能办理，实现组织机构扁平化、提升效率和节约成本的目标。

4. 在行政技术上紧跟前沿

数字政府建设初见成效：获得信息和服务更加便捷、政府行政效率大幅提高、政府行政过程更加透明，但数字政府的建设仅仅处于初级阶段，数据共享的技术升级、智能技术的批量化应用、算力加强、新基建设施建设等，每一项技术的迭代升级必将带来数字政府升级，很多过去无法实现的事很可能就变为现实。如此看来，数字治理是一个动态的、不断优化的开放模型，需要政府主体时刻洞悉技术前沿发展，保证政府治理与公众日益复杂多元的需求相适配。

（四）服务型政府建设路径

数字政府的建设仍然处于初级阶段，服务型政府也在不断优化之中，当前，数字技术成为打造服务型政府的必备工具，从这个层面来看服务政府建设，需要从加强顶层设计、夯实基础设施、培育社会氛围等方面入手。

1. 加强顶层设计。以数字政府凸显政府服务属性，从目前的实践来看，仍然是从某一具体事项或者领域出发的试验性探索。事实上，服务型政府是一个整体设计，需要系统、全方位地考虑，既包括具体实施层面的努力，也需要组织结构调整、理念转变和各方资源的调配，只有这样，政府才能实现数字化转型，公众才能享受更优质的服务。

2. 夯实基础设施。基础设施既包括保证数字政府运行的硬件设施的建设和维护，也包括数据、平台等重要软件的开发与建设。硬件设施建设中面临的资金问题、后期维护问题等都制约着数字政府的发展。软件方面，数据开放共享还存在壁垒，行政部门间、不同层级政府间、公私领域间的统一数据库尚未建立，公共服务优化还存在很大空间。迫切需要建立大数据共享平台，制定大数据开放战略。树立大数据开放意识与共享意识，加强数据的共享共用，并通过数据脱敏技术处理后向社会开放，为创造公共价值和市场价值提供契机。

3.培育社会氛围。数字政府充分保证了群众的知情权和参与权，并为其创造了多种便捷渠道。政府需要引导群众、非政府组织、企业等政策调整对象群体有序地参与公共政策。一方面，政府要利用大数据技术为参与公共政策建言献策的主体提供良好的公共服务平台和空间，引导他们合理发表见解与看法，并通过大数据分析及时吸纳有用的信息，将之作为制定和执行政策的参考依据；另一方面，要利用大数据进行前瞻性预测，实现精准答疑，对公众疑惑或不满的政策细节及时做出解答。

三、从电子政务到智慧政府

（一）概念解析

电子政务与智慧政府是两个不同的概念，它们在管理、服务、决策等方面存在差异。电子政务是智慧政府的前提和基础，为智慧政府提供了基础支撑和基本条件。

具体来说，电子政务是指政府机构应用现代信息和通信技术，将管理和服务通过网络技术进行集成，在互联网上实现政府组织结构和工作流程的优化重组，向社会提供优质和全方位的、规范而透明的、符合国际水准的管理和服务。电子政务的最大特点在于其行政方式的电子化，即行政方式的无纸化、信息传递的网络化、行政法律关系的虚拟化等。重点是将政府负责的四大职能——经济管理、市场监管、社会管理和公共服务电子化、网络化。

而智慧政府是电子政务的"高级形态"，具有即时感知、高效运行、科学决策、主动服务、智能监管、开放协同和韧性兼容等特征。智慧政府包括智能办公、智能监管、智能服务、智能决策四大领域，体现了五位一体的政务治理系统：感知、融合、共享、协同、智能。从技术上来说，智慧政府主要通过现代信息网络技术的应用，特别是大数据、云计算、移动互联网、物联网，现在加上区块链技术，打造新的网络政府形态，最终建成智慧政府、整体政府、开放政府、协同政府。

因此，可以说电子政务是智慧政府的基础，智慧政府是电子政务的高级阶段。智慧政府强调技术与社会、技术与价值的互动融合，体现亲民性、公平性、参与性、责任性、灵活性、信任度等多元智慧元素。与传统电子政务相比，智慧政府具有透彻感知、快速反应、主动服务、科学决策、以人为本等特征，智慧政府既强调新一代信息技术的应用，也强调用户创新、大众创新、开放创新、共同创新。它体现了信息技术和公共管理两大维度，一方面是信息技术与电子政务应用深度融合，另一方面是智慧政府具有开放、参与和协作的公共管理特征。

（二）智慧政府建设的基本范畴

智慧政府的核心内涵是利用新一代信息技术、大数据和人工智能技术，促进政府管理和公共服务线上线下融合，实现智能办公、智能监管、智能服务和智能决策。应该说，这个目标比电子政务更智能、更精准、更主动。

1. 智能办公系统

智能办公系统即采用人工智能、知识管理、移动互联网等手段，将传统办公自动化（OA）系统改造成为智能办公系统。智能办公系统对公务人员的办公行为有记忆功能，能够根据公务人员的职责、偏好、使用频率等，对用户界面、系统功能等进行自动优化。智能办公系统有自动提醒功能，如代办提醒、邮件提醒、会议通知等，公务人员不需要去查询就知道哪些事情需要处理。智能办公系统可以对代办事项根据重要程度、紧急程度等进行排序。智能办公系统具有移动办公功能，公务人员随时随地可以进行办公。智能办公系统集成了政府知识库，使公务人员方便查询政策法规、办事流程等，并分享他人的工作经验。

2. 智能监管系统

智能化的监管系统可以对监管对象自动感知、自动识别、自动跟踪。例如，利用物联网技术对山体形变进行监测，可以对滑坡进行预警；探测到火情，建筑立即自动切断电源。智能化的监管系统可以自动比对企业数据，发现企业偷逃税等行为。智能化的移动执法系统可以根据执法人员需求自动调取有关材料，生成罚单，方便执法人员执行公务。

3. 智能服务

能够自动感知、预测群众所需的服务，为群众提供个性化服务。例如，某个市民想去某地，智能交通系统可以根据交通情况选择一条最优线路，并给市民实时导航。在斑马线上安装传感器，当老人、残疾人或小孩过马路时，智能交通系统就能感知，适当延长红灯时间，保证这些人顺利通过。政府网站为民众提供场景式服务，引导民众办理有关事项。

4. 智能决策

在智能决策方面，采用数据仓库、数据挖掘、知识库系统等技术手段建立智能决策系统，该系统能够根据领导需要自动生成统计报表；开发用于辅助政府领导干部决策的"仪表盘"系统，把经济运行情况、社会管理情况等形象地呈现在政府领导干部面前，使他们可以像开汽车一样驾驭所赋予的本地区、本部门职责。

（三）智慧政府实践应用

数字政府的建设让政府初具智能，但智慧政府的潜力仍未完全挖掘，目前，只在一些领域开展了实践探索。

1. 政府决策的优化

人工智能可以通过分析和处理大量的数据，为政府提供决策制定的支持。它可以从各个方面收集和整理数据，帮助政府了解社会趋势、民意和公共需求。基于数据分析的决策制定可以更加客观和科学，减少主观因素的干扰，提高政府的决策效率和准确性。例如，政府可以通过数据分析预测犯罪多发区域，从而调配警力以实现更有效的打击犯罪。

2. 智慧城市建设

人工智能可以在城市管理中发挥重要作用，推动智慧城市的建设。通过物联网和传感器技术，人工智能可以收集和分析城市的各种数据，如交通流量、环境指标和社会需求等。这样的数据分析可以帮助政府更好地规划城市发展，提高城市的运行效率，改善居民的生活品质。例如，人工智能可以应用于交通管理领域，提供实时的交通流量监测和预测，政府可以利用这些数据优化交通信号控制，减少拥堵和交通事故，提高道路运输效率。再如，人工智能可以通过对气象数据、地质数据和社会数据的分析，提供更准确的自然灾害预警和风险评估，政府部门可以依据这些数据制定灾害管理策略，提前采取措施减少灾害对人民生命财产的影响。

3.政府服务的创新

人工智能可以改变政府与群众之间的互动方式，提供更加智能和便捷的服务。例如，政府可以利用自然语言处理和机器学习技术开发智能助手，帮助群众解答问题、提供信息和指导。此外，人工智能还可以应用于政府的在线服务平台，提供个性化的服务体验，提高群众满意度和参与度。在社会福利政策方面，政府可以利用人工智能技术分析大规模的社会数据，并根据其需求进行精准的福利分配。这样可以更好地确保社会资源的公平分配，减少贫困和不平等问题。

【本章小结】

我国政府数字化转型开端于 20 世纪 80 年代，伴随着工业化和后工业化浪潮席卷而发展壮大，是建立在国家工业化、信息化实力不断累积的基础之上的，但这并不意味着政府数字化转型只是科学技术推动的结果，它同时蕴含了公共管理价值和治理理念的更新升级，即以服务为导向，发挥政府引导、制度规制的职能，实现治理能力现代化和治理效能的提升。我国数字政府的发展是实践出来的，从中央到地方，各级政府根据治理需求，创造性使用数字技术，在改善营商环境、城市交通、公共服务方面推开试验，并将好的经验推广开来。数字赋能的政府，实现了从管理型政府向服务型政府、电子政府向智慧政府、包揽型政府向协作型政府、半公开政府向透明政府的转变，但数字政府发展仍面临数据共享、平台整合、技术资金等限制，数字政府建设还任重道远。

【思考题】

1.我国数字政府建设过程经历了哪些阶段？

2.我国数字政府建设给政府行政带来哪些变化？

3.我国数字政府建设下一步的努力方向是什么？

【延伸阅读】

1.马颜昕：《数字政府：变革与法治》，中国人民大学出版社，2021 年。

2.孟庆国等：《政务元宇宙》，中译出版社，2022 年。

第三章　我国数字政府建设的基本思路与总体框架

一、我国数字政府建设的理念与原则

（一）我国数字政府建设的理念

立足新发展阶段，贯彻新发展理念，构建新发展格局，推动高质量发展是以习近平同志为核心的党中央作出的重大战略决策。新时代数字政府建设也要全面贯彻落实党中央的重大战略决策，坚持全心全意为人民服务的根本宗旨，以新一代信息技术为支撑，以加快开发新的应用场景为牵引，以实现数据治理为关键，通过优化政府架构、改进政务流程、完善政务服务，全面提升政府在经济调节、市场监管、社会管理、公共服务、生态环境保护等领域数字化履职能力，不断提高政务运行效能和政务公开水平，全面推进政府治理体系和治理能力现代化，实现政府决策科学化、社会治理精准化、公共服务高效化的新型政府运行目标和运行机制。党的二十大明确提出，"继续推进实践基础上的理论创新，首先要把握好新时代中国特色社会主义思想的世界观和方法论，坚持好、运用好贯穿其中的立场观点方法"。因此，我国数字政府建设也应该坚持和运用习近平新时代中国特色社会主义思想的世界观和方法论，指导数字政府建设的实践。

1. 必须坚持人民至上

习近平总书记在庆祝中国共产党成立 100 周年大会上指出："江山就是人民、人民就是江山，打江山、守江山，守的是人民的心。中国共产党根基在人民、血脉在人民、力量在人民。中国共产党始终代表最广大人民根本利益，与人民休戚与共、生死相依。"我国数字政府建设要始终把满足人民对美好生活的向往作为出发点和落脚点，着力破解企业和群众反映强烈的办事难、办事慢、办事繁等问题，坚持"数字普惠"，消除"数字鸿沟"，让数字政府建设的成果能够更多更公平地惠及全体人民。

2. 必须坚持自信自立

我国数字政府建设必须从中国的国情出发，坚定不移地走自己的路，依靠自己的力量加快和完善数字政府建设，不断提升数字政府建设的装备水平、技术水平，不断增强数字政府建设的人员综合素质、安全保障能力，加快实现《国务院关于加强数字政府建设的指导意见》（国发〔2022〕14 号）确定的目标：到 2035 年，与国家治理体系和治理能力现代化相适应的数字政府体系框架更加成熟完备，整体协同、敏捷高效、智能精准、开放透明、公平普惠的数字政府基本建成，为基本实现社会主义现代化提供有力支撑。因此，我国数字政府建设要更加充满志气和底气，激励所有技术人员和管理人员为实现既定的目标踔厉奋发、勇毅前行。

3. 必须坚持守正创新

以科学的态度对待科学、以真理的精神追求真理。我国数字政府建设要坚持实事求是的原则，按照客观规律有计划、有步骤、有秩序地推进我国数字政府建设，既不能一蹴而就，也不能因噎废食；要通过技术创新、管理创新、服务创新，不断加快数字政府建设的技术迭代升级，促进我国数字政府建设向标准化、智能化、精准化、现代化的方向跃进。

4. 必须坚持问题导向

时代是思想之母，实践是理论之源。目前，在政府治理实践中我们所面临问题的复杂程度、解决问题的艰巨程度明显加大。因此，我们在加快数字政府建设的进程中，要紧紧围绕政府治理领域的"堵点""痛点""难点"，统筹发展，一方面通过提升政府治理效能来完善政府各项公共服务，增加市场主体和人民群众的获得感、幸福感、安全感；另一方面通过数字政府体系的构建，不断提升安全体系和安全能力建设，防范和化解各种公共安全风险，解决政府治理实践中的各种难题。

5. 必须坚持系统观念

我国数字政府建设既要做好顶层设计，又要确保各项规划、政策、制度落实落地。因此，要强化系统观念，加强系统集成，全面提升数字政府集约化建设水平，统筹推进技术融合、业务融合、数据融合，提升跨层级、跨地域、跨系统、跨部门、跨业务的协同管理和服务水平，做到与"十四五"规划相适应，与相关领域深入改革有效衔接、统筹推进，促进我国数字政府建设与数字经济、数字社会、数字生活等建设协调发展，共同促进。

6.必须坚持胸怀天下

胸怀天下就是要有"大格局""大视野""大胸怀"，想问题作决策要拓展世界眼光，深刻洞察世界发展的大趋势，以海纳百川的宽阔胸襟借鉴吸收人类一切优秀文明成果，推动我们的事业不断向前发展。我国数字政府建设也要充分借鉴和学习其他国家在技术、管理、服务等方面的创新成果，为实现中国式现代化之数字政府目标积蓄力量；并且在数字政府建设实践中要讲好中国故事、发出中国声音、展示中国智慧、彰显中国力量。我们既要探索出中国特色的数字政府建设道路，总结出中国特色的数字政府建设规律，同时为广大发展中国家制定和实施本国的数字政府建设战略提供借鉴和帮助。

（二）我国数字政府建设的原则

面对各种新机遇和新挑战，我们要立足新发展阶段，全面贯彻新发展理念，加快构建新发展格局，着力推动高质量发展，构建数字化、智能化的政府运行新形态，充分发挥数字政府建设对数字经济、数字社会、数字生活、数字生态的引领作用，为推进国家治理体系和治理能力现代化提供有力支撑。因此，我国数字政府建设必须坚持以下原则。

1.坚持党对数字政府建设的全面领导

充分发挥党总揽全局、协调各方的领导核心作用，全面贯彻党中央、国务院重大决策部署，将坚持和加强党的全面领导贯穿我国数字政府建设各领域各环节，贯穿政府数字化改革和制度创新的全过程，确保我国数字政府建设保持正确的发展方向。

2.让数字政府建设的成果惠及全体人民

始终把满足人民对美好生活的向往作为"数字政府"建设的出发点和落脚点，着力破解企业和群众反映强烈的办事难、办事慢、办事繁等问题，坚持数字普惠，消除"数字鸿沟"，让数字政府建设的成果更多更公平惠及全体人民。

3.以改革引领数字政府建设

围绕经济社会发展的迫切需要，着力强化改革思维，注重顶层设计与基层探索有机结合、技术创新和制度创新双轮驱动，以"数字化"改革助力政府职能的转变，促进政府治理各方面改革创新，推动政府治理规范化、法治化与数字化深度融合。

4. 用数据支撑政府决策

建立健全数据治理制度和标准体系，加强数据汇聚融合、共享数据的开放和开发利用，促进数据依法有序流动，充分发挥数据的基础资源作用和创新引擎效应，提高政府决策科学化水平和管理服务效率，催生经济社会发展新动能。

5. 强化系统观念提升整体协同水平

强化系统观念，加强系统集成，全面提升数字政府集约化建设水平，统筹推进技术融合、业务融合、数据融合，提升跨层级、跨地域、跨系统、跨部门、跨业务的协同管理和服务水平，做好与相关领域改革和"十四五"规划的有效衔接、统筹推进，促进数字政府建设与数字经济、数字社会协调发展。中央全面深化改革委员会第二十五次会议指出，要以数字化改革助力政府职能转变，统筹推进各行业各领域政务应用系统集约建设、互联互通、协同联动，发挥数字化在政府履行经济调节、市场监管、社会管理、公共服务、生态环境保护等方面职能的重要支撑作用，构建协同高效的政府数字化履职能力体系。

6. 确保网络安全和数据安全

全面落实总体国家安全观，坚持促进发展和依法管理相统一、安全可控和开放创新并重，严格落实网络安全、数据安全各项法律法规制度，全面构建制度、管理和技术衔接配套的安全防护体系，切实守住网络安全和数据安全底线。

二、我国数字政府建设的基本思路与主要目标

（一）我国数字政府建设的基本思路

数字政府是以新一代信息技术为支撑，以政府业务场景为牵引，通过数据流动驱动系统整合、流程再造和业务协同，重塑政务信息化管理架构、业

务架构和组织架构，全面提升政府经济调节、市场监管、社会管理、公共服务、生态环境保护等履职能力，推动"一网通办""一网统管"等领域协同应用，进而实现政府治理体系和治理能力现代化。

新时代新征程，我们要全面落实中共中央关于数字政府战略部署，推进大数据、人工智能、云计算、区块链等技术与实体政府和社会深度融合，以数字政府建设全面推进中国式现代化。因此，要渐进式推出一系列措施：一是打造具有本土特色的省、市、县三级"互联网＋政务服务"模式，探索以发达省、市为中心的"城市大脑"、智慧社区等政务服务平台建设；二是构建数字底座、挖掘数据资源，推动数字技术向省域基本公共服务和基层治理领域赋能延伸；三是通过数字技术提高各级政府科学决策能力，强化多元化数字应用场景，建立健全网络信息数据安全制度。数字政府建设的最终目的是借助新兴技术实现政府决策、政务管理、公共服务等领域的数字化转型和政府内外部结构再造，继而打造公开透明、民主开放的政府形象，不断增强网络公众的获得感、幸福感、安全感。

（二）我国数字政府建设的主要目标

依据《国务院关于加强数字政府建设的指导意见》（以下简称《指导意见》），我国数字政府建设的主要目标是：到2025年，与政府治理能力现代化相适应的数字政府顶层设计更加完善、统筹协调机制更加健全，政府数字化履职能力、安全保障、制度规则、数据资源、平台支撑等数字政府体系框架基本形成，政府履职数字化、智能化水平显著提升，政府决策科学化、社会治理精准化、公共服务高效化取得重要进展，数字政府建设在服务党和国家重大战略、促进经济社会高质量发展、建设人民满意的服务型政府等方面发挥重要作用。到2035年，与国家治理体系和治理能力现代化相适应的数字政府体系框架更加成熟完备，整体协同、敏捷高效、智能精准、开放透明、公平普惠的数字政府基本建成，为基本实现社会主义现代化提供有力支撑。

三、我国数字政府建设的基本架构

（一）数字政府理论模型

1. 整体架构

数字政府是从数字化服务（治理）、数字化支撑和数字化业务三个层面推动政府内部职能和外部功能的数字化转型，构建服务高效、治理精准、决策科学和数字赋能的整体政府。同时鼓励多方参与，形成政府、公众、企业和非政府组织各角色协同治理框架，构建服务（治理）主体、服务（治理）对象、服务（治理）内容、服务（治理）工具、服务（治理）方式协调的数字政府生态体系。数字化服务（治理）以效能为中心、以创新为驱动，围绕政府整体职能推进跨部门协同、业务流程改进与新技术应用，从而提升服务（治理）的效果。数字化支撑是从资源、数据、技术和制度层面出发，构建数字支撑体系，提升政府整体服务（治理）能力；以平台服务模式为目标，构建云资源平台、大数据平台和公共服务支撑平台，为上一层业务应用提供一体化数字资源、数据和技术能力。数字化业务是通过部门业务的数字化转型，改变政府与公众、企业和其他非政府组织之间的关系，支撑和保障政府机构适应经济社会的全面数字化转型的大趋势。

数字政府的整体架构是以管理和技术双轮驱动的保障体系构建基础设施层、数据治理层、大数据能力平台、公共服务支撑层、业务应用层，实现面向公众的高效服务、面向政府的科学决策、面向社会的精准治理、面向生态的协同保护、面向部门的数字化转型和面向公务员的数字技能提升的数字赋能、人民满意的政府。技术保障体系包括标准规范、数据驱动、运维支撑、安全保障，管理保障体系包括组织机构、政策法规、政企合作、科学评价等，以基础设施和数据底座为支撑，推进大数据能力平台和公共服务支撑协调联动，并加快完善标准规范体系、考核评价体系、技术保障体系和安全运维体系，形成数字政府运行的新格局（见图 3-1）。

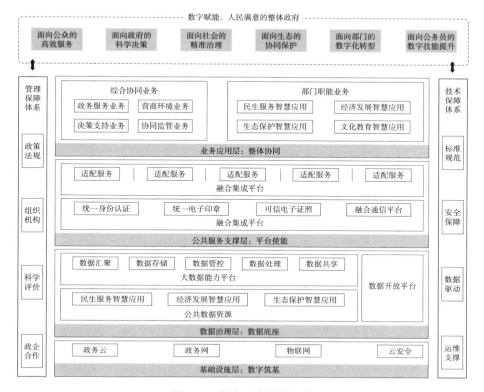

图 3-1　数字政府整体架构

　　基础设施以云计算资源、云存储资源、云网络资源、政务云等为重点，构建数字化转型的数字环境。数据底座以数据为纽带，通过数据采集、加工整理、分析研判，通过大数据平台、数据开放平台和大数据资源池，推动政府信息资源的按需共享、整合汇聚和安全、合法利用。

　　数据底座需要统一的数据支撑，数据来源包括人口库、法人库、地理信息库、宏观经济库、电子证照库、社会资源数据库等。

　　大数据能力平台是由算力平台、城市码平台等构成，大数据平台通常由统一的技术支撑，包括统一身份认证、统一支付、公共服务接入与分发、数据可视化、目录区块链、人工智能组件、运维安全管理等。

　　公共服务支撑层是通过建设应用支撑平台，实现电子印章、电子档案、电子证照，构建统一申办受理、统一咨询、统一物流、统一预约、统一投诉、统一用户空间，推动整体协同、数据驱动的政务服务、营商环境、决策保障、协同监管类综合应用，最终实现服务一体化、监管协同化、管理集约化、业务创新化、技术平台化、数据流动化。

业务应用单元包括综合协同业务和部门职能业务。数据驱动的数字政府既可以完成政务服务业务、营商环境业务、决策支持业务、协同监管业务等综合协同业务，也可以完成经济发展智慧应用、民生服务智慧应用、文化教育智慧应用、生态环保智慧应用等部门职能业务。

2. 基于公共价值的数字政府模型

现有的数字政府成熟度模型主要关注技术应用、优化效率、排除障碍，忽视了宏观层面的整体把握与风险控制，限制了其提供面向未来的观点和视角的可能性。为此，Jungwoo Lee 等提出了基于价值的数字政府模型（Value-based Digital Government Model，VDG）。基于价值的数字政府模型在宏观层面上认识问题，从而实现通过融合数字政府五个不同但相关的组成部分来设计综合的社会问题解决方案，由此设计的综合解决方案不仅是技术和服务的结合，更是组织、制度、程序和社会因素相结合的结果。这种新的灵活的数字政府模型不是呈现固定解决方案的有限状态模型，而是一种参考模型，旨在为数字政府背景下解决当前社会和治理中的问题提供思路，以有效实现可持续发展的目标。

与以往的数字政府模型相比，VDG 模型具有以下几个特征。一是 VDG 需要一种超越当前以技术为中心的微观层面的方法，即从宏观层面解决政府的数字化转型问题。快速发展的技术以及伴随而来的社会技术革命要求数字政府模型具有远见和洞察力。此外，为了解决在社会技术变革中出现的日益复杂的问题，新的数字政府模式需要包括技术和服务以外的社会和组织因素，如人力资源管理因素。在这方面，应该确定和定义 VDG 因素的范围，而不仅仅是技术。二是与现存的主要以提高政府效率和提高使用通信技术的公共服务质量为目标的模式相比，VDG 模型侧重于社会和国家的可持续发展。随着数字政府有望成为一种新的治理模式，社会和国家的可持续发展可以作为数字政府建设中一个适当的评价目标。最后，因为政府已经实现了服务的高度数字化和工作方式的变革，VDG 模型预计将在评估框架之外发挥新的作用。VDG 模型有望提供一个综合的参考模型，将数据、技术、服务、人力资源和治理等数字政府要素创新性融合，以解决各种新出现的社会问题。

如图 3-2 所示，根据对现存数字政府模型的研究，确定了数字政府的五个关键因素，分别是数据、技术、服务、人员和治理。通过回顾数字政府的发展历史，观察到这些元素随着技术的进步而不断动态演变，基于对相关报告和文章的回顾，将每个要素的历史进展做了概念化的处理。

图 3-2 数字政府五大关键要素

（1）数据：将分散的数据收集到不同职能的地方政府数据库中并进行集中汇总，然后由于数据的协同性，这些本地化数据相互连接并融合在一起，朝着整合和连接的方向不断发展。

（2）技术：支持从简单编程到数据库构造的各项技术。随着网络连接和互联网的出现，跨功能的平台安装在技术上变得可行，技术的发展始终以技术利用为重点和方向。

（3）服务：最初，实施信息系统是为了支持服务程序，但其重点被放在复制系统的流程上。后来，当信息系统改造成为发展趋势时，其重点向服务转型，例如组织架构的建设，以及跨部门和职能开发新的融合服务。确保服务的适应性和灵活性是今后服务发展的方向和原则。

（4）人员：目前人员发展的关注点已经从人们凭借数字素养和信息化所执行的任务转变为工作和流程的知识化，发展方向是让人们摆脱工作的厌倦和负担，并鼓励其发挥潜在的创造力。

（5）治理：从数字政府出现以来，治理的重点已经从控制和监管转变为共同创造和参与。政府治理以开放为原则，旨在让公众参与政策的制定过程。

（二）数据驱动的数字政府架构

随着大数据、人工智能技术应用的不断深入，数据已成为数字时代数字政府治理的核心要素，数字政府在技术上倾向于以数据为基础，在管理上倾向于基于需求的定制化服务。传统政府单方面向公众或企业提供服务；数字政府则基于数据分析了解公众或企业的需求，并利用数据为每个人（或法人）提供个性化的服务。公众可以搜索他们需要的政府服务信息，并独立地使用这些数据，以获得智能的、自主的、自动化的、定制化的服务。公共政策中的"数据驱动"一词意味着数据成为政策分析和决策的重要来源，成为解决问题和实现目标的工具。数据驱动的数字政府根据数据的开放和使用情况，实现以公众为主导的政府管理，并在公众提出需求之前认真分析结构化或非结构化数据，提前预测需求并提供服务。

构建数字驱动的数字政府，包括数字政府的基础、数字政府的价值、数字政府的核心、数字政府的关键和数字政府的实现五个模块。数字政府的基础是通过数字资源规划和共享，构建协同文化，实现数据驱动下的治理与协同。通过统一数字身份认证和用户驱动的服务设计构建灵活、主动与定制化的数字化交付服务，实现以数据为核心的服务与创新，这是数字政府的价值所在。数字政府的核心是开放与参与，通过数据发布与开放、隐私保护与安全，让公众参与数字服务设计、政策制定的过程，参与数字服务的满意度调查过程。数字政府的关键是如何利用数据科学决策、预测政策需求和对未来做出规划，这些是数字政府应对危机、解决核心问题的目标。数字政府的实现主要依靠能力与评价，通过数字能力与技能的培养，提升公务人员的数字素养，完成公共部门的数字化转型。通过数字技术的投入，开发创新应用，不断培育数字文化氛围，并对数字政府发展状况进行评价，推动数字政府能力的提升。

1. 数字政府的基础：治理与协同

数字政府的基础是通过数字化转型、数据化治理、创造性投资以及创新性战略，实现跨层级、跨部门、跨地域的一体化协同，达到更加灵活和富有弹性的政府治理目标，创造可持续性的公共价值。通过跨部门的合作，政府信息和数据通过电子化方式和网络平台在不同部门之间共享，以此支持协同的有效组织和治理框架，实现以数据为中心的治理，即以数据为中心，通过数据收集、确认、聚合、分析，产生数据服务与产品，并把服务进行聚类产生价值。在治理实践中，数据的参与实体包括数据提供者，一般为政府、企业和公众；数据的中间过渡参与者，一般为政府、企业和应用开发者；数据最终是为政府、企业和社会公众服务的。在此基础上建立明确决策与责任、政策与标准、指导原则、隐私与条约以及普通数据的集成框架，实现整体数据治理。构建政府、企业、公众和非政府组织的各角色协同框架，在公共部门内部和非政府组织、企业或公众等外部角色之间建立协同机制，由不同角色构成数字政府生态系统，通过与政府的信息交互，支持数据、服务内容的生成与访问，促进相关角色的全程投入以调整服务供需关系。

2. 数字政府的价值：服务与创新

数字政府的价值体现在公共服务从公众需求开始，而不是政府根据政策需要设计服务。服务设计和交付流程应以公众需求为起点，通过新技术应用不断创新服务模式，了解服务对象的需求，以便构建一个对他们有效的服务。这里的用户包括所有参与服务交付的用户，包括终端用户、提供服务的公务员以及其他支持最终用户访问服务的中介。数字政府的服务开发团队应具备广泛的技能、多样化的角色、快速的决策能力以及随着服务内容和服务范围的拓展而改变和适应的能力，以获得足够的资源和能力来交付产品或服务，同时开发适用于所有的服务设计和交付阶段的标准化操作。例如通过统一的身份认证、电子签名、电子证照等以用户为中心设计提供服务的界面和业务流程，使得政府工作人员更有效地履行职责，服务对象能够更快、更好地获得各种政府服务。

3. 数字政府的核心：开放与参与

数字政府的核心是数据开放与公众参与，指的是政府的开放性、透明性与包容性。政府在政策制定和服务交付中参与多个角色定位，并让公众参与其中，创建数据驱动的文化，保护隐私并确保数据安全。开放政府的数据是由政府部门、公共机构或政府控制的实体直接产生或委托产生的数据，可以供资质合格的用户使用和再分配。在这种情况下，政府数据的获取、再利用和再分配不仅为公共部门机构创造了价值，更为整个社会创造了价值，使所有利益相关方能够全面、免费地获取公共数据，并让个人有机会评估提供服务的政府机构的表现。随着数字技术应用的推广，这个开放式平台让更多的人能够更大程度地获得关键记录，数据获取的便捷性使得公众有机会就公共政策做出明智的决定，并参与政策的制定和服务的优化设计，不断创造新的发展机会。为了增加公众参与度，政府由"独白式"转化为"对话式"工作模式，将信息推送到多个数字化渠道，使公众能够随时随地接收实时信息，并鼓励公众通过这些数字化渠道提供反馈意见和各种信息。总的来说，在法律允许的范围内开放政府数据能够提高资源的使用效率，改善公共服务供给，这是大多数国家数字政府战略实施中的一个关键要素。

4. 数字政府的实现：能力与评价

数字政府的实现体现在重视发展相关技能，提升数字素养，增强公共机构的数字能力，确立明确的发展目标，完备的法律和完善的监管框架。总的来说，数字技能的培养有助于改善社会包容，缩小"数字鸿沟"。随着组织机构在数字化方面逐步成熟，更多的公共部门越来越意识到使用数字技术来构建创新和协作的组织文化的必要性。但是，目前很多政府机构仍然缺乏充分利用数字变革的技能。为此，需要数字化专家协助政府制定战略和计划，确定当前政府数字化发展水平需要什么样的技能，以及如何确保这种技能的获得，从而让现有政府工作人员具备创新意识和专业化技能，包括用户研究和分析技能、敏捷和迭代的项目管理技能、用户体验技能、数字业务模型建模技能、数字供应链的商业技能等。在此基础上，精心设计内部培训计划，不断增强对数字文化的影响，实现数字政府治理能力的提升。[①]

5. 数字政府的关键：决策与支撑

数字政府的关键之处在于通过业务处理的自动化和自主性，加上以数据、算法和人工智能为中心追求科学、准确的决策和支撑。"用数据说话，靠数据决策，依数据行动"已成为共识，越来越多的数据来源和分析工具使得政府能够做出更好的决策。同时，还可以加速数据的收集，减少政策周期和迭代所消耗的时间，对所收集的数据进行更加精细的分析，从而不断培育经济新动能、构筑竞争新优势、改善民生新服务。利用公共部门的数据进行科学决策，意味着需要扩大公共部门信息和统计的数据池，纳入产生数字经济的新

---

① 　王益民：《数字政府》，中共中央党校出版社，2020 年．

数据源，包括移动数据、物联网数据和社交媒体数据等，利用数据驱动的决策可应用于公共部门的各个领域。

（三）我国数字政府建设的基本架构

新时代新征程，我国数字政府建设要立足新发展阶段、贯彻新发展理念、构建新发展格局，推进数字政府高质量发展。因此，要加强党对数字政府建设工作的领导，以数字政府建设全面引领驱动数字化发展，构建协同高效的政府数字化履职能力体系，构建数字政府全方位安全保障体系，构建科学规范的数字政府建设制度规则体系，构建开放共享的数据资源体系，构建智能集约的平台支撑体系，形成具有中国特色的数字政府建设的基本架构（见图3–3）。

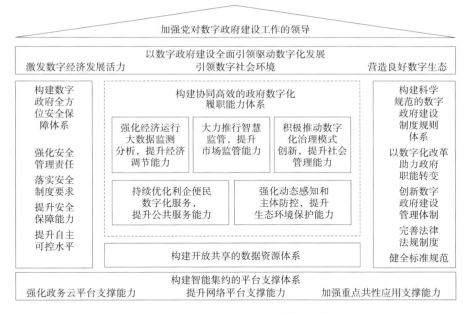

图 3–3　我国数字政府建设基本架构

1. 加强党对数字政府建设工作的领导

以习近平总书记关于网络强国的重要思想为引领，始终把党的全面领导作为加强数字政府建设、提高政府管理服务能力、推进国家治理体系和治理能力现代化的根本保证，坚持正确政治方向，把党的政治优势、组织优势转化为数字政府建设的强大动力和坚强保障，确保数字政府建设重大决策部署贯彻落实。

（1）加强组织领导

加强党中央对数字政府建设工作的集中统一领导。各级党委要切实履行领导责任，及时研究解决影响数字政府建设重大问题。各级政府要在党委统一领导下，履行数字政府建设主体责任，谋划落实好数字政府建设各项任务，主动向党委报告数字政府建设推进中的重大问题。各级政府及有关职能部门要履职尽责，将数字政府建设工作纳入重要议事日程，结合实际抓好组织实施。

（2）健全推进机制

成立数字政府建设工作领导小组，统筹指导协调数字政府建设，各地区各部门要建立健全数字政府建设领导协调机制，强化统筹规划，明确职责分工，抓好督促落实，保障数字政府建设有序推进。发挥我国社会主义制度集中力量办大事的政治优势，建立健全全国一盘棋的统筹推进机制，最大限度凝聚发展合力，更好服务党和国家重大战略，更好服务经济社会发展大局。

（3）提升数字素养

着眼推动建设学习型政党、学习型社会，搭建数字化终身学习教育平台，构建全民数字素养和技能培育体系。把提高领导干部数字治理能力作为各级党校（行政学院）的重要教学培训内容，持续提升干部队伍数字思维、数字技能和数字素养，创新数字政府建设人才引进培养使用机制，建设一支讲政治、懂业务、精技术的复合型干部队伍。深入研究数字政府建设中的全局性、战略性、前瞻性问题，推进实践基础上的理论创新。成立数字政府建设专家委员会，引导高校和科研机构设置数字政府相关专业，加快形成系统完备的数字政府建设理论体系。

（4）强化考核评估

在各级党委领导下，建立常态化考核机制，将数字政府建设工作作为政府绩效考核的重要内容，考核结果作为领导班子和有关领导干部综合考核评价的重要参考。建立完善数字政府建设评估指标体系，树立正确评估导向，重点分析和考核统筹管理、项目建设、数据共享开放、安全保障、应用成效等方面情况，确保评价结果的科学性和客观性。加强跟踪分析和督促指导，重大事项及时向党中央、国务院请示报告，促进数字政府建设持续健康发展。

2. 以数字政府建设全面引领驱动数字化发展

围绕加快数字化发展、建设数字中国重大战略部署，持续增强数字政府效能，更好助力激发数字经济发展活力，优化数字社会环境，营造良好数字生态。

（1）激发数字经济发展活力

以数字政府建设为牵引，拓展经济发展新空间，培育经济发展新动能，提高数字经济治理体系和治理能力现代化水平。准确把握行业和企业发展需求，打造主动式、多层次创新服务场景，精准匹配公共服务资源，提升社会服务数字化普惠水平，更好满足数字经济发展需要。完善数字经济治理体系，探索建立与数字经济持续健康发展相适应的治理方式，创新基于新技术手段的监管模式，把监管和治理贯穿创新、生产、经营、投资全过程。壮大数据服务产业，推动数字技术在数据汇聚、流通、交易中的应用，进一步释放数据红利。

（2）优化数字社会环境

推动数字技术和传统公共服务融合，着力普及数字设施、优化数字资源供给，推动数字化服务普惠应用。推进智慧城市建设，推动城市公共基础设施数字转型、智能升级、融合创新，构建城市数据资源体系，加快推进城市运行"一网统管"，探索城市信息模型、数字孪生等新技术运用，提升城市治理科学化、精细化、智能化水平。推进数字乡村建设，以数字化支撑现代乡村治理体系，加快补齐乡村信息基础设施短板，构建农业农村大数据体系，不断提高面向农业农村的综合信息服务水平。

（3）营造良好数字生态

建立健全数据要素市场规则，完善数据要素治理体系，加快建立数据资源产权等制度，强化数据资源全生命周期安全保护，推动数据跨境安全有序流动。完善数据产权交易机制，规范培育数据交易市场主体。规范数字经济发展，健全市场准入制度、公平竞争审查制度、公平竞争监管制度，营造规范有序的政策环境。不断夯实数字政府网络安全基础，加强对关键信息基础设施、重要数据的安全保护，提升全社会网络安全水平，为数字化发展营造安全可靠环境。积极参与数字化发展国际规则制定，促进跨境信息共享和数字技术合作。

3. 构建协同高效的政府数字化履职能力体系

全面推进政府履职和政务运行数字化转型，统筹推进各行业各领域政务应用系统集约建设、互联互通、协同联动，创新行政管理和服务方式，全面提升政府履职效能。

（1）强化经济运行大数据监测分析，提升经济调节能力

将数字技术广泛应用于宏观调控决策、经济社会发展分析、投资监督管理、财政预算管理、数字经济治理等方面，全面提升政府经济调节数字化水平。加强经济数据整合、汇聚、治理。全面构建经济治理基础数据库，加强对涉及国计民生关键数据的全链条全流程治理和应用，赋能传统产业转型升级和新兴产业高质量发展。运用大数据强化经济监测预警，加强覆盖经济运行全周期的统计监测和综合分析能力，强化经济趋势研判，助力跨周期政策设计，提高逆周期调节能力。提升经济政策精准性和协调性。充分发挥国家规划综合管理信息平台作用，强化经济运行动态感知，促进各领域经济政策有效衔接，持续提升经济调节政策的科学性、预见性和有效性。

（2）大力推行智慧监管，提升市场监管能力

充分运用数字技术支撑构建新型监管机制，加快建立全方位、多层次、立体化监管体系，实现事前事中事后全链条全领域监管，以有效监管维护公平竞争的市场秩序。以数字化手段提升监管精准化水平，加强监管事项清单数字化管理，运用多源数据为市场主体精准"画像"，强化风险研判与预测预警。加强"双随机、一公开"监管工作平台建设，根据企业信用实施差异化监管。加强重点领域的全主体、全品种、全链条数字化追溯监管。以一体化在线监管提升监管协同化水平。大力推行"互联网＋监管"，构建全国一体化在线监管平台，推动监管数据和行政执法信息归集共享和有效利用，强化监管数据治理，推动跨地区、跨部门、跨层级协同监管，提升数字贸易跨境监管能力，以新型监管技术提升监管智能化水平。充分运用非现场、物联感知、掌上移动、穿透式等新型监管手段，弥补监管短板，提升监管效能。强化以网管网，加强平台经济等重点领域监管执法，全面提升对新技术、新产业、新业态、新模式的监管能力。

（3）积极推动数字化治理模式创新，提升社会管理能力

推动社会治理模式从单向管理转向双向互动、从线下转向线上线下融合，着力提升矛盾纠纷化解、社会治安防控、公共安全保障、基层社会治理等领域数字化治理能力。提升社会矛盾化解能力，坚持和发展新时代"枫桥经验"，提升网上行政复议、网上信访、网上调解、智慧法律援助等服务，促进矛盾纠纷源头预防和排查化解。推进社会治安防控体系智能化，加强"雪亮工程"和公安大数据平台建设，深化数字化手段在国家安全、社会稳定、打击犯罪、治安联动等方面的应用，提高预测预警预防各类风险的能力。推进智慧应急建设，优化完善应急指挥通信网络，全面提升应急监督管理、指挥救援、物资保障、社会动员的数字化、智能化水平。提高基层社会治理精准化水平，实施"互联网＋基层治理"行动，构建新型基层管理服务平台，推进智慧社区建设，提升基层智慧治理能力。

（4）持续优化利企便民数字化服务，提升公共服务能力

持续优化全国一体化政务服务平台功能，全面提升公共服务数字化、智能化水平，不断满足企业和群众多层次多样化服务需求。打造泛在可及的服务体系。充分发挥全国一体化政务服务平台"一网通办"枢纽作用，推动政务服务线上线下标准统一、全面融合、服务同质，构建全时在线、渠道多元、全国通办的一体化政务服务体系，提升智慧便捷的服务能力。推行政务服务事项集成化办理，推广"免申即享""民生直达"等服务方式，打造掌上办事服务新模式，提高主动服务、精准服务、协同服务、智慧服务能力。提供优质便利的涉企服务，以数字技术助推深化"证照分离"改革，探索"一业一证"等照后减证和简化审批新途径，推进涉企审批减环节、减材料、减时限、减费用。强化企业全生命周期服务，推动涉企审批一网通办、惠企政策精准推送、政策兑现直达直享。拓展公平普惠的民生服务，探索推进"多卡合一""多码合一"，推进基本公共服务数字化应用，积极打造多元参与、功能完备的数字化生活网络，提升普惠性、基础性、兜底性服务能力。围绕老年人、残疾人等特殊群体需求，完善线上线下服务渠道，推进信息无障碍建设，切实解决特殊群体在运用智能技术中遇到的突出困难。

（5）强化动态感知和立体防控，提升生态环境保护能力

全面推动生态环境保护数字化转型，提升生态环境承载力、国土空间开

发适宜性和资源利用科学性，更好支撑美丽中国建设。提升生态环保协同治理能力，建立一体化生态环境智能感知体系，打造生态环境综合管理信息化平台，强化大气、水、土壤、自然生态、核与辐射、气候变化等数据资源综合开发利用，推进重点流域区域协同治理。提高自然资源利用效率，构建精准感知、智慧管控的协同治理体系，完善自然资源三维立体"一张图"和国土空间基础信息平台，持续提升自然资源开发利用、国土空间规划实施、海洋资源保护利用、水资源管理调配水平。推动绿色低碳转型，加快构建碳排放智能监测和动态核算体系，推动形成集约节约、循环高效、普惠共享的绿色低碳发展新格局，服务保障碳达峰、碳中和目标顺利实现。

4. 构建数字政府全方位安全保障体系

全面强化数字政府安全管理责任，落实安全管理制度，提升安全保障能力，提高自主可控水平，切实筑牢数字政府建设安全防线。

（1）强化安全管理责任

各地区各部门按照职责分工，统筹做好数字政府建设安全和保密工作，落实主体责任和监督责任，构建全方位、多层级、一体化安全防护体系，形成跨地区、跨部门、跨层级的协同联动机制。建立数字政府安全评估、责任落实和重大突发事件处置机制，加强对参与政府信息化建设、运营企业的规范管理，确保政务系统和数据安全管理的边界清晰、职责明确、责任落实。

（2）落实安全制度要求

建立健全数据分类分级保护、风险评估、检测认证等制度，加强数据全生命周期安全管理和技术防护。加大对涉及国家秘密、工作秘密、商业秘密、个人隐私和个人信息等数据的保护力度，完善相应问责机制，依法加强重要数据出入境安全管理。加强关键信息基础设施安全保护和网络安全等级保护，建立健全网络安全、保密监测预警和密码应用安全性评估等机制，定期开展网络安全、保密和密码应用检查，提升数字政府领域关键信息基础设施的保护水平。

（3）提升安全保障能力

建立健全动态监控、主动防御、协同响应的数字政府安全技术保障体系。充分运用主动监测、智能感知、威胁预测等安全技术，强化日常监测、通报预警、应急处置，拓展网络安全态势感知监测范围，加强对大规模网络安全事件、网络泄密事件预警和发现能力。

（4）提高自主可控水平

加强自主创新，加快数字政府建设领域关键核心技术攻关，强化安全可靠技术和产品应用，切实提高自主可控水平。强化关键信息基础设施保护，落实运营者的主体责任。开展对新技术新应用的安全评估，建立健全对算法的审核、运用、监督等管理制度和技术措施。

5. 构建科学规范的数字政府建设制度规则体系

以数字化改革促进制度创新，保障数字政府建设和运行整体协同、智能高效、平稳有序，实现政府治理方式变革和治理能力提升。

（1）以数字化改革助力政府职能转变

推动政府履职更加协同高效，充分发挥数字技术创新变革的优势，优化业务流程，创新协同方式，推动政府履职效能持续优化。坚持以优化政府职责体系引领政府数字化转型，以数字政府建设加快政府职能转变，推进体制机制改革与数字技术应用深度融合，推动政府运行更加协同高效。健全完善与数字化发展相适应的政府职责体系，强化对数字经济、数字社会、数字网络空间的治理能力。助力优化营商环境，加快建设全国行政许可管理等信息系统，实现行政许可规范管理，推动各类行政权力事项网上运行、动态管理。强化审管协同，打通审批和监管业务信息系统，形成事前事中事后一体化监管能力，充分发挥全国一体化政务服务平台作用，促进政务服务标准化、规范化、便利化水平持续提升。

（2）创新数字政府建设管理机制

明确运用新技术规范行政管理的制度规则，推进政府部门规范有序运用新技术手段赋能管理服务。推动技术部门参与业务运行全过程，鼓励和规范政、产、学、研、资、用等多方力量参与数字政府建设。健全完善政务信息化建设管理会商机制，推进建设管理模式创新，鼓励有条件的地区探索建立综合论证、联合审批、绿色通道等项目建设管理新模式。做好数字政府建设经费保障，统筹利用现有资金渠道，建立多渠道筹措的资金保障机制。推动数字普惠，加大对欠发达地区数字政府建设的支持力度，加强对农村地区资金、技术、人才等方面的支持，扩大数字基础设施覆盖范围，优化数字公共服务的供给，加快消除区域间"数字鸿沟"。依法加强审计监督，强化项目绩效评估，避免分散建设、重复建设，切实提高数字政府建设的成效。

（3）完善法律法规制度

推动形成国家法律和党内法规相辅相成的格局，全面建设数字法治政府，依法依规推进技术应用、流程优化和制度创新，消除技术歧视，保障个人隐私，维护市场主体和人民群众利益。持续抓好现行法律法规贯彻落实，细化完善配套措施，确保相关规定落到实处、取得实效。推动及时修订和清理现行法律法规中与数字政府建设不相适应的条款，将经过实践检验行之有效的做法及时上升为制度规范，加快完善与数字政府建设相适应的法律法规框架体系。

（4）健全标准规范

推进数据开发利用、系统整合共享、关键政务应用等标准制定，持续完善已有关键标准，推动构建多维标准规范体系。加大数字政府建设标准推广力度，建立评估验证机制，提升应用水平，以标准化促进数字政府建设规范化，研究设立全国数字政府标准化技术组织，统筹推进数字政府标准化工作。

6.构建开放共享的数据资源体系

加快推进全国一体化政务大数据体系建设，加强数据治理，依法依规促进数据高效共享和有序开发利用，充分释放数据要素价值，确保各类数据和个人信息安全。

（1）创新数据管理机制

强化政府部门数据管理职责，明确数据归集、共享、开放、应用、安全、存储、归档等责任，形成推动数据开放共享的高效运行机制。优化完善各类基础数据库、业务资源数据库和相关数据库，加快构建标准统一、布局合理、管理协同、安全可靠的全国一体化政务大数据体系。加强对政务数据、社会数据的统筹管理，全面提升数据共享服务、资源汇聚、安全保障等一体化水平。加强数据治理和全生命周期质量管理，确保政务数据真实、准确、完整。建立健全数据质量管理机制，完善数据治理标准规范，制定数据分类分级标准，提升数据治理水平和管理能力。

（2）深化数据高效共享

充分发挥政务数据共享协调机制的作用，提升数据共享统筹协调力度和服务管理水平。建立全国标准统一、动态管理的政务数据目录，实行"一数一源一标准"，实现数据资源清单化管理。充分发挥全国一体化政务服务平台的数据共享枢纽作用，持续提升国家数据共享交换平台的支撑保障能力，实现政府信息系统与党委、人大、政协、法院、检察院等信息系统互联互通和数据按需共享。有序推进国务院部门垂直管理业务系统与地方数据平台、业务系统数据双向共享。以应用场景为牵引，建立健全政务数据供需对接机制，推动数据精准高效共享，大力提升数据共享的实效性。

（3）促进数据有序开发利用

编制公共数据开放目录及相关责任清单，构建统一规范、互联互通、安全可控的国家公共数据开放平台，分类分级开放公共数据，有序推动公共数据资源开发利用，提升各行业各领域运用公共数据推动经济社会发展的能力。推进社会数据"统采共用"，实现数据跨地区、跨部门、跨层级共享共用，提升数据资源使用效益。推进政务数据、社会数据融合应用，促进数据流通利用。

7. 构建智能集约的平台支撑体系

强化安全可信的信息技术应用创新，充分利用现有政务信息平台，整合构建结构合理、智能集约的平台支撑体系，适度超前布局相关新型基础设施，全面夯实数字政府建设的根基。

（1）强化政务云平台支撑能力

依托全国一体化政务大数据体系，统筹整合现有政务云资源，构建全国一体化政务云平台体系，实现政务云资源统筹建设、互联互通、集约共享。国务院各部门政务云纳入全国一体化政务云平台统筹管理。各地区按照省级统筹原则开展政务云建设，集约提供政务云服务，探索建立政务云资源统一调度机制，加强一体化政务云平台资源管理和调度。

（2）提升网络平台支撑能力

强化电子政务网络统筹建设管理，促进高效共建共享，降低建设运维成本。推动骨干网扩容升级，扩大互联网出口带宽，提升网络支撑能力。提高电子政务外网移动接入能力，强化电子政务外网服务功能，并不断向乡镇基层延伸，在安全可控的前提下按需向企事业单位拓展。

（3）加强重点共性应用支撑能力

推进数字化共性应用集约建设，依托身份认证基础设施、国家人口基础信息库、国家法人单位信息资源库等认证资源，加快完善线上线下一体化统一身份认证体系，持续完善电子证照共享服务体系，推动电子证照扩大应用领域和全国互通互认。完善电子印章制发、管理和使用规范，健全全国统一的电子印章服务体系，深化电子文件资源开发利用，建设数字档案资源体系，提升电子文件（档案）管理和应用水平。发挥全国统一的财政电子票据政务服务平台的作用，实现全国财政电子票据一站式查验，推动财政电子票据跨省报销。开展各级非税收入收缴相关平台建设，推动非税收入收缴电子化全覆盖；完善信用信息公共服务平台功能，提升信息查询和智能分析能力；推进地理信息协同共享，提升公共服务能力，更好发挥地理信息的基础性支撑作用。①

【本章小结】

本章分析了我国数字政府建设的理念与原则、基本思路与主要目标、基本架构。

在分析我国数字政府建设的理念与原则部分，将党的二十大提出的习近平新时代中国特色社会主义思想的世界观和方法论（"六个必须坚持"）融入其中。

在分析我国数字政府建设的基本思路与主要目标部分，提出数字政府是以新一代信息技术为支撑，以政府业务场景为牵引，通过数据流动驱动系统整合、流程再造和业务协同，重塑政务信息化管理架构、业务架构和组织架构，全面提升政府经济调节、市场监管、社会管理、公共服务、生态环境保护等履职能力，推动"一网通办""一网统管"等领域协同应用，进而实现政府治理体系和治理能力现代化。

在分析我国数字政府建设的基本架构部分，提出要加强党对数字政府建设工作的领导，以数字政府建设全面引领驱动政府职能转变，构建协同高效的政府数字化履职能力体系，构建数字政府全方位安全保障体系，构建科学规范的数字政府建设制度规则体系，构建开放共享的数据资源体系，构建智能集约的平台支撑体系，形成具有中国特色的数字政府建设的基本架构。

---

① 资料来源：《国务院关于加强数字政府建设的指导意见》（国发〔2022〕14号），2022年6月23日.

【思考题】

1. 我国数字政府建设的理念与原则是什么？

2. 我国数字政府建设的主要目标有哪些？

3. 数字政府整体架构包含哪些内容？

4. 我国数字政府建设的基本架构包含哪些内容？

【延伸阅读】

全国首个"数字政府"总体规划和实施方案
——广东数字政府建设的路径 ①

作为"数字中国"体系的有机组成部分，"数字政府"是推动"数字中国"建设、推动社会经济高质量发展、再创营商环境新优势的重要抓手和引擎。《广东省"数字政府"建设总体规划（2018—2020 年）》和《广东省"数字政府"建设总体规划（2018—2020 年）实施方案》正式发布，这是全国首个"数字政府"总体规划和实施方案，全面、清晰地描绘了广东"数字政府"建设的蓝图。

一、"政务互联网思维"下的"数字政府"建设理念

广东将互联网思维及整体发展思维应用到政府改革领域，提出"政务互联网思维"，以"政务互联网思维"来指导"数字政府"改革建设。"政务互联网思维"包括五个维度：一是"用户思维"，即从用户体验的角度改进政务服务设计；二是"流量思维"，即用群众"爱不爱用"来检验政务服务成效；三是"平台思维"，即通过集约化重新构建"大平台、小前端、富生态"的"数字政府"未来主流范式；四是"跨界思维"，即通过"政企合作"将先进生产力引入政府治理中，打造更加敏捷的政府；五是"整体思维"，即由外到内、自上而下、从左到右对政府进行整体考量，从机制体制入手，从技术革新、业务创新、管理创新、体制变革"四位一体"来开展全方位、成体系的改革。

广东将通过"数字政府"改革建设，实现政府的"六个转变"：一是由分散向整体转变，对外服务方面，让群众感觉到政府是一个整体，而非一个部门就是一个政府；内部建设方面，推行集约建设，建设"大平台、小前端"，避免重复建设和分散建设；二是由管理向服务转变，从群众体验的角度，推

---

① 资料来源：中正智库，2018 年.

动服务供给侧结构性改革，提升政府服务群众、企业的能力；三是由单向被动向双向互动转变，通过政府与群众的双向互动，使政府部门更加了解民意，敏锐掌握群众需求，改善政务服务水平，提升政府亲民形象；四是由单部门向多部门协同转变，通过顶层设计，从整体政府的视角来推动政务服务流程再造，并通过统一协同办公平台，实现多部门协同和扁平化管理，提高政府运作效率、降低政府运作总成本；五是由采购工程向采购服务转变，摒弃传统政府信息化项目建设"建成即落后"、后续资金投入缺乏保障、系统无法得到持续改进等弊端，通过采购服务模式，"按年度付费""按使用付费""按用户评价付费"，促使服务提供商持续提高服务水平，既节约资金又提升服务质量；六是由封闭向开放转变，通过内外互动、左右协同、上下联动的一体化平台，实现政务服务流程的公开化、透明化，通过平台实现"政民互动"，群众可以点评政府部门、工作人员、中介服务人员的服务，最终打造一个开放、廉洁、高效的"阳光政府"。

二、广东"数字政府"改革建设的主要做法

广东"数字政府"改革建设各项任务稳步推进，省政务服务数据管理局正式挂牌成立，"数字政府"建设总体规划和实施方案正式印发实施，全省统一部署的政务云、政务网和大数据中心等基础设施初步搭建，围绕群众、企业、公务员三大群体推出的三大服务平台上线运行并受到广泛好评，改革建设工作取得初步成效。

（一）以体制机制改革创新为引领，建立"数字政府"管理建设新格局

广东从体制机制入手，全面撤并调整省信息中心以及省直各单位全部44个信息中心，行政职能回归机关，打破各部门、各条块自成体系、自我封闭造成系统不通、业务不通、数据不通的困局，为"数字政府"改革扫清体制机制障碍。对信息中心人员按三种方式进行分流：一是根据公务员法及有关规定考试录用或直接登记为公务员；二是根据《事业单位人事管理条例》及有关规定妥善安置到有关事业单位；三是分流到企业（数字政府建设运营中心"数字广东公司"）。

广东在"数字政府"建设过程中，以各个部门已有的信息基础设施、应用系统为基础，进行整合、优化、提升，实现对已有资产的充分利用和应用，发挥财政投资最大价值。同时，重点从角色、责任、动力三个因素考虑，建

立"数字政府"新格局。

一是在角色设计方面，省市县三级均成立政务服务数据管理局，负责全省政务信息化的组织、指挥、管理、监督，建立上下对口、纵横畅顺的体制架构；集中腾讯、三大基础电信运营商和华为公司优势资源，成立"数字政府"建设运营中心，即数字广东网络有限公司（以下简称"数字广东公司"），形成"1+3+1"的"政企合作"模式，改变以往各部门既是使用者又是建设者的双重角色，将部门变成服务的使用者、评价者，把原有分布在各个部门的建设能力集中起来，统一建设、统一运营、统一调度，形成建设能力的集约效应，即建立"管运分离"模式。

二是在责任落实方面，撤销各部门信息中心，这不仅不是弱化信息化，而是进一步强化和专业化，要求各部门对业务、管理、需求和服务评价担负"用户端责任"，成立运营中心，从顶层设计到行动计划，再到落地实施方案负起"服务端责任"，从根本上解决整体政府建设的系统性问题。

三是动力机制方面，"数字政府"首先是"整体政府"，要做到整体，就要实现"全省一盘棋"。广东将"数字政府"改革建设作为省委、省政府"一把手工程"，成立了省长任组长的省"数字政府"改革建设工作领导小组，充分发挥集中力量办大事的制度优势。在实现路径上狠抓顶层设计，系统性编制"数字政府"改革建设方案、建设规划和行动计划。

（二）以集约化、一体化的公共服务平台为支撑，全面提升"数字政府"一站式服务能力

一是集约化建设基础设施。统一规划建设全省政务云平台，为省级各部门、地市提供高效、安全、可按需使用的政务云平台。政务云按照"1+N+M"的布局规划建设，包括1个省级政务云平台、N个特色行业云平台、M个地市级政务云平台。政务云平台还可为党委、人大、政协等单位提供服务。在技术上支持与第三方云平台对接，实现资源整合、数据融合、业务贯通，彻底改变以往部门系统分割、业务隔离、资源分散的局面。

二是全面推进政务服务事项标准化，基本实现"三级十统一"。2018年6月，全省全面启动政务服务事项实施清单梳理工作，仅用三个多月时间就完成省市县三级政务服务事项"十统一"标准化梳理，涉及三级政府超过5000个部门和机构，基本建立起全省统一事项库，省市县编制实施清单超过90万

项，有力支撑政务服务跨地区、跨部门、跨层级协同办理，为政务服务标准化打下了坚实基础。

三是优化再造办理流程，便捷办事服务。建设一体化在线政务服务平台"广东政务服务网"以及"粤省事"移动民生服务平台。重点围绕业务量大、受众面广、群众使用率高的服务事项，按照"少填、少报、少跑、快办"的原则，依托后台各部门数据共享和电子证照，通过嵌入非税支付、物流寄递、智能客服等应用，实现线上全流程快速办理。

四是力推九大创新政务应用。为不断提高政务服务能力，《广东省"数字政府"建设总体规划（2018—2020年）》提出九大创新政务应用。创新政务应用分为管理能力应用和服务能力应用。管理能力应用面向各部门履行专业职能的业务，包括经济调节、市场监管、社会管理、公共服务、环境保护，以及面向政府内部管理的行政办公业务等；服务能力应用由面向群众办事创业的政务服务业务、面向领导的决策保障业务以及面向跨层级跨区域的跨域协作业务构成。

（三）以数据治理和共享为突破口，变"群众跑路"为"数据跑腿"

广东省全面推进数据资源开放应用。基于"数字政府"统一基础设施，以数据为核心，盘活政府已有数据中心和社会化数据中心资源，通过数据汇聚、数据治理，建设结构合理、质量可靠的政务"大数据"体系。在此基础上，完善数据开放平台，建立和完善数据资源开放制度规范，建立政务数据资源"负面清单"管理模式，明确不开放的范围，"负面清单"之外的数据全部向社会开放。

一是打破核心政务数据孤岛。部门政务数据分隔不利于提高政务服务效率。通过深入调研发现，制约各部门政务服务资源互联共享的主要障碍是人口、法人等基础数据库没有联通和共享。

二是打造协同办公平台。搭建基于政务微信的统一协同办公平台，通过与部门办公系统联动，围绕"办文、办会、办事"，进一步优化提升协同办公平台，提升政府运作效能。

三是推行电子证照互通互认。对电子证照应用进行政策赋能，出台《广东省政务电子证照管理暂行规定》，明确政务电子证照与纸质证照具有相同使用效力，为全省推行电子证照建设应用提供了制度保障。在推广过程中，以

"无介质、等效力、全流通"的电子证照，让群众办事免携带、免提交实体证照核验，大幅减少群众提交纸质材料。目前，全省已发布电子证照目录983种，正式开通电子证照服务829种，并在2900多个事项办理中应用。

四是打造八大应用支撑平台。为了充分实现"数字政府"的各项功能，需要对全省政府和企业信息实现统一化、规范化和数字化。《广东省"数字政府"建设总体规划（2018—2020年）》提出建立八大应用支撑平台。

三、擘画未来整体化"数字政府"新蓝图

目前，整体来看，广东"数字政府"的实践与探索已经形成了"数字政府"建设的"广东样本"。未来，广东省将深入推进业务协同，突出发展政务服务和主题应用，不断提升统筹能力和集约化水平，有效推动审批便利化，实现大服务惠民、大系统共治、大数据慧治、大平台支撑的上接国家、下联市县，横向到边、纵向到底的"全省一盘棋"整体化数字政府。

（一）打造创新发展新动能

数据资源是"数字政府"的核心。打造创新发展动能，必须让数据流动起来，充分发挥数据红利。首先，采用省市跨部门、跨地区共建共享，政企合作的建设方式，鼓励政府、企业、社会多方面深度开发全省政务大数据资源，发挥数据的社会价值，以信息化培育新动能，用新动能驱动新发展。其次，加快政府信息资源与社会信息资源融合创新，形成全社会共同参与的公共数据服务体系，为广东经济社会发展打造新支撑和新引擎。此外，要积极探索通过政府购买服务的财政杠杆，撬动社会资本，壮大新型电子政务服务企业，把广东形成的政务互联网模式向全国辐射，实现产业溢出效应和规模化发展。最后，要充分发挥信息技术在优化营商环境，激发市场活力方面的作用，提高各类市场主体创新能力，形成全省统一的发展格局，为区域经济的协调发展提供新动力。

（二）提升智慧服务新体验

一是丰富立体化服务渠道。后续将着力构建"数字政府"随身式政务服务立体化渠道，利用移动互联网技术，不断完善服务渠道、丰富服务类别，打造政务服务新模式，建成覆盖全省、部门协同、双向互动、安全可靠、一体化办理的政务服务体系，依托"粤省事"等移动应用，为公众和企业提供一直在线、贴身随行的政务服务，不断提升政务服务的精准化、人性化、均等化、普惠化、便捷化水平。

二是推动实名认证。加强统一实名身份认证，构建围绕"法人"和"个人"的全生命周期的服务体系，全方位主动服务，个性化精准推送，为企业和公众提供便捷贴心的政务服务。

三是注重安全性。严格按照国家相关安全标准和要求，依托移动互联网、大数据等新技术，借助政务微信、小程序、人脸识别等应用，拓展移动办公能力，提升移动办公便利性、安全性。

（三）构建协同治理新环境

一是在组织架构方面，加大纵向工作指导和横向工作协调力度，健全与全省各地区各部门"数字政府"改革建设工作行政主管机构的工作统筹协调机制，指导全省各地区各部门制定具体工作方案和相关规划，形成"数字政府"省级统筹建设管理体制和省市县协同联动机制，各级政府形成合力，稳步、规范推进各项改革。

二是在共建共享方面，强化全省一盘棋"数字政府"统筹建设管理运营体制机制和相关法律规范、安全保障，继续强化省市跨部门、跨地区共建共享机制，加快政企分工协作推进技术能力体系建设。

三是在业务协同方面，推进政务工作和业务应用系统从部门独立运行向条块间协同治理转变，重点推进经济调节、市场监管、社会管理、公共服务、生态环境保护等五大领域业务统筹；同时，围绕行政机关办公等共性应用一体化推进业务建设，切实转变政府职能和加强政府治理，创新行政管理方式，提升"数字政府"整体效能。

（四）探索数据决策新方式

一是推动政府数据积聚。立足公众企业主题服务和领导决策综合服务的横向需求，促进跨部门、跨区域、跨层级的流程关联和数据整合，促进各部门原有信息系统和信息资源的补充、完善和升级。明确各部门政务数据统归省政府的资产属性，实施统一标识和全生命周期集中管理，构建多来源获取、多类别汇聚、主题化整合、知识化分析和个性化服务的大数据应用架构，形成与任务目标相匹配的大数据治理能力。

二是推动多源异构大数据应用。深度融合政府、社会及互联网等数据资源，运用大数据辅助领导决策，助力广东重大改革措施贯彻落实、重大问题决策研判、重点工作督查落实，提高决策的精确性、科学性和预见性，提升政府治理能力。

三是建立健全大数据辅助科学决策的机制，适应新形势下推进政府治理体系和治理能力现代化的要求，横向整合各领域的政务信息，提升各级政府决策所需的信息监测、研判、分析能力。

（五）建设整体运行新模式

一是加快建立与业务体系相适应的政务信息化组织管理体系，在管理体制、运行机制、建设运维模式等方面探索创新，各地各部门要在省政府电子政务办协调下，构建"统一领导、上下衔接、运作高效、统筹有力、整体推进"的全省数字政府改革建设组织体系。

二是积极探索以目标为导向的职能设计、透明快捷的协同过程、多元互动的动态反馈机制，建设"数字政府"整体化运行新模式，以政府行政运作过程中的各类问题和需求为导向，按需实现信息的高效共享和跨部门的无缝协同，提高政府的整体运行效率。

第四章　完善数字政府建设的保障和支撑

一、夯实数字政府建设的人才基础

我国"十四五"规划明确指出将加快数字化发展，建设数字中国。数字政府建设是数字中国建设中非常重要的一环，提高政府数字化建设水平，关键靠人才。今后一段时期，具有数字素养的人才规模和质量对于我国数字政府、数字经济、数字社会、数字生活高质量发展，对于实现建设网络强国和数字中国的战略目标具有举足轻重的意义。

（一）数字人才

2022年9月审议通过的《中华人民共和国职业分类大典（2022年版）》，首次增加了"数字职业"标识，共标识数字职业97个。数字职业、数字化人才越来越成为社会各界关注与讨论的热点话题。《产业数字人才研究与发展报告（2023）》（以下简称《报告》）中对数字人才的理解是指拥有信息通信技术专业技能的人才，以及与信息通信技术专业技能互补协同的跨界人才。《报告》将重点调研的11个重点产业对数字人才的需求分为数字产业化和产业数字化两大类别。

学界对于"数字人才"的定义较多，但目前还没有形成一个统一的界定。王修来等（2019）指出随着互联网时代的到来，数字人才成为一个新的概念，它既不是专门针对某一类人才，也不是对人才类别的划分，而是新时期人才管理思想的转变和创新，这其实是一种广义的"数字人才"概念[①]。林秀君、雷容芳（2019）从数字人才具备的技能出发，指出数字人才是在大数据领域

[①]　王修来，张玉韬，吴中中：《数字人才助推企业、行业的转型变革——以人力资源管理为例》，《现代商业》2019年第6期，50-52.

拥有一定的专业技能，使企业能够完成专业人员和辅助人员的数字化，从而实现经济组织部门的双重增值[①]。郭珍、陈莉（2023）认为，数字人才是指具有数字化素养的人才，尤其集中在信息传输软件和信息技术服务业、租赁和商务服务业、科学研究和技术服务业三大类行业[②]。本研究中的"数字人才"，是指具备一定的数字素养和数字技能，能够运用数字化手段为实现数字政府、数字经济、数字社会、数字生活高质量发展作出贡献的人才。

（二）我国数字人才开发中存在的问题

1. 数字人才数量短缺的现象明显

近些年，数字中国建设蓬勃发展，而我国数字化人才供给总量与需求总量相比仍有不足。最近发布的《报告》指出，当前我国数字人才缺口为 2500 万至 3000 万人，且缺口仍在持续放大。教育部、人社部、工信部发布的《制造业人才发展规划指南》数据显示，到 2025 年我国十大重点领域人才缺口将达到 3000 万人，缺口率高达 48%；新兴技术领域人才需求持续旺盛，对技能人才的要求也越来越高。2022 年我国数字经济规模达 50.2 万亿元，占国内生产总值比重提升至 41.5%。随着各行业对数字人才的需求与日俱增，人才短缺和数字技能急需提升等问题凸显[③]。

2. 数字人才培训能力有待提升

一是培养载体能级不足。我国高技能复合型数字人才的培训能力存在"三多三少"的问题：一是短期性培训多，长期系统性培训少；二是低端培训多，中高端专业技术技能方面的培训较少；三是"作坊式""游击队式"的培训多，形成广泛品牌认可的培训载体较少。造成以上问题的根本原因在于数字领域技术技能人才培养与数字化转型发展需要的适配度不够。

二是专业和课程体系设置滞后。职业教育人才培养仍然受传统教育教学模式的束缚。在课程体系层面，缺乏数字化课程体系和知识体系，以单一学

---

① 林秀君，雷容芳：《福建省数字人才需求预测》，《莆田学院学报》2019 年第 6 期，103-108.

② 郭珍，陈莉：《福建省数字人才集聚度及影响因素研究》，《太原城市职业技术学院学报》2023 年第 2 期，10-14.

③ 2022 年我国数字经济规模达 50.2 万亿元，新华网，2023 年 4 月 27 日，http://www.xinhuanet.com/tech/20230428/dce02beb61f04ab0bf03ac8d904735d4/c.html.

科知识体系为主，不同学科的关联性较弱，尚未建立起多学科融合的知识体系。在实践操作层面，数字化转型使各生产要素和流程紧密相连，但职业教育中实践的形式和内容停留于固定流程或单一技术，学员往往限于对流程或技术简单的机械化操控，难以形成对整个流程或整体技术的系统化认知。[①]

三是师资队伍数量和能力不足。目前高校及职业院校数字专业领域的师资数量存在较大缺口，专职教师队伍不稳定，有些教师跨专业进入数字技能研究和教学领域，尚缺乏专业的综合性数字技能。

3.新生代劳动者的参与度有待加强

新生代劳动者不愿意进入实体经济领域，在一定程度上制约了传统行业的数字化转型。分析背后的原因不难发现：一是新生代劳动者就业观念的转变，从以往养家糊口的观念转变为工作方式和自我价值的实现；二是待遇水平和工作环境对新生代劳动者缺乏吸引力，例如制造、建筑等行业的工资收入相对较低，工作环境相对较差；三是职业前景和晋升空间有限，长期以来技能人才与专业技术人才、经营管理人才等在职业发展通道上存在"位差"。因此，改善工作环境，提高技能人才收入和保障水平，拓展数字技能人才职业发展空间，吸引更多新生代劳动者进入"智能政务""互联网＋监管""智慧政府"建设等领域，对于推动数字政府转型与发展具有重大意义。

（三）夯实数字人才基础，加快我国数字政府转型的路径选择

1.制定数字技能人才开发战略与加快数字政府转型同步进行

目前，我国数字化技能提升战略的整体性、系统性、前瞻性仍有待提升，要加快在国家层面研究制定数字技能人才开发的战略规划。一是将数字素养提升和数字职业能力培养纳入国民教育体系。在数字职业能力培养政策的总体设计上，无论是对先学习再就业、先就业再学习，还是边就业边学习的劳动者，都应当给予一视同仁的数字职业能力培养政策支持，要将数字职业技能培养纳入国民教育体系的各阶段中，尤其注重该领域继续教育与普通教育的有机衔接，积极营造"人人皆学、处处能学、时时可学"的学习氛围。二是在国家层面推动数字职业领域的专业建设和资源供给。建议在数字职业领

---

① 吴帅，李琪：《新发展阶段数字技能人才开发机制研究》，《科技中国》2023 年第 5 期，37.

域加大相关课程的开发和共享，提高全生命周期数字人才培养的资源供给能力。尤其重视数字职业技能方面创新能力和实操能力的培养和提升，加快推进产教融合。

2. 建设高能级的数字技能培训载体与加强数字人才培养同频共振

一是完善适应数字化转型发展需要的人才培养专业设置，加快"新工科"建设。学科建设滞后是导致数字领域工程技术人才短缺的重要原因之一，国家层面应加快推进工业软件、工业大数据、工业人工智能等领域学科建设，吸引大批年轻人进入智能制造业。按照国家数字经济发展战略和市场需求，以资源的优化、整合和调整为主要路径，支持和引导全国技工院校积极开设数字技能类专业，并根据技术迭代情况持续完善职业教育专业、课程和教学体系。

二是增强数字职业人才源头供给，加快职业院校建设与管理改革，瞄准数字产业化和产业数字化发展需要，以部分优质职业学校为基础，探索建设以数字专项技能培养为主的特色职业院校。各类职业院校要及时根据数字技术、数字产业等的发展调整专业目录，以产业行业分类为主要依据，专业大类对应产业，专业类对应行业，专业对应职业岗位群或技术领域。

三是深化数字领域的产教融合、产训融合，发挥龙头企业和专精特新企业在数字职业人才培养方面的主体作用。建议加快完善数字职业能力培训方面的工学交替"双元制"技能人才培养模式，鼓励和支持职业院校与政府部门、品牌企业共建数字技能实习实训基地，共同开发数字技能课程、教学资源，共同开展新型学徒制培训。加快支持学校和政府、学校和企业共建实训实习基地，完善建立"政府出补贴、企业出场地、校企共建共享"的建设模式，对企业开展产教融合给予"金融＋财政＋土地＋信用"组合式激励政策。支持职业院校与企业开展智能制造、智慧农业、装配式建筑等领域的校企合作项目建设，支持职业院校与政府部门加快数字政府合作项目落地。

四是支持各地政府以及相关企事业单位积极开展数字领域的技术技能大赛，积极发挥职业技能竞赛"以赛代训""以赛促训"的作用。通过开展侧重于数字技能的专题职业技能竞赛活动或在综合性职业技能竞赛中加大对数字技能相关项目的支持，全面带动数字技能的提升。此外，建议多措并举开展多层次多形式的数字技能交流活动，加强与发达国家在数字技能领域的互鉴交流。

3. 坚持数字化技术人才和管理人才统筹并重

政府数字化转型是一个从信息化到数字化再到智能化的演进过程，包括技术应用数字化、管理服务数字化、组织发展理念数字化等不同发展阶段。纵观西方发达国家数字政府的发展历程可以发现，不仅要有前沿性的技术人才，还需要大批综合性的管理人才，以形成多元化人才团队。首先，我国的数字治理，一方面需要大批数字技术专才，以满足政府技术系统不断升级迭代的需要，解决大数据处理、智能政务服务、图像识别等创新性技术问题；另一方面也需要具有数字治理理念和能力的管理人才，以推动不断完善法律制度和管理机制，革新政府的理念文化、组织架构、管理流程，使政府最终实现组织的数字化。根据当前政府数字化进程，需要统筹构建"技术型"和"管理型"两个类别的"数字人才"队伍。首先是积极吸纳技术骨干，即那些掌握数字前沿技术，熟知大数据、云计算、人工智能、区块链等新兴数字技术，能够解决系统开发、网络安全、数据管理等实际问题的顶尖数字人才。其次是培养造就管理骨干，即掌握数字技术和政务服务等多个领域的知识技能，能够运用数字技术提升政府数字化管理和服务水平，支撑政府组织流程改革和创新的复合型人才。最后是组建多元化团队，使团队成为凝聚技术人才、管理人才的智慧力量，强化团队成员的合作意识和决策效率，以数字技术和数字理念全方位赋能政府治理现代化。

4. 加强体制内与体制外人才资源的整合并用

打破政府和私营部门之间的人才壁垒，实现优秀数字人才的跨部门共享，是发挥人才优势建设数字政府的重要手段。当前，新一轮科技革命和产业变革加速推进，数字技术快速迭代，处于激烈市场竞争中的高科技企业往往在技术和人才上具有一定的优势。这就需要政府提升战略思维能力，放开视野选人才、不拘一格用人才，以新理念、新机制、新举措整合体制内和体制外一流数字人才资源，有力支撑政府数字化转型。首先，要提高人才机制的开放程度，大力改革选人用人政策，对于顶尖数字人才要坚持"不求所有，但求所用；不求所在，但求所为"的原则，实行灵活的招聘机制，以创新型柔性引才机制引进一流数字人才。[①] 其次，要优化数字人才待遇，增强体制内岗

---

① 檀春耕：《建设数字政府的人才策略：美国的实践与启示》，《领导科学》2023 年第 3 期，138-145.

位的吸引力和竞争力，实行差异化薪酬策略，尽可能缩小与体制外的薪酬差距，为数字人才提供更为优厚的工作待遇和良好的工作环境。最后，要构建体制内和体制外数字人才交流成长的平台，利用公私合作伙伴关系模式，推动高校、实验室、企业和各级政府之间建立伙伴关系，加强合作研究、人员交流和人才发展研究，推动不同机构在知识、技术、产品等方面的共享，积极采用各种安全、可靠、经过检验的解决方案以及专业软件、专业知识来解决政府数字化转型过程中所遇到的各种现实问题。

5. 推动政府数字能力与公众数字素养协调并进

治理理论强调多元主体互动协作，数字技术赋能国家治理，要求消除政府内部的"数据孤岛"、系统壁垒，以更为智能、安全、便捷的方式为社会公众提供公共服务并回应公众需求。这不仅要求政府具有良好的数字能力，也需要提高公众的数字素养，从而使其更好地参与社会治理。首先，要提高政府决策层的数字领导力，充分信赖和发挥顶级数字专家的专业能力，建立数字治理的科学化论证和咨询机制，将数字专家纳入各级政府的决策圈层，将他们的专业权威有效转换为决策权威，推动政府决策从经验决策向数据决策转变，提高数字治理的科学化水平。其次，要加强整个政府的数字文化建设，加强公务员队伍的数字技能培训，以更好地利用政府存量人才，同时大力吸纳各类数字化人才，整体强化公务员队伍的数字思维，使公务人员熟悉数据使用、网络安全、数据隐私保护等相关技能，从而提升政府公务员的岗位胜任力，尽力缩小不同部门之间公务员数字化能力的差距，实现政府各部门数字化转型的协同并进。最后，要提高公众的数字素养，加强中小学的计算机应用教育和学历教育阶段的计算机知识普及教育，提供各类有针对性的培训，完善职业教育项目，以及不同层级的非正式教育项目，使公众能够享用各类数字服务，并通过数字化系统参与政府的数字治理。

6. 实施重点人群数字技能提升专项行动与加快数字政府建设互为补充

结合新修订的《中华人民共和国职业教育法》和 2021 年出台的《提升全民数字素养与技能行动纲要》，针对大学生、退役军人、残疾人等重点人群，加快研究制定相应的数字素养和职业技能提升专项行动方案，鼓励和指导各地方政府围绕提升数字职业技能进行培训，制定实施一批重点项目和创新政策。建议国家层面加大对劳动力大省、经济欠发达地区数字职业技能培训的财政支持力度，在缩小区域间"数字鸿沟"的同时，将其蕴藏着的"人口红利"转换为"数字技能人才红利"。鼓励企事业单位和社会团体设立社会化的数字人才发展基金，并给予合理的政策支持。经济发达省份和有条件的地区可探索设立数字人力资源开发专项资金。此外，建立针对新业态中劳动者学习时间碎片化的特点，突出技能培训的就业促进导向，分层分类设计培训课时，探索实施弹性培训机制。

二、完善数字政府建设的制度保障

（一）健全数字政府建设的制度环境

实施数字政府发展战略是适应新一轮信息革命与产业革命、加快数字化发展的必然要求，也是转变政府职能、创新政府治理方式、构建数字治理新格局的重要契机。加快完善数字政府建设的制度保障，对于规范我国数字政府建设具有重要意义。建立健全信息公开、数据开放的制度环境势在必行。2019 年国务院公布修订后的《中华人民共和国政府信息公开条例》，坚持"公开为常态，不公开为例外"的原则。在未来一段时间我们应继续借鉴国际经验，在做好大数据应用发展顶层设计的基础上，保障《中华人民共和国网络安全法》（以下简称《网络安全法》）全面实施，抓紧制定和实施兼顾国际发展趋势和我国国情的《中华人民共和国政府信息公开法》（以下简称《政府信息公开法》）和《中华人民共和国个人信息保护法》（以下简称《个人信息保护法》）。按照适度开放、保障安全、价值导向、质量保障和责权利统一的原则，建立数据开放和共享的相关法规和制度，明确政府数据共享机制的责任主体，打破科层制模式下不必要的数据壁垒，为提升决策实效提供帮助。应提升政府信息公开条例的立法层级，致力于政府数据的全面开放和共享；2021 年 11 月 1 日《中华人民共和国个人信息保护法》开始施行，对个人信息的处理提出了新的要求。个人信息的处理包括个人信息的收集、存储、使用、加工、传输、提供、共享、删除等。今后一段时间，我们要不断改进和提升，实现立法精细化，加强可操作性，拓宽开放途径，提供方便快捷、多样化、高质量、全方位的政府信息，为数字政府建设提供良好的制度环境。

（二）加快"数字法治政府"建设

1."数字法治政府"的提出

2021 年 8 月，中共中央、国务院印发《法治政府建设实施纲要（2021—2025 年）》，其中第九部分提出要"健全法治政府建设科技保障体系，全面建设数字法治政府"，标志着我国的法治政府建设进入了新阶段。"数字法治政府"不能简单理解为"法治政府的数字化"或者"数字政府的法治化"，而是将科技、法律与行政的深度融合，统一于推进国家治理体系和治理能力现代化的实践中。

2022 年中央全面深化改革委员会第二十五次会议上审议通过了《国务院关于加强数字政府建设的指导意见》（以下简称《指导意见》）。《指导意见》明确提出，"推动形成国家法律和党内法规相辅相成的格局，全面建设数字法治政府，依法依规推进技术应用、流程优化和制度创新，消除技术歧视，保障个人隐私，维护市场主体和人民群众利益"。由此可见，重视法治在数字政府建设中的关键性作用，塑造有利于法治化与数字化深度融合的数字政府模式，实现数字政府的制度化、规范化运行，最终以法治化作为数字政府的实施进路，加快推动政府治理体系与治理能力现代化。

2.法治化与数字政府建设的契合

党的二十大报告明确提出，必须更好发挥法治固根本、稳预期、利长远的保障作用，在法治轨道上全面建设社会主义现代化国家，全面推进国家各方面工作法治化。国家已将依法治国作为基本方略，在此背景下，法治化建设成为数字政府建设的核心要素，也成为数字政府未来发展的重要标志，它也是解决数字政府价值冲突的重要路径。

（1）法治化是数字政府建设的核心要素

在现代国家中，法治是国家治理的基本方式，是国家治理现代化的重要标志，国家治理法治化是国家治理现代化的必由之路。国家提出"建设数字法治政府"是对政府理念、机构、职能、流程再造的法治化进程，也是完善国家治理体系、提升治理能力过程中不可或缺的重要组成部分。首先，法治是政府治理现代化的要素。在我国数字政府建设中，不论其实施理念、实施体系还是实施方式，都应做到有章可循、有法可依。数字政府建设要求以完善成熟的制度为载体，遵循正当合理的程序。而法治的鲜明特征正好符合数字政府建设的需要，它为数字政府建设提供了完备的制度体系与稳定的运行程序，没有数字政府的法治化进路，也就不会有政府治理现代化。其次，法治是全面深化改革的要素。发挥法治在数字政府建设中的作用，有利于坚持和完善在法治轨道上推进数字政府建设，以法治巩固长期积累的政府数字化转型成果，逐步实现数字政府法治化。最后，法治是民众参与数字政府治理的要素。全面依法治国最广泛、最深厚的基础是人民，人民民主是维护广大人民群众根本利益的民主。在数字政府法律法规、相关政策制定过程中，每一道程序都应做到科学决策、民主决策、依法决策，主动公开与回应民众诉求，真正做到过程民主与结果民主、程序民主和实质民主相统一。

（2）法治化是数字政府治理效能提升的重要标志

首先，法治化水平可以体现数字政府治理能力的高低。法治体系与法治能力是衡量数字政府治理体系与治理能力现代化的主要标准，坚持全面依法治国是中国特色社会主义国家制度和国家治理体系的显著优势。只有全面依法推进数字政府建设，才能保障政府数字化转型的规范化，最大限度地保障民众权利，用法治限定行政权力的边界，规范行政全过程程序，有效消弭数字政府运行中的风险隐患，进而为服务政府数字化转型以及依法治国的工作布局提供有力支撑。其次，法治是政治文明的标志。一旦数字政府建设缺乏法治化导向，政府公权力将会陷入无序扩张、公民权利无法得到保障、数据安全风险无法得到防护的危险境地。因此，在推进数字政府建设进程中要始终坚持法治化原则，在法治轨道上推进数字政府建设，不仅要突破因人治造成的治理困境，而且要突破数字化转型的技术性、复杂性特征带来的各种困境。

（3）法治化是解决数字政府价值冲突的重要路径

法治化为数字政府建设提供了价值指引，并指明了政府治理现代化的前进方向。首先，法治提供价值指引。价值反映人类实践活动的目的，揭示社会活动中主体与客体之间的需求关系。在数字法治政府建设中应彰显包括维护社会秩序、促进社会公平正义、实现社会民主和自由、保障人权等核心价值，保障数字政府制度体系的系统性、规范性、协调性、稳定性。其次，法治化指明了政府提升数字化治理能力的前进方向。面对中华民族伟大复兴战略全局和世界百年未有之大变局，法治在政府治理体系中的地位日益凸显，提供了政府治理现代化的价值指引。政府治理体系的完备以及政府治理能力的提升，最终都应以法治的形式来呈现。数字政府的发展对政府的治理方式和人民群众的生活大有裨益，但随之而来的是效率与公平、创新与稳定、先进与平等、便利与安全等多方面的核心价值冲突。因而法治是解决数字政府价值冲突的重要路径，对上述价值冲突进行权衡，促使多种价值和谐共存，保障数字政府的建设稳步推进。

3.“数字法治政府”的实现路径

（1）做好政务数据的安全防护

一是开放环节：数据开放程序法定化。政务数据开放程序法定化需主要体现在界定开放范围和流程规范两方面。在界定政务数据开放范围方面，政务数据开放并非政务数据泄洪，数据开放范围的界定是政务数据安全开放的第一前提。国务院于2015年对政务数据优先开放的领域作出了说明。在政务数据开放流程规范方面，政务数据开放的具体机制主要包括分级分类机制和获取机制。

二是应用环节：数据利用的安全过程机制。首先，注重数据安全的软法治理。政务数据安全防护具有复杂性、普遍性、应时性以及技术性的特点，这也决定了法律法规并未成为政务数据安全防护的唯一途径，软法治理成为政务数据安全防护的重要补充。此外，要加强数据安全软法治理与法律法规的有效衔接与协调，二者相辅相成，全面回应数据安全治理的需求。其次，有关机构注重数据销毁义务。数据销毁范围方面，既包括数据信息直接处理主体掌控的数据，也包括与数据信息直接处理者相关联业务主体掌控的数据，确保数据能够在这些处理主体间彻底销毁。

三是监管环节：数据留痕备查与评估机制。首先，数据留痕备查制。针对数据遗漏风险，需要建立起全程的数据可溯源分析系统，以进行跟踪监测、防控和改进，将风险控制在可接受的范围内。其次，政务数据安全评估机制。在评估指标方面，评估指标是评估开展的核心内容，评估指标一方面来源于评估对象，另一方面又引导现实问题的解决和现状发展的走向。政务数据安全评估的最终目的是引导政务数据开放共享的顺利开展，通过评估把握政务数据开放的整体进程、水平以及存在的问题，及时发现和指导相关主体纠正方向与做法上的偏差，扩大建设数字政府的示范效应，最后通过建立政务数据安全评估结果反馈机制，确保政务数据安全。

（2）强化数字权力扩张的法律规制

一是强化入口规制：数字权力行使的标准与原则。首先，严格把握技术标准，在技术层面对数字权力的形式进行规制是必要途径。政府部门应积极引导民众参与技术决策之中。面对数字技术赋能权力带来的权力扩张风险，每一个人都不得不存在于数字权力扩张的风险中，每一个人都会因为数字权力的扩张风险而减损利益，因此民众也都有权利选择是否承受风险以及承受的期限、范围，此时保障民众参与技术决策的权利便显得十分合理且非常必要。其次，严格把握数字权力应用场景，确立数字权力清单。在依法确权方面，明晰政府数字权力边界，完善数字权力来源的法律依据，确保在宪法和法律范围内合法合规行使数字权力。在权力内容与规程方面，明晰以数字权力内容和运行流程为手段的相关规定，以发挥权力运行功能为基本原则，赋予每项权力定量说明和技术操作规则，有效压缩数字权力行使的自由裁量空间。在用权主体的明确上，应以理顺政府部门职责为目的，重新界定权力越位、权力滥用、权力交叉重叠等现象。最后，数字权力应遵循比例原则。比例原则主要包括目的正当性原则、适当性原则、必要性原则和均衡性原则。综上所述，数字权力主体审慎推进数字权力应用于决策、执法等领域，不宜因一时的、些微的效率而造成不成比例的公平、自由风险。

二是强化过程规制：数字权力主体的义务追加。数字权力的扩张使得其与权利之间的关系出现失衡，重塑二者的平衡不仅要对数字权力实现限权，而且要对数字权力主体进行义务追加，主要包括数据公开义务、信息告知义务、数字解释义务和安全保障义务。首先，数字权力主体履行数据公开义务。此处的数据公开不仅包括政务数据公开，还包括政府数据公开。这里要强调的是，当数据本身具备公共属性以及数据采集与处理具备合法属性时方可公开。其次，数字权力主体行使信息告知义务。信息告知义务是政府部门处理涉及个人隐私性信息的前提性约束义务。它赋予了公民个人信息的自决权，同时也成为个人信息免受侵害的第一道防火墙，是制约政府由于数字权力扩张而侵害公民个人信息权利的程序性义务，是从告知主体、告知时间以及告知方式上进行规范。再次，数字权力主体具备数字解释义务。数字政务服务等设计者和应用者对其运行、应用等具有解释义务，应设立行为规范和准则、细化责任义务。最后，数字权力主体承担安全保障义务。数字政府的安全保障义务应围绕数字政府信息基础设施展开，以保障能力、技术成熟、公众信息为出发点。一些地方政府为了加快数字化转型，而忽视技术本身的安全风险，盲目追求新奇技术，由于这些技术缺乏安全防护、技术成熟度较低以及未经过风险评价，地方政府对其不具备完整的安全防护能力，运用这些技术的数字政府项目极易受到网络安全威胁。

三是强化结果规制：数字权力主体的监督责任。首先，数字权力主体主动设置数据纠错程序。设置数据纠错程序，对数据库内部可能存在的安全隐患问题要有纠错程序，可以集中优势资源处理存疑数据、错误数据或者遗漏数据，充分贯彻智能精准的建设目标。其次，借鉴政府信息公开制度，形成数字政府年报制度。数字政府年报制度的内容主要包括行政机关处理数据信息的情况、公民申请处理政府数据信息的情况、政府不予公开涉密数字信息的情况、数字政府建设中存在的主要问题和改进情况以及其他方面的事项等内容。

（3）完善数字权力的保障机制

一是强化平台共治：政府运行模式的重塑。首先，政府业务逻辑需要重新梳理。一方面，要注重政府数字化转型的技术应用与推广，统筹数字政务平台，提高政府业务运行效率。数字政府时代，数据将作为政府最重要的资源，政府部门选取成熟度高的技术最大限度激发数据能量；另一方面，实时关注公众需求的问题导向型工作模式亟待建立，形成源头需求和过程需求全链条的流程。其次，政府纵向层级协同推进数字政府建设的深度。建立央地统筹建设机制以及省以下层级协同机制，在数字政府顶层规划、标准设定、组织机构以及财力支撑方面沟通协调。最后，通过横向层级协同扩大数字政府建设的广度。横向层级的协同主要包括跨区域、跨部门的协同，这一协同运作机制将打破数据壁垒、破除部门间数字利益藩篱，以业务流程为主导的政府运行模式将对传统以职能分工为主导的政府运行模式实现革命性替代与超越。在部门协同上，以数字共享、管理、使用和安全防护为前提的统一制度规范的引导下，打通条块分割的数据信息状态，利用区块链打破部门协同的信息梗阻，形成部门协同的数据资源匹配、对接与开发等。在区域协同上，实际是跨区域合作在数字治理上的表现，需要形成具有耦合力的协商机制。

二是强化消弭鸿沟：数字平等权的保护。可以利用技术监管与法律规范调适相结合的模式，对数字鸿沟进行消解，以保护公民平等权。首先，技术标准的设定、技术发展的支持与投入以及技术监管作用的发挥可为法律弥补鸿沟形成补充。要注重对"数字贫乏"地区的技术支持与投入，区域数字鸿沟需要以数字赋能为抓手提升区域数字技术发展水平，通过改善数字化设施，提供技术支撑，解决区域数字鸿沟中的接入鸿沟问题。群体数字鸿沟的消弭应提倡数字弱势群体的友好型战略，扩大数字包容度，通过对困难群体、老龄群体、残疾群体等有针对性地提供技术支持，为数字弱势群体提供帮助。其次，消弭数字鸿沟还需要法律规范的调适。数字鸿沟的消弭在法律规范的完善时不仅要考虑短期规划，还要考虑长远规范的制定，以问题导向作为法律规范调适的基点。还需加强对数字弱势群体的公私法同频保护，以双重规制对数字弱势群体的平等权利进行保护，优化数字政府建设的法治秩序。

三是强化救济机制：免受技术对权利的侵害。数字技术对公民权利产生的侵害，除需要采取投诉、诉讼等渠道外，还需要多元并行的救济程序建构。数字政府建设中，在厘清政府责任与安全保障义务的同时，还要对公民数字权力的救济机制进行体系化构建，并在技术发展的浪潮中不断予以更新与完善。我们可以借鉴国外经验，建立并完善诉外救济机制，构建权益保护组织、企业数据合规、政府部门以及其他数字主体之间的救济规范及其运行机制；而且要厘清诉外救济与诉讼之间的衔接关系，以应对司法资源的有限性以及诉讼方式的局限性。在实践中，对于政策性较强、法律规范不完善、涉及不特定的多数人利益的纠纷，多元化的救济机制成为解决纠纷的最佳途径[①]。

三、健全数字政府建设评价体系

（一）数字政府建设评价尚处在起步阶段

关于数字政府建设评价的研究于 2020 年才提出，少量学术论文从不同

---

① 铁德铭：《数字政府建设的法治困境及其因应》，《西北民族大学学报（哲学社会科学版）》2023年第 3 期，80.

方面对数字政府评价进行了一定研究。此外，研究机构也开始从不同角度开展数字政府评估研究。2020 年 10 月，清华大学数据治理研究中心发布《2020数字政府发展指数报告》，从组织建设、体系优化、能力提升、效果评价等不同方面，对我国 31 个省份和 101 个大中城市的数字政府发展水平进行了评估，并从发展梯度、指标类别、空间分布、相关分析等方面进行了多维度解读。两个月后，中国电子信息产业发展研究院（中国软件评测中心）对数字政府能力进行评估并发布了《2020 年数字政府服务能力评估报告》，提出各级政府和服务部门应充分注重政府数字化转型的探索与实践，认识其在创新政府治理模式、改善行政管理和服务效率的重要程度，提高政府公信力与执行力。

（二）建立较为权威的数字政府建设评价指标体系

在权威机构的测评研究方面，较有代表性的是 CSTC 中国软件评测中心公布了《2019 年数字政府服务能力评估指标体系》；赛迪顾问股份有限公司则通过指数法构建了《2020 中国数字政府建设白皮书》（以下简称《白皮书》）指标体系，测评区域数字政府建设水平。这些数字政府建设测评体系均拥有良好的结构信度和内容效度，其研究成果具有积极的应用价值。《白皮书》指标体系很明确地将"新基建"纳入测评体系中，更符合当代数字政府建设的根本要求。针对数字化政府建设水平，《白皮书》提出指标体系考量了当代城市的三方面建设水平。一是信息化水平，网络的普及、IT 技术的发展是数字政府的助推力，表现为无纸化办公、系统上云、办公上线、服务上网等信息基础设施支撑能力。二是数据化水平，主要表现为新一代信息技术与政府各领域发展的深度融合。三是智能化水平，主要表现为信息惠民、便民、利民化程度。结合《白皮书》指标体系来看，它主要聚焦当代城市的基础设施建设、安全与保障、服务、应用、数据五个关键领域构建数字政府评估指标体系（见表 4–1）。

表 4-1 《2020 中国数字政府建设白皮书》指标体系及指标来源

序号	一级指标	二级指标	单位	指标释义与来源
1	基础设施建设	域名量	%	.CN 域名占比，《互联网络信息资源数量调查报告》
		数据中心量	个	本土 ISP 证 IDC 数量，资料调研，《增值电信业务市场发展情况报告》
		网络普及	%	1000M 带宽普及率，《城市经济发展统计公报》
		5G 试点城市数量	个	《2020 数字政府新基建发展白皮书》
		移动宽带普及率	%	4G、LTE、WLAN 覆盖率
		城（省）域网出口宽带	T	是否实现 10T 带宽直达国家骨干网
		大数据试点项目数量	个	《大数据产业发展试点示范项目名单》，《西安市首批数字经济试点示范名单公示》（2020）
2	安全与保障	网站备案情况	个	ICP 备案个数，《政府网站监管年度报表》
		网站安全保障	个	网站漏洞问题发现量，标准值 0，《政府网站监管年度报表》
		网站安全普及	届	国家网络安全宣传周
		大数据局成立	个	大数据资源管理局
		数字政府规划颁布情况	—	《全面推进"一网通办"加快数字化转型行动方案》，是取 1、否取 0
		政府网上服务安全性	%	时效异常办件量（政府网站监管年报，无取 1、有取 0）+ 重大网络与信息安全事件（Ⅱ级）发生率，资料调查
		居民网络安全感满意情况	%	《2020 网民网络安全满意度调查活动》
		网络应用个人信息保护	%	个人信息泄露案件发生率，资料调查
		遏制网络违法犯罪成效	%	个人信息泄露案件侦破率；电信诈骗案件发案环比下降率，资料调查
3	服务	信息发布	条	总数、概况类信息更新量、政务动态信息更新量、信息公开目录信息更新量，《2020 年度政府网站工作年度报表》
		解读回应	种	政府网站中政务新媒体、专家、视频、动漫、图解解读方式
		办事服务	%	市级政务服务事项网上可办率

序号	一级指标	二级指标	单位	指标释义与来源
3	服务	互动交流	%/个/%	平台是否统一，高频便民便企事项网上通办量，首批高频政务服务"跨省通办"量，征集调查结果公布率，智能应答有无
		功能推广	种	屏显、电话、微信三种叫号方式在线预约、抽号功能实现了几种
		优秀案例	个	预审、并联、容缺等创新项目量
		网上服务便利度	%	企业和群众办事平均材料精简率，环节减少率，时限压缩率
4	应用	政务头条	个	政务头条号数量比，《2020 年中国政务行业分析报告——产业规模现状与发展规划趋势》
		政务机构微博数量	个	政务机构微博数量占政府机构数量比，政府宣传部
		政府网站数量缩减	%	政府网站数量减比，《2020 年政府信息公开工作年度报告》
		移动端政府服务搜索量	万次	政府网站访问量，《2020 年政府信息公开工作年度报告》
		政府在线办理成熟度	%	政务服务事项 100% 进驻线上办事平台（市级政务服务事项网上可办率），资料调查
		政府在线办理成效度	%	"好差评"制度建设，非常满意度，资料调查
5	数据	数据可共享目录数	个	资料调研
		政务数据可开放目录数	个	资料调研
		信用信息共享平台建设率	%	行政主管部门公共信用信息共享平台接入率，资料调查

在数字政府建设成效测评方面，《白皮书》更具有前瞻性，因为它考虑到 5G 时代的发展特点，不但测评大数据局、大数据试点项目和数据中心量，还将 5G 试点城市数量作为重要的考核指标，符合当下各级政府对"新基建"项目的重视程度的要求。

（三）数字政府建设评价体系对比分析

我们选取《2019 数字政府发展报告》《2020 中国数字政府建设白皮书》《2021 中国数字政府发展研究报告》《2022 数字政府建设风向指数指标体系》

所包含的四份综合性评价体系，以数字政府建设的综合能力为内在评价对象，分解出数字政府建设的不同能力作为一级指标评价的具体对象。图4-1为四份评价体系的一级指标，图4-2是从图4-1的一级指标总结出的四份评价体系所评价的各种能力，其中保障支撑能力、治理能力、技术能力和公众满意建设能力为三份及以上评价体系共同评价的能力。可以看出，四份评价体系所评价的具体能力存在交叉，表明不同专家对数字政府建设的综合能力下至少应包含何种子能力具有一定共识。

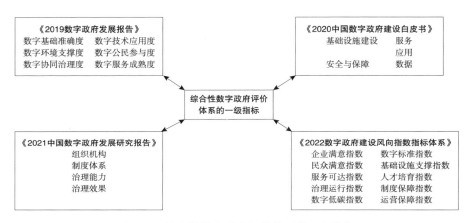

图4-1　综合性数字政府评价体系的一级指标

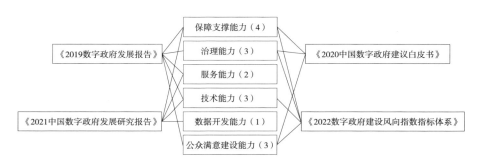

图4-2　综合性数字政府评价体系评价的能力

数字技术驱动下政府的综合能力包含四个视角，即对内、对外、交互和全球视角。一是从对内视角来看，包含政府协同办公和决策能力，属于数字政府建设能力；二是从对外视角来看，包含公共服务能力和履职能力，也属于数字政府建设能力；三是从交互视角来看，包含政府回应和解决公众提出各种问题的能力，本质上属于"公众满意建设能力"；四是从全球视角来看，全球"网络空间命运共同体"的议题将数据安全摆到至关重要的地位，这要求数字政府建设在数据安全层面的技术能力。此外，保障支撑能力（涉及基础设施、制度、组织、人才、运维等多方面建设）作为基础支点始终为上述能力建设与发展保驾护航。总体来说，立足数字政府综合治理能力的四个视角，并结合四个综合性评价体系，可以发现国内专家学者认为评价数字政府建设的综合能力至少应包含保障支撑能力、技术能力、治理能力以及公众满意能力四个方面[1]。

（四）数字政府建设评价中的注意事项

由于我国各省份之间、城市之间经济社会发展相对不平衡，政府的协同能力也存在较大差别，因此在进行数字政府建设评价时，应考虑到地区间的差异性。此外，由于新一轮的科技革命和产业革命在促使网络技术日新月异快速发展的同时，也带来了诸多安全问题，因此我们在进行数字政府评价时，应加大"安全与保障"指标的权重，强化保障支撑能力。最后，在数字技术与经济、政治、文化、社会、生态等领域加速融合的背景下，我们要高度重视对数字政府建设"应用"的评价，特别是对高频应用场景的开发，"互联网+监管"在不同领域的综合应用，以评价为导向，促进地方政府以加快数字政府建设为契机，不断提升公共服务和社会治理水平。

四、发挥政企合作在数字政府建设中的积极作用

数字政府建设是加速政务处理方式变革、深化治理能力现代化、助力中国政府治理实现"弯道超车"的制胜法宝，政企合作模式已在公共基础设施建设领域被广泛应用。目前，政企合作已成为数字政府建设的重要支撑，腾讯、阿里巴巴等大型科技公司快速发展，它们拥有雄厚的科技实力和充足的资本，能够承担起各地区数字政府平台的研发和建设的需要。企业在用户需求分析、数字技术、资金借贷等方面的优势日益显著。因此，加强政府和企

---

[1]　郑雯，张毅：《数字政府评价共识与优化路径研究》，《科技创业月刊》2023 年第 5 期，106.

业间的合作，对于加快数字政府建设具有一定的促进作用。

（一）政企合作对共建数字政府的重要意义

在数字政府建设中政府选择企业作为合作伙伴，利用企业所掌握的技术、资金、数据等资源实现数字政府建设目标的同时也为企业带来一定的经济效益。政府与企业共享利益、共担风险，确保公共利益的实现。因此，政府和企业共同建设数字政府可以实现资源的有效配置，达到共赢的目标。

1.减轻地方财政压力

相较于自己建设数字政府平台，依托企业建设平台可以最大限度地降低投资成本。政府依托企业提供的平台、技术和资金，不需要一次性支付相应巨额费用，而是逐年分别支付运营费用，分摊建设成本。同时依托 TOT 模式（投资—经营—转让）盘活已有存量资产，用提前回收的财产继续投资或偿还债务，大大提升了资金利用率。这不但有效减轻了政府的财政负担，而且可以完善在我国经济快速增长的背景下以时间换取空间的模式，更有利于激发市场活力。例如，根据广东省河源市政务公开数据，该市在 2020 年共投资 1.28 亿元资金建设数字政府，且主要还是依托广东省政府构建的"粤省事""粤商通"等粤系列数字平台。可以想象，伴随着数字政府建设的深入开展，要实现广东省数字政府改革建设"十四五"规划中的"四个提升"需要巨大的政府财政资金，而利用政企合作的模式共建数字政府，不仅可以减轻财政压力，而且可以充分调动企业积极参与数字政府建设的主动性。

2.提升数字资源的利用效率

在数字政府建设中，数据是最基础的信息载体，对于决策科学度、治理精准化、服务高效化等方面有着重要作用，成为促进政府职能转变的核心"变量"与转型政府施政的崭新"常量"。例如，数字政府的政务辅助决策、政务服务、数字监管和网络安全保障等都需要大量相关数据作为基础。不过，目前在数据资源方面仍存在政府供给与公众需求之间不匹配的现象，以政府部门为主体的初级公益性信息资源开发难以满足社会公众个性化、深层次的需求。以政企合作的模式建设数字政府，就是要充分运用市场对于资源配置的决定性作用，充分发挥有为政府和有效市场的作用，为数字政府建设注入活力。目前政府部门越来越重视与市场主体合作，加深对数据资源的挖掘、整理和分析。比如，2015 年浙江省高级人民法院联手阿里巴巴打造"智慧法院"，加大对司法数据可视化、司法数据建模等新型司法数据应用模式的探索。政府依托企业及具有创新能力的主体对数据进行深加工，培育数据要素市场，从而促进对信息资源的开发，提升网络化信息服务水平，提高政府数字信息资源的使用效率。依托企业提供的连接、治理、共享和应用能力，打通"数据孤岛"，更好地将数字政府中的"数字"贯穿行政立法、行政执法、政府服务、政务监管等方方面面。在行政立法工作机制方面，积极运用互联网技术拓宽立法公众参与渠道；在行政执法方面，加强"两法衔接"信息平台建设，推动数据共享机制化、案件移送标准和程序规范化；在政府服务方面，通过建设"一站式"政务服务移动网络平台，为人民群众提供纳税、罚款缴纳、医疗保险申请、获取电子身份证等政务服务，提高公共服务的易得性、便捷度和透明度；在监管方面，"互联网＋监管"成为加强事前、事中、事后监管的基本手段。

3. 推进多元共建服务型政府建设

数字政府的核心功能之一就是公众参与。在数字政府平台的规划与建设中要允许公众参与，同时企业搭建数字平台也是满足人民群众多层次、多样化的服务需求。公众参与又促进了数字技术的迭代升级，倒逼企业完善平台建设，这与多元共建服务型政府在理念上高度契合。服务型政府强调以人民为中心，数字政府则是以满足人民服务需求为基点，政府依托企业提供的数字技术平台不断整合、调整、取消行政许可事项，进行"负面清单""最多跑一次"等改革，政府和民众进行直接互动与交流，逐步推进政府—社会协同共进的公共价值塑造，深化服务型政府建设。

4. 加快数字法治政府建设

随着数字要素的发展，"互联网＋"已成为政府各部门追求治理创新的新模式，极大地提高了政府治理效率的同时，也给我国法治政府建设带来了一系列革新。一方面，数字技术有利于政府组织结构从过去的"金字塔"结构转变为扁平化、多元化结构，信息技术贯通了各级行政主体，为实现政府与社会、政府部门之间即时精准地传递信息，数字政府建设发挥了巨大功能。另一方面，大数据、人工智能、区块链等技术大大提升了政府的行政管理效能，革新了行政执法范式，"非现场执法"和"一站式执法"替代了传统线下执法，开启了行政执法的新模式。

（二）优化政企合作模式，加快数字政府建设路径

1. 加强政府治理能力建设，夯实多元主体参与数字政府建设的基础条件

作为数字政府建设的主体，政府治理能力对推动多元主体参与数字政府建设至关重要，总结国外多元主体参与数字政府建设的经验，未来我国政府治理能力建设应在以下三方面发力。

一是推进数字平台建设。基于统一的数据平台进行数字政府建设是在政府主导下，实现数字资源能力化、数字能力共享化，促进各主体参与数字政府建设的最佳途径。要想推动公众积极参与决策治理，有效参与公共服务供给的设计、执行、监管、评估的各个过程，需要进一步开放数据，提高信息的对称性和透明度。在多元主体共同参与数字政府建设的大背景下，充分发挥数据公共性，将数据平台建设成一种公共资源向主体开放，使得公众和企业都能依法依规地对各类数据进行申请使用，减少由于数据不对称和数字技术偏见所带来的决策公平性问题。因此，应加强中央和省级层面的数据平台建设，加强顶层的制度设计和战略规范，并支持省级和地方层面基于本地特征的差异化探索。具体包括数字平台的建设要具备标准化、模块化特征，通过接入移动设备、物联设备和云数据基座等信息技术手段降低多元主体共同参与的门槛，通过利用数字化平台中的标准化数据存储和分析模块降低多元主体参与难度，同时通过专属接口和群组有效控制治理主体的数据访问级别，以确保数据安全，保护个人隐私。

二是完善数据安全法律体系。出台与数据管理、数据安全相关的法律法规，只有确保多元主体共同参与数字政府建设的数据安全，保护其隐私不被泄露，才能更好促进各主体平等、有序参与数字政府建设。首先，应从国家层面完善有关数据采集、数据使用、数据存储、数据收益、数据知情、数据监管、数据保密等相关权限的法律法规体系，为多元主体共同参与数字政府建设夯实数据法治基础。具体而言，应按照数据从收集、分析、存储、使用的流程，将数据主体分为数据所有方、数据归属方和共享管理方。通过制度规则明晰数据安全使用协议，确定数据被授权方的数据使用规则和数据所支持的功能，以提升数据流动过程中的安全系数。其次，为了防止数据滥用以

及数据泄露所带来的公民个人隐私问题，从根本上解决违背社会主义核心价值观和伦理道德的数字歧视及其产生的"数字鸿沟"问题，应从国家层面出台相关法律法规为个人隐私保护提供保障。在此基础上，各地应结合本地区实际，探索制定符合本地情况的个人信息保护相关条例，清晰标明个人隐私底线并进行严格监管。

三是提升公务员数字胜任力。政府治理能力在微观层面体现为政府公务员的能力。首先，提升公务员数字胜任力是个系统工程，需要加强顶层设计，探索建立公务员数字胜任力模型，并依据胜任力模型，制定协调统一的公务员数字胜任力建设的整体规划和具体措施。在此基础上，加强数字领导力（E-Leadership）建设，发挥模范带头作用，从上向下统筹推进数字胜任力建设。其次，引导政府公务员对数字胜任力树立正确的认识，包括学会接受并适应政府的数字化转型，准确认识数字政府治理所带来的机遇和挑战；还要认识到数字政府治理模式变革不仅是技术层面的升级，更深刻的是思维方式的转型，公务员应当转变思想观念，充分认识到加强数字胜任力的重要性，将其上升到决定数字政府治理转型能否取得满意成效的高度，培养以"用户思维、跨界思维、平台思维、数据思维"为主要内容的互联网思维，实现从"部门本位"向"合作共治"的思维转变。再次，建立完善公务员教育培训体系，根据数字胜任力模型制定培训内容，根据不同岗位的具体工作要求与特点，运用现代信息技术，创新数字胜任力培训形式，与企业在数字人才培养方面展开合作，致力于培养既精通信息技术又熟悉政府业务的复合型人才，解决企业参与数字政府建设的供需不匹配问题。最后，健全公务员胜任力培养的体制机制，将对数字胜任力的重视贯穿于公务员招录、考核、开发全过程，并加大对数字人才的引进力度。

2. 创新政企合作方式，确保数字政府建设有序推进

随着科技的发展，政府在数据收集方面的绝对优势不复存在，互联网平台企业拥有大量的用户数据、物流数据以及其他数据，可在社会治理中发挥更大作用。美国的政府主导市场化运作政企合作模式以及加拿大的 PPP 管理机构设立可为我们提供参考，在此基础上进行具有中国特色的政企合作推进数字政府建设路径的探索，可在数字政府建设较好的省份进行试点，成立政企合作管理机构，促进企业自身开放数据，推动建立面向政府和企业的双向

数据开放共享机制，实现政府与企业之间的良性沟通与交流。政企合作管理机构根据治理项目的不同，灵活选择政府委托运营、政府企业联合投资、建设—经营—转移、政府监管等政企合作模式，在厘清政府与企业的责任、权利、义务、关系、行为边界以及明确面向企业的权力清单与责任清单的基础上，与企业签订合作协议，并通过完善的全生命周期项目管理，加强监督与管理，促进政企合作有序进行、有效推进。

3. 增强企业社会责任感，统一政企合作的利益价值

企业承担社会责任是指企业自愿履行经济和法律责任之外的义务，以创造公共价值为目标，可以牺牲自己部分利益的行为。作为市场主体，企业的产权不为社会系统所有，但植根于中国特色社会主义市场经济体制下，它们在社会生态系统中生存和发展，从中获取发展资源，故而具有社会属性，本应承担一定的社会责任。更进一步，随着数字时代的到来，大型数字科技公司掌握着庞大的个人数据，如果不适当节制平台数据资本化，将使各主体之间产生巨大的"数据鸿沟"，数字技术的肆意发展也会造成非均衡性的社会参与，导致"数字不平等"。因此，增强企业社会责任感，统一政企合作的利益价值显得越来越重要。增强企业参与数字政府治理的社会责任意识应做到内外兼修。一是政府层面，要在《中华人民共和国数据安全法》《中华人民共和国个人信息保护法》出台的基础上，推出更具针对性的网络安全法规，突出依法治理的稳定性与有效性。在加强监管工作中，应运用区块链等新技术加强对企业参与过程中的失责失范行为进行监督，并将结果反映在企业失信的"黑名单"中。二是企业层面，应建立反哺社会、可持续健康发展的企业文化，增强企业履行社会责任的内生动力。

4. 完善政企合作体系，共享数字政府建设的红利

随着企业尤其是互联网企业深入参与数字政府建设，在政企合作共建数字政府的过程中，双方都对良性共建共享提出了新的需求。一方面，企业希望与政府共享数据发展红利；通过数字政府建设推动政府不断提高数据应用水平、优化行政审批流程、提高市场监管能力、完善对企服务机制，进而充分发挥政府对企业发展的支持作用。另一方面，政府期待与企业形成良性共建关系。在过去政企合作建设数字政府的过程中出现了竞争无序、重复建设、投资浪费等一系列乱象，拖垮了行政效率，降低了服务水平。新时代新征程

数字政府建设实现政企良性互动参与也成为政府的一项重要需求，提供高质量的公共服务始终是数字政府建设的重要目标。

随着 5G 时代的到来，人工智能、云计算等高新技术的蓬勃发展与社会流动性的加剧，公众对于公共服务的供给水平也有了更高的要求，未来各地开展数字政府建设过程中也应当遵循数字政府建设的需求导向。首先，回应企业需求，构建亲清的政商关系。新时代新发展阶段为推动政企有效合作，加快共建共享数字政府，应注意以下几点。一是政府应坚持以企业需求为导向，利用大数据精准识别企业的差异化需求，提供相应的对企服务，通过政府数字化运作优化政务流程，梳理政务服务各环节，整合重复关联的环节，简化行政审批流程，利用数据更好实现市场监管，优化市场营商环境。二是政府要正确处理数字政府建设过程中的政商关系，努力建立亲清的政商关系，明确数字政府建设过程中政府的管理责任与企业的技术责任，避免权责不清，寻求数字政府建设过程中公共利益与商业价值的有效统一。三是重视技术赋能，打造全国统一的数据平台。为契合新时代社会主体对公共服务供给水平进一步提升的需求，政府应重视技术赋能，通过探索数字政府建设中对云计算、区块链和人工智能等技术的运用，推动高新技术与政府服务的深度融合，发挥数字动能。其次，推动全国一体化政府大数据平台建设，在当前各地政府部门间数据共享开放的基础上打破地方信息孤岛，推动数据在全国范围互联互通，更好地满足群众和企业的跨区域办事服务需求，优化发展环境。最后，不断完善政企合作体系框架。政企合作体系框架主要包含合作主体、合作对象、合作程序三方面。在合作主体上，应适当选择参与合作治理意愿较强的主体，并对参与平台共治的企业等主体进行权利与义务方面的明确界定。在合作对象上，政府部门尽可能在环境保护、社会治理、政务服务等方面与民众利益相关联的重要领域和企业开展合作。同时在这些领域中，法律法规和政府部门的相关规范性文件要对合作主体的知情权等合法权益作出保障，政府部门在这些领域的治理中广泛听取多元主体的意见。在合作程序上，需有相应的激励机制，在地方政府数字化转型驱动背景下，在进行考核时可以将地方数字政府合作成效纳入考核指标体系，建立起一套科学、规范、多元化的政绩考核指标体系，以此来明确政府数字化转型的价值导向，在此过程中不仅要注重地方数字政府建设的各项经济指标，更要关注社会效益等指标。

【本章小结】

本章从夯实数字政府的人才基础、完善数字政府的制度保障、健全数字政府综合评价体系、发挥政企合作在数字政府建设中的积极作用四个方面探讨了完善数字政府建设的保障和支撑，论述过程中列举了大量实例，并提出了一些建设性的对策建议。

【思考题】

1. 夯实数字人才基础，加快我国数字政府转型的路径有哪些？

2. 数字政府建设评价指标体系中，您认为哪几个指标比较重要？

3. 政企合作共建数字政府的重要意义有哪些？

4. 优化政企合作模式，加快数字政府建设的路径有哪些？

【延伸阅读】

加快数字人才培育支撑数字经济发展行动方案（2024—2026年）[①]

为贯彻落实党中央、国务院关于发展数字经济的决策部署，发挥数字人才支撑数字经济的基础性作用，加快推动形成新质生产力，为高质量发展赋能蓄力，制定本行动方案。

一、总体要求

以习近平新时代中国特色社会主义思想为指导，全面贯彻党的二十大精神，落实中央人才工作会议部署，坚持党管人才原则，坚持创新引领和服务发展，坚持需求导向和能力导向，紧贴数字产业化和产业数字化发展需要，用3年左右时间，扎实开展数字人才育、引、留、用等专项行动，提升数字人才自主创新能力，激发数字人才创新创业活力，增加数字人才有效供给，形成数字人才集聚效应，着力打造一支规模壮大、素质优良、结构优化、分布合理的高水平数字人才队伍，更好支撑数字经济高质量发展。

二、重点任务

（一）实施数字技术工程师培育项目。重点围绕大数据、人工智能、智能制造、集成电路、数据安全等数字领域新职业，以技术创新为核心，以数据赋能为关键，制定颁布国家职业标准，开发培训教程，分职业、分专业、分

---

① 资料来源：中华人民共和国中央人民政府网站，2024年4月2日，https://www.gov.cn/zhengce/zhengceku/202404/content_6945920.htm.

等级开展规范化培训、社会化评价，取得专业技术等级证书的可衔接认定相应职称。在项目实施基础上，构建科学规范培训体系，开辟数字人才自主培养新赛道。

（二）推进数字技能提升行动。适应数字产业发展和企业转型升级需求，大力培养数字技能人才。加快开发一批数字职业（工种）的国家职业标准、基本职业培训包、教材课程等，依托互联网平台加大数字培训资源开放共享力度。全面推行工学一体化技能人才培养模式，深入推进产教融合，支持行业企业、职业院校（含技工院校，下同）、职业培训机构、公共实训基地、技能大师工作室等，加强创新型、实用型数字技能人才培养培训。推进"新八级工"职业技能等级制度，依托龙头企业、职业院校、行业协会、社会培训评价组织等开展数字职业技能等级认定。

（三）开展数字人才国际交流活动。加大对数字人才倾斜力度，引进一批海外高层次数字人才，支持一批留学回国数字人才创新创业，组织一批海外高层次数字人才回国服务。加强留学人员创业园建设，支持数字人才在园内创新创业。推进引才引智工作，支持开展高层次数字人才出国（境）培训交流，加强与共建"一带一路"国家数字人才国际交流，培养一批具有国际视野的骨干人才。

（四）开展数字人才创新创业行动。支持建设一批数字经济创业载体、创业学院，深度融合创新、产业、资金、人才等资源链条，加大数字人才创业培训力度，促进数字人才在人工智能、信息技术、智能制造、电子商务等数字经济领域创新创业。积极培育数字经济细分领域专业投资机构，建成一批数字经济专精特新"小巨人"企业，重点支持数字经济"硬科技"和未来产业领域发展。加快建设一批数字经济领域专业性国家级人才市场，支持北京、上海、粤港澳大湾区等科学中心和创新高地建设数字人才孵化器、产业园、人力资源服务园，培育发展一批数字化人力资源服务企业，为数字人才流动、求职、就业提供人事档案基本公共服务。

（五）开展数字人才赋能产业发展行动。紧贴企业发展需求开设订单、定制、定向培训班，培养一批既懂产业技术又懂数字技术的复合型人才，不断提升从业人员数字素养和专业水平，助力产业数字化转型和高质量发展。发挥专业技术人员继续教育基地、数字卓越工程师实践基地、高技能人才培训基地、产教融合实训基地、国家软件与集成电路人才国际培训基地作用，利用国内外优质培训资源，开展高层次数字人才高级研修和学术技术交流活动，加快产学合作协同育人。专业技术人才知识更新工程、高技能领军人才培育计划等人才工程向数字领域倾斜。加强数字领域博士后科研流动站、工作站建设，加大博士后人才培养力度。

（六）举办数字职业技术技能竞赛活动。在全国技能大赛专设智能制造、集成电路、人工智能、数据安全等数字职业竞赛项目，以赛促学、以赛促训、以赛选拔培养数字人才。在全国博士后创新创业大赛中突出新一代信息技术、高端装备制造等数字领域，促进高水平数字人才与项目产业对接。支持各地和有关行业举办数字职业技术技能竞赛。

三、政策保障

（一）优化培养政策。结合数字人才需求，深化数字领域新工科研究与实践，加强高等院校数字领域相关学科专业建设，加大交叉学科人才培养力度。充分发挥职业院校作用，推进职业教育专业升级和数字化改造，新增一批数字领域新专业。推进数字技术相关课程、教材教程和教学团队建设。深化产学研融合，支持高校、科研院所与企业联合培养复合型数字人才。

（二）健全评价体系。持续发布数字职业，动态调整数字职称专业设置。支持各地根据行业发展需要增设人工智能、集成电路、大数据、工业互联网、数据安全等数字领域职称专业。健全数字职业标准和评价标准体系，完善数字经济相关职业资格制度。规范数字技能人才评价，落实高技能人才与专业技术人才职业发展贯通政策。开展数字领域卓越工程师能力评价，推动数字技术工程师国际互认。

（三）完善分配制度。完善数字科技成果转化、增加数字知识价值为导向的收入分配政策，完善高层次人才工资分配激励机制，落实科研人员职务科技成果转化现金奖励政策。制定数字经济从业人员薪酬分配指引，引导企业建立健全符合数字人才特点的企业薪酬分配制度。强化薪酬信息服务，指导有条件的地区结合实际发布数字职业从业人员工资价位信息。

（四）提高投入水平。探索建立通过社会力量筹资的数字人才培养专项基金。企业应按规定提取和使用职工教育经费，不断加大数字人才培养培训投入力度。各地应将符合本地需求的数字职业（工种）培养培训纳入职业技能培训需求指导目录、培训机构目录、实名制信息管理系统。对符合条件人员可按规定落实职业培训补贴、职业技能评价补贴、失业保险技能提升补贴等政策。对跨地区就业创业的允许在常住地或就业地按规定享受相关就业创业扶持政策。

（五）畅通流动渠道。畅通企业数字人才向高校流动渠道，支持高校设立流动岗位，吸引符合条件的企业高层次数字人才按规定兼职，支持和鼓励高校、科研院所数字领域符合条件的科研人员按照国家规定兼职创新、在职和离岗创办企业。

（六）强化激励引导。通过国情研修、休假疗养，开展咨询服务、走访慰问等方式，加强对高层次数字人才的政治引领。将高层次数字人才纳入地方高级专家库，鼓励有条件的地方结合实际在住房、落户、就医服务、子女入学、配偶就业、创业投资、职称评审等方面给予支持或提供便利。加大政策宣传力度，大力弘扬和培育科学家精神、工匠精神，营造数字人才成长成才良好环境。

各部门各有关方面要进一步提高政治站位，深刻认识加强数字人才培育的重要性，站在为党育人、为国育才的政治高度，各司其职、密切协作，着力造就大批高水平数字人才，确保政策到位、措施到位、成效到位。组织部门要加强统筹协调，充分发挥行业主管部门等各方作用，形成工作合力。人力资源社会保障部门要承担政策制定、资源整合、质量监管等职责，发挥综合协调作用，抓好督促落实。网信、发展改革、教育、科技、工业和信息化、数据等部门要立足职能职责，主动谋划实施好本行业本系统本领域重点项目。财政部门要确保相关财政资金及时足额拨付到位。其他有关部门和单位以及行业组织要共同做好数字人才有关工作，确保取得实效。

人力资源社会保障部、中共中央组织部、中央网信办、国家发展改革委、

教育部、科技部、工业和信息化部、财政部、国家数据局

2024 年 4 月 2 日

第五章　数字政府建设与提升政务服务效能

一、深化大数据应用，建设服务型政府

（一）西方传统管理型政府的治理特点与危机

在人类历史发展的过程中，人们总是围绕着"控制"的话题展开讨论。比如，农业社会，人们生活在熟人社会中，受自然条件和交通工具的限制，使人们在地域间的流动与交往较少，因此，农业社会的统治型政府很容易对一定地域范围予以控制。[①]

随着工业化时代的到来，这种以控制为特点的治理方式也被带入工业社会。进入工业社会以后，西方资本主义国家的圈地运动使人们走出原始地域，手工业的发展进一步推动了人与人之间的交往与流动，此时的政府不能再简单通过对地域的限制去控制社会。它不仅需要维护社会秩序，还要进一步发展经济。随着自由、民主、法治等思想的逐步发展与完善，一些思想家提出三权分立、君主立宪制等制度，用来分割和制约政府权力，企图打破政府长期以来的控制模式。渐渐地，法律成为政府管理社会的主要规则和依据。在资本主义社会发展初期，法律要求政府充当守夜人的角色，建立自由放任的市场秩序，放松对社会的管制。表面看来，政府好像不再实施控制，而实际上，科学技术和科学理论的发展却为政府控制行为提供了新工具。1887年，自威尔逊提出政治与行政二分以来，韦伯的官僚制理论使得政府的控制特性更加"合理、合法"和隐秘。泰勒的科学管理运动通过计件工资提高工人生产的积极性，通过分工—协作方式使工人只从事单一的劳作，大大提高了生

---

① 耿亚东：《大数据驱动政府模式变革：从管理型政府到服务型政府》，《内蒙古大学学报（哲学社会科学版）》2022年第4期，46-54.

产效率。实际上，这种分工—协作的方式根本无法使工人获得整个工艺流程的技能。长此以往，工人技能不仅无法提高，还会更加安于现状，无法实现跳槽与升迁，从而达到了对工人更加有效的控制和管理。这种控制方式也被用到政府和其他社会组织，被用来管控员工、下属甚至社会。而20世纪二三十年代，资本主义世界爆发了严重的经济危机，这种情况又迫切需要政府的干预、调节。

于是，凯恩斯的经济干预理论为西方政府控制社会提供了理论和事实依据，也进一步标志着政府控制行为的加剧。通过这种方式，管理型政府不仅进一步加强了对信息、公共产品和公共服务的控制，还通过对公共政策工具的控制进一步实现了维持社会秩序的目的。因此，进入工业社会后，表面看来，管理型政府的运行因有了法律依据和权力制约而无法实现集权控制，仿佛是一个民主的、开放的政府，而实际上，管理型政府却通过科学的管理方法去实施更加严密的控制。所谓的管理即控制，只是使自身的控制行为变得更加隐蔽与科学。比如，以美国为代表的西方资本主义国家常常打着民主的旗号，依附于利益集团，在法律的掩护下对民众实施控制。而所谓的民主只是对利益集团的民主，民众不过是他们虚假民主控制下的工具。[①]

进入20世纪70年代，全球化与后工业化浪潮的冲击宣告人类进入后工业化时代。"在走向后工业社会的过程中，秩序性、可预测性、稳定性和可靠性都不再存在，取而代之的是复杂性、不确定性和风险。"[②]这种复杂性和不确定性风险使原有的控制对象脱离了控制范围，世界各国都面临着有史以来从未有过的治理危机。为应对危机，西方各国纷纷发起了政府改革运动。其中，20世纪80年代发起的新公共管理运动要求打破政府传统控制模式，通过在政府内部引入市场竞争机制，通过合同外包等形式，把政府的一部分职能转移给社会，以提高政府的运作效率。新公共管理运动在某种程度上打破了政府长期以来的控制模式，促进了非政府组织、企业等其他自治组织的成长。

20世纪90年代，新公共服务运动又企图通过公民参与来改革政府。然

① 沈赟伟，叶温馨：《基层政府数字治理的运作逻辑、现实困境与优化策略——基于"农事通""社区通""龙游通"数字治理平台的考察》，《管理学刊》2020年第6期，26-35.
② 张康之：《走向合作的社会》，中国人民大学出版社，2015年.

而无论是新公共管理运动还是新公共服务运动，都未超出官僚制的组织框架。它们只是缓解了暂时的危机与矛盾，掩盖了控制引发的矛盾，并没有从根本上找出解决危机的治理之道，一旦矛盾和危机得以缓解，管理型政府的控制本性就会回归，并会在下一轮的整合中变本加厉地收紧控制，其结果只能导致下次危机更严重。这种控制的欲望不仅体现在一国内部，还企图跨越国界延伸至第三世界国家。

（二）大数据对管理型政府控制导向治理模式的冲击

进入 21 世纪以来，以大数据为代表的新一代信息技术的发展给人们的生产、生活带来了重要影响。原来人们使用现金，到实体店去购物，现在人们用信用卡、Apple Pay、微信、支付宝等就可以坐在家里完成购物；原来人们通过街谈巷议、通过报纸去了解信息，议论所发生的事件，现在人们通过微博、微信、Facebook 等新型社会媒体和传播工具就能快速地了解和传播世界上任何一个地方刚刚发生的事情。这充分说明人们生活的时代背景已经发生了变化。当管理型政府的调控对象面对的不再是一个个原子化的人，而是一个个匿名的网络群体；不再是一个地域范围内的纸媒，而是来自世界各地的新型社交媒体……传统的由政府主导的信息、公共政策工具、公共产品与公共服务供给的控制基础将不复存在，从而表现出处处失灵的境况，表现为：

1. 信息控制失灵风险

进入 21 世纪，大数据进一步增强了信息的流动性。在这样一个开放的环境里，信息流动性的增强使控制变得愈加困难。信息从形成到传播再到利用，几乎都在透明状态下运行，信息控制与隐藏几乎成为不可能，或者成本高到无法想象。[①] 对信息的驾驭能力越来越超出了管理型政府的控制范围。

首先，传统的信息资源垄断地位被打破。在大数据时代，信息的获取更加便利，不论企业、个人还是非政府组织等都可以方便快捷地获取数据信息。政府不再独占信息，也不再是唯一的信息发布者。企业，尤其是互联网企业、非政府组织等掌握着大量的信息数据，往往可以在第一时间发布各种信息。

---

① 张康之：《论风险社会中的"去中心化"》，《福建师范大学学报（哲学社会科学版）》2020 年第 5 期，80—90.

随着管理型政府垄断信息能力的减弱，权力在管理及整个社会治理过程中的作用也将被改写，传统的公共管理结构将发生巨大的变化。

其次，信息控制易引发控制悖论。控制本身是出于解决问题的需要，但是大数据时代的到来，以控制为导向的管理型政府不仅没有使问题变少，反而使问题变得越来越多。在许多问题面前，人们不再区分什么当事人与旁观者，通信系统可以从特定的时间、地点和传统中分解或挖掘出认同感，这种认同使信息在新媒体的助推下迅速传播。然而，在传播的过程中，随着信息量积聚得越来越多，大量信息的混杂很容易把真实有用的信息掩盖起来。与此同时，一些别有用心的不法分子和网络水军也常常借此传播虚假信息。一个小的事件经媒体传播与网络发酵都可能带来连锁反应，造成不可想象的恐慌与负面影响。在此情况下，人们往往难以辨别事实的真假，也使政府决策常常缺乏可资依赖的真实信息。如果管理型政府仍按照原来的管控思路对信息进行封锁控制，反弹回来的就是各种悖论和危机。

2. 公共政策失灵的失控风险

在传统的政府治理模式中，公共政策是管理型政府用以调节社会秩序、缓和社会矛盾、实施社会治理的主要工具。随着大数据时代的到来，政府通过数据分析做出科学决策，使这种自上而下的单向政策控制结果显得更加科学与合理。但这种建立在单向度控制基础上做出的决策，一旦出现危机，便会变得一发不可收拾，不仅加大了政策制定和执行的成本，也使自身的权威面临着严峻挑战。大数据时代，互联网的发展使公众的参与成本降低，网络成为非政府组织、企业、公众表达政治意见、政策偏好的新生空间，也成为监督政府政策的有利平台。随着公众参与意识的不断觉醒与增强，新型交流媒体的发展使他们可以通过微信、微博等平台发表评论和演说，表达自身利益诉求。公民的权利意识不断增强，信息传播迅速，政策一"出壳"便能很快引起公众的注意。一旦公众发现某项公共政策违背或者危及群体的公共利益，便会与政府展开利益博弈，进而可能引发舆情、社会稳定等方面的风险。

综上所述，不管是信息控制失灵风险还是依靠政策工具控制失灵风险，这些事实都表明：在大数据这样一个高度复杂性与高度不确定性的风险时代，管理型政府的控制导向治理模式已无法全部适应社会治理需求，传统的政府单一中心的国家管控模式将逐渐失去效力。[①] 控制不仅不符合大数据时代的发展趋势，而且将成为阻碍全球化、后工业化的保守因素。

（三）通过建设服务型政府应对大数据的冲击

管理型政府控制失灵现象的发生进一步说明，大数据时代的到来虽使人类获得了先进技术，但技术进步并不意味着人类一直会控制着历史的前进方向。不论人类所拥有的工具多么先进，都无法消除不可控的力量带来的风险，无法减少人类未来的不确定性。在此情况下，改变治理思路，实现从控制到引导的转变就显得尤为重要。这也是我们在历次改革中提出建设服务型政府的原因，其目的就是改变传统的治理模式，实现从管理到治理的转变，并根据时代的要求建构一种新的适应时代发展要求的政府职能模式，即引导型政府职能模式。

从控制到引导的转变意味着引导型政府对管理型政府的扬弃，这是政府治理模式的根本变革，也是服务型政府建设的根本要求。但是，从控制到引导的转变并不意味着政府要完全抛弃控制。大数据只是为打破管理型政府控制导向思维提供了契机，但它给政府治理带来的数据安全管理、数据大爆炸、数据伦理等各种问题仍离不开政府干预。因此，在服务型政府建设中，控制的手段和内容依然存在，但服务型政府在做出从控制到引导的思维转变后，控制从属于服务导向，政府将更多发挥自身的引导功能。它会给予各行为主体及社会以更多的空间和自由，特别是大数据时代，政府在信息资源、公共政策、公共服务及公共物品供给方面的垄断局面被打破之后，政府职能被大大削减，权力也大大弱化，此时政府的社会控制也会失去方向。所以，当其他社会治理力量能够自主承担社会职能时，服务型政府的基本义务就需要转向如何"更多地关注在多元社会治理主体之间进行协调，给予制度供给而不是实施社会控制，以求促进多元社会治理主体所提供的公共服务相互补充、相互支持并联为一个有机的系统化整体"[②]。

总之，大数据时代是一个机遇与挑战并存的时代。一方面，它的到来为

---

① 张康之：《论"后国家主义"时代的社会治理》，《江海学刊》2007年第1期，93-99.
② 张康之：《论政府行为模式从控制向引导的转变》，《北京行政学院学报》2012年第2期，22-29.

促使政府治理模式变革、促进政府治理优化带来了契机；另一方面，随着它的深入发展，它给政府治理带来的冲击与挑战也会进一步加剧。因此，在高度复杂性与高度不确定性的大数据时代，加快政府模式从管理型政府到服务型政府的转变并不意味着服务型政府建设的完成，相反，这是服务型政府建设的开始。从建设服务型政府到建设人民满意的服务型政府，未来还有很长的一段路要走。

二、大数据强化政务协同，推进政府组织变革和流程再造

进入 21 世纪，以互联网、云计算、大数据、人工智能等为代表的新一代信息技术使建基于工业文明之上的传统社会进一步被解构，对经济社会产生了深刻的影响，改变了人们的生产方式、生活方式和思维方式。[①] 而在政府治理方面，大数据强化了政务沟通方式和政务协同，有效推进了政府组织变革和流程再造。

（一）大数据技术创新了政务沟通和协同方式

数字政府高质量发展创新了政务沟通方式，实现了数字政府沟通方式、沟通范围、沟通渠道的变革，极大地提升了政务沟通协作效率。

1.创新政务沟通方式

第一，沟通方式从层级化向扁平化转变。传统政府组织内沟通要根据科层等级逐级传递信息，而数字政府的发展促使工作人员可以直接连接到组织内任意成员，随时零成本创建聊天，人与人之间的交流更加扁平化。例如，湖北省宜昌市政府新闻办公室将微信公众号与政府大数据中心、各部门系统连接，不同部门的工作人员可以在一个群内互相沟通，共同致力于满足公众需求。

第二，沟通范围由点对点向多点对多点转变。相较于传统办公人员点对点的私密交流，数字政府的工作群实现多点对多点的交流。现实中上级领导的重要指示与工作部署通过群聊小组及时发布，相关人员能够快速反应并采取行动，有效节约了工作安排的时间成本，提升了政务沟通协作效率。

---

① 孟天广：《数字治理全方位赋能数字化转型》，《政策瞭望》2021 年第 3 期，33-35.

第三，沟通渠道由按图索骥向组织在线转变。传统政府部门找人通常会使用纸质通信录按图索骥，这种方式不利于数字时代人员间的高效沟通协调。数字政府将人与组织联系起来，按照单位、职级、业务条线等搭建形成专属通信录，工作人员可通过搜索单位和姓名，实现多种场景下快速找人，推动政务人员高效对接工作。例如，浙江省"浙政钉"平台依据政务通信录功能，对全省政务人员的联系方式进行统一管理和实时更新，为跨单位沟通互动和条线协同奠定基础。

2.创新政务协同方式

数字政府高质量发展创新了政务协同方式，实现业务流、数据流、审批流的汇聚整合，有效消除信息孤岛。

第一，业务流程协同。数字政府高质量发展打破了传统政府部门间各自为政的局面，根据业务联系重新整合各部门应用的业务流程，扩大横向联动和纵向延伸范围，有效促进了政务流程的标准化和协同化。例如，广东省"粤政易"平台通过整合共享信息系统，建立跨部门联动的一体化政务办公平台和机制，进一步提升了政务办公效率。

第二，数据流共享。传统政府中数据被作为一种核心资产往往由各部门自己保管，难以实现互通共享，从而形成"数据烟囱"问题。而在数字政府高质量发展阶段，政府基于业务需求将数据分门别类整合成有效的数据集，进而逐步拓展共享渠道，推动业务数据的跨部门交换。例如，广西壮族自治区政府通过建立数据共享交换平台，激活了不同部门的数据要素价值，真正实现让数据多跑路。

第三，审批流程高效。数字政府高质量发展通过再造审批业务和整合数据资源，建立统一的在线审批平台，实现"线上办理，后台审批"全流程的协同化和标准化。以广东省东莞市审批管理改革为例，以往企业办事时需要分别向多部门进行申请，而现在只需通过一个窗口就可以完成多项审批，大大提高了审批效率。

（二）推进政府组织变革和流程再造

当下，新一代信息技术通过整合的功能传导至政府部门，对政府组织架构进行了重塑。一方面，政府组织的规模变得更为精简。随着人工智能和区块链等新一代信息技术的不断发展和深度应用，政府部门的信息处理水平不断提高。政府管理者可以通过扩大行政职能范围，减少行政职能分工，使组织规模精减化。其最直观的体现就是新一代信息技术改变了传统的多层次、流程化、固定化、耗时长的办事模式，在很大程度上降低了政府的人力和时间成本，并将各部门间原先独立的信息管理利用信息管理技术连接了起来。同时，信息技术在政府组织内部的应用使得数据流通和共享更加快捷、全面，工作流程更加简单、灵活，精减了纵向层级的组织数量。新一代信息技术驱动的政府管理变革，实质上是新一代信息技术推进政府行政系统改革的成果之一，也是新一代信息技术本身具有的传播性和移植性而产生的结果。这种技术从政府系统外部影响至系统内部，必然会对政府系统原先稳定、平衡和传统的组织结构带来巨大冲击，这对政府而言是一项艰难的挑战，但同时也推进着政府组织的变革。例如，上海市在推动政府数字化转型的进程中，把"一网通办"作为组织变革的试验田，在压缩纵向组织层级数量的同时扩展了横向组织的职能范围，使政府突破了部门和机构的"碎片化"，实现了政府组织的"一体化"和"精简化"。另一方面，政府引入新一代信息技术促进了组织的扁平化。在大数据环境中，政府组织的扁平化发展趋势缩减了政府管理的层级，扩大了政府管理的范围，这种精减的政府组织结构确保了快速且准确的信息传递，既能减少信息传输中的信息泄露，也有利于政府及时接收信息，并对此做出快速的回应。此外，政府利用大数据技术建立的数据平台，实现了数据共建与共享，改变了传统部门之间独善其身的组织模式，推进了各部门和机构之间的良性互动和交流合作。

　　政府积极主动地运用大数据、物联网等日新月异的新一代信息技术对政务流程和业务环节进行重塑和再造，使政务流程更加精减。政府从分析、诊断现行的业务流程入手，在逐步消除流程壁垒的基础上，运用新一代信息技术对零散杂乱的程序进行重新组合和分配。首先，利用大数据技术，政府可以对以往办理次数高、数量大、群众需求大的案件进行全面的梳理，从而为政府在推进过程中制定出各项工作的轻重缓急。[1]第二，政府运用云计算在线

---

[1]　李小妹：《技术赋能数字政府构建动态能力的机理与实施效果探析》，《领导科学》，2021 年第 20 期，26-29.

运算和综合分析等功能，能够得到关于政务服务办事流程的简化结果，并根据实际情况不断调整优化。第三，通过运用新一代信息技术，政府在确定改革的轻重缓急时更加精准，在建设业务共享服务平台时更加科学，在各部门之间数据和信息交流时更加及时，从而使政府的各项资源得到最大化的利用。第四，政府通过运用新一代信息技术，可以快速、精准地把握数字化改革中的重点，对政务服务流程进行科学规划，提升政府的行政效能和公众的满意度。最后，以建立在线政务平台与线下政务服务中心为依托，政府利用数据共享的应用，使得政务流程再造工作可以持续开展。例如，万物互联的新一代信息技术使得政府各部门之间的协作能力显著提升，实现了在线"并联审批"。在传统的行政事务处理中，政府组织结构联系不强，而办事先后顺序的硬性又较强，这导致政府办事效率低下，公众排队等候时间较久。新一代信息技术使审批程序得以重构，加快了审批的进程，使政府的工作效率得到了进一步的提升，实现了政务流程精简化的程序进行重新组合和分配，使之能够更好地适应现代化政务流程的电子化和智能化趋势，从而加快政府线上处理企业和公众业务的速度，减少政府不必要的财务开支。[1]

三、利用数字技术建立和完善一体化政务服务平台，优化治理理念

智慧政务平台不是简单的网上政府，也不仅仅是治理方式的改变，它是融合事实层与价值层、感知层与决策层的智能复杂巨系统工程。[2] 数字化时代的政府智慧政务平台主要以政务门户网站、政务官方微博、政务微信公众号和各类政务应用程序的形式出现，并且体现了为民服务、智能高效、互联互通和开放包容的智慧治理理念。

（一）政府智慧政务平台的表现形式

1. 政务门户网站。政务门户网站是指应用大数据、云计算、互联网等现代信息技术，及时更新政务信息，主动为企业和公民提供高效、精准、便捷

---

[1] 苏红：《新一代信息技术驱动的政府数字化转型机理研究》，电子科技大学硕士学位论文，2022年.
[2] 费军，贾慧真：《智慧政府视角下政务 APP 提供公共服务平台路径选择》，《电子政务》2015 年第 9 期，31–38.

的网上政务服务的网络平台。① 政务门户网站既是展示政府工作与社会形象的重要窗口，也是维护公民合法权益的基本途径。自 20 世纪 90 年代我国启动"政府上网工程"项目以来，从中央到地方的各级政府围绕用户需求整合挖掘社会资源，逐渐将政务门户网站建设纳入政府的重点工作。政务门户网站通过搭建政府与公民之间、政府与企业之间的有效沟通渠道，保证了"零时差"和"无距离"的传播沟通方式，极大地增进了政府的社会信用。近年来，各级政府的政务门户网站日益注重公共服务建设，并且呈现出内容导向、服务追求、技术保障的特点，这为数字化时代政府向公民提供优质公共服务奠定了坚实基础。② 例如，浙江省大数据发展管理局主办的浙江政务服务网在 2019 年度实现"一证通办"，政务服务事项网上可办率达到 100%、掌上可办率达到 80.5%、"跑零次"率达到 97.4%，这些实践探索为政务服务应用创新奠定了基础。③

2. 政务官方微博。微博即微博客，它是在 Web2.0 技术基础上构建的人际关系传播信息平台。④ 据笔者考察发现，当前政务官方微博的功能分为三种：一是定时发布政务信息，提升政府的透明度和影响力；二是提供常态化的优质服务，尤其是提供突发性事件的报道和应急服务；三是通过微博平台保证民众与政府之间的交流沟通，从而增进互相的信任关系。简言之，政务微博的诞生创新了数字化时代政府智慧治理的方式，有助于提升公民参与公共事务的热情。

3. 政务微信公众号。微信（We Chat）是由腾讯公司于 2011 年推出的一款以智能手机和移动网络平台为载体，能够开展即时通信的软件。为了方便用户了解各类政治社会信息，2012 年腾讯公司又开发了"微信公众订阅号"业务，该业务主要通过用户关注自己感兴趣的公众号，从而更有针对性地开展信息传递、业务服务和沟通互动。政务微信就是在这样的背景下进驻到微

---

① 于施洋，杨道玲，王景璇等：《基于大数据的智慧政府门户：从理念到实践》，《电子政务》2013 年第 5 期，65—74.

② 沈费伟：《提升社会质量：消解技术治理风险的策略选择》，《中国延安干部学院学报》2020 年第 2 期，39—46.

③ 沈费伟：《数字化时代的政府智慧政务平台：实践逻辑与优化路径》，《天津行政学院学报》2020 年第 2 期，34—45.

④ 崔学敬：《我国政务微博的现状、问题和对策》，《党政干部学刊》2011 年第 11 期，51—53.

信平台，成为政务公开、服务提供与政社互动的智慧政务平台。

4. 各类政务 APP。政务 APP 通常是指各级政府部门依据自身的工作需求，开发的适合智能手机、移动平板、台式电脑等终端运行的程序。区别于政务信息传递和公开为主的政务门户网站、政务官方微博以及政务微信公众号，政务 APP 依托现代互联网技术为公众提供实实在在的自助式服务，成为当前应用较多的平台类型。

（二）政府智慧政务平台的治理理念

1. 为民服务。数字化时代的政府智慧政务平台倡导发挥现代信息技术价值，其目的是更好地应用信息技术来为社会公众服务。正是由于坚持以人为本这一出发点，智慧政务平台有助于科学对接和匹配民众的需求，促进民众利益表达和政民有效互动。遵循"为民服务"的治理理念，政府智慧政务平台优先考虑在与公民利益最相关、需求最迫切、服务最关心的领域开展各项服务供给，如智慧医疗、智慧教育、智慧交通等，唯有如此，才能获得民众的支持和信任，维护社会公平与公正。智慧政务平台既为社会公众创新了获得政府优质、快捷信息服务的渠道，也为政府及时掌握社会舆情、了解民情民意开拓了途径。实践中，智慧政务平台实现了从"群众跑腿"到"数据跑路"的转变，老百姓足不出户就可以全天候享受各种政务服务。政府智慧政务平台以为民服务为中心，这也是深刻实践服务型政府的最好体现，充分满足了人民群众的利益、需要和愿望。

2. 智能高效。信息化时代的传统政务平台依靠复杂烦琐的程序来运营，不仅导致政府效率低下的弊病，而且会引发许多社会问题。数字化时代的智慧政务平台由于建立于互联网、大数据、区块链等平台基础之上，能够更快捷、更智能、更高效地回应人民需求，体现了"智能高效"的理念。也就是说，与传统政务平台相比，智慧政务平台解决问题的方式呈现精准化、多样化、快速化特征，能够更快捷地满足公民需求。现实中每位公民都能够通过各种智能手机、移动平板等终端设备表达个人权益，政府与公众之间由此形成了高频率的互动，纵横交错的信息网络结构也因此而得以塑造。多个人对某一社会问题的关注就会变成公共政策的议程焦点，而反过来纳入政府议程的社会问题也会迫使政府高效率地处理解决。数字化时代的到来拓宽了社会成员参与公共事务治理的渠道，数字技术将众人之智融入政策过程，助推政府决策方式由从依赖经验转向依赖精确的数据分析，不仅提高了办公效率，而且也降低了办公费用。

3. 互联互通。克里斯托夫·波里特提出，"互联互通"理念的核心要义是通过政府业务在线，更好地使用稀缺资源，从而为公众提供无缝隙的服务。可以说在数字化时代，"互联互通"理念的最集中体现便是数据资源化，以及围绕数据的多维度创新。对公民而言，这一时期的政府不再采用纯粹静态呈现式的办公方式。相反，政府更加注重于服务理念的传递，且其回应性得到了改善。对社会而言，数据化赋予了信息逐渐冲破社会治理主体间壁垒的能力，政府力图构建的信息共享机制与沟通协商机制，促进了多元治理主体间的交流。对政府自身而言，随着信息技术变革对传统组织体制的渗透，政府部门开始进行内部结构的调整，并加强了组织内部的互动与协商。伴随着数字政府理念的推进，公众能够借助智慧政务平台在不受时间、空间、地域限制的情况下与政府进行交流互动，他们对政府的信任感也因此而不断增强。

4. 开放包容。数字化时代的智慧政务平台是各级政府部门通过应用现代信息技术在政府与社会、企业、公众之间搭建的一个互动沟通平台，其服务内容涉及人们生产生活的各领域，因此，该平台需要秉承"开放包容"的理念。政府智慧政务平台将"开放包容"的理念体现在创新制度设计与营造社会环境两方面，以最大限度吸纳民众参与，从而充分发挥好智慧政务平台的价值。首先，互联网、物联网、云计算等现代技术的去中心化、自主性特征虽然赋予了普通公民独立于政府之外发表意见的权利，但现代技术也存在消极的一面。因此，政府需要通过完善的制度设计保障公民不被现代技术所侵害。其次，信息技术的高度发达也使数字化时代的智慧政务平台具有预测效应，能够对公民的各项决策进行跟踪评估，但是这些也需要充分发挥包容性制度的优势。最后，智慧政务平台的"开放包容"理念还体现为社会共识成为决策合法性的重要标杆。

综上所述，我们需要通过智慧政务平台的整体架构和系统设计，开展广泛、深入、高效的跨行业创新合作，从而更高效地践行"开放包容"的高质量发展理念。

四、数字技术赋能营商环境建设

营商环境的好坏直接影响到一个国家经济持续发展的强弱，国与国之间的经济竞争很大程度上也是营商环境的竞争。党的十八大以来，我国持续推进"放管服"改革和"优化营商环境"，营商环境改善明显、成效显著。随着互联网、大数据、云计算、人工智能等新一轮科技革命和产业变革的加速发展，国家越发鼓励运用现代信息技术推动政府改革、加快经济转型和创新社会治理。近年来，我国各级地方政府运用互联网、大数据、云计算、人工智能等数字技术主动作为，加速推进"网上办理""一网通办"等系列政务服务改革，如北京市"接诉即办"、浙江省"最多跑一次"改革、江苏省"不见面审批"等，实现了"让数据多跑路，让群众少跑腿"，数字营商环境的正效应不断显现。可以说，数字营商环境建设顺应了数字时代发展的必然趋势，有效开拓了优化营商环境的新路径，及时满足了企业和公众日益多元化的需求，推动了营商环境的优化升级。

在数字技术时代，数据赋能助力的数字营商环境具有多重数字化特点和自身发展优势，在为市场主体经营活动带来诸多便利的同时，也提升了政府市场治理的数字化水平，推动了营商环境的转型升级，催生了经济发展新动能。[①]

（一）数字赋能的营商环境特点

1. 基础设施智能化

数字营商环境建设的核心理念是以最低的成本为企业和公众提供更好的服务，而实现这一核心理念的前提在于营商环境基础设施的改善。营商环境基础设施的功能在于连接，而传统的基础设施是突破物理空间限制的有形连接，包括公路、铁路、机场等，信息技术时代数字营商环境的基础设施则是以"大智移云物"（大数据、人工智能、移动互联网、云计算、物联网）为代表的现代信息技术群，这是一种无形空间的"云链接"。[②]数字营商环境基础设施智能化，意味着万事万物互联互通、海量数据全方位采集、数据存储直

---

① 周伟：《数据赋能：数字营商环境建设的理论逻辑与优化路径》，《求实》2022 年第 4 期，30-42.
② 李海舰，李燕：《企业组织形态演进研究——从工业经济时代到智能经济时代》，《经济管理》2019 年第 10 期，22-36.

达政务云端、政务服务方便快捷高效。通过对数据的深度挖掘和关联性分析，探寻表面看似杂乱无章、毫无关联数据的潜在价值，让数据从"无声"变"有声"。增强政府对市场环境的数字理性感知，依据数据信息异常来掌握市场各个领域的动态，从而提前预判、迅速回应和精准决策，提升营商环境的智能化水平，为市场主体提供廉洁、高效的政务服务。

2. 政务服务便利化

在数字技术时代，建设数字营商环境能够为企业和公众提供整合式的线上政务服务，从而实现优化营商环境的目标。在线政务服务是指政府利用现代信息技术，借助信息集成和信息共享，线上优化组织结构和整合部门业务，围绕市场主体生命周期需求，建设营商环境政务在线服务平台，将原本的线下事项审批转换为具有高度可读性、可检索的线上操作。不同于线下政务服务大厅"一窗口一事办理"的"见面审批""群众跑腿"的政务服务，线上政务服务突破了政府与服务对象的物理空间阻隔，实现了"不见面审批""数据跑路"，"一网通查""一网通答""一网通办""跨域通办"成为线上政务服务的主流模式，执照申请、纳税办理、财产登记、企业注销等相关事项都可以在线申请办理，不仅提高了政府办事效率、降低了企业成本，而且弥补了线下政务服务的不足。[①]

3. 数据运营无界化

数据运营无界化是一种目的更为清晰、指向更为明确的"以人民为中心"的数字治理，旨在打破政府部门之间以及政府与企业、公众之间的数据壁垒和数据孤岛，实现信息交流和共享的便捷化。一方面，政府部门间的信息交流与共享包括数据采集标准、数据开放方式、数据集成分配、数据整合共享等多个部分的运营体系。一旦政府部门间的信息被数字化和共享之后，不仅能够实现政府部门间在营商环境建设中的远程合作，协商解决营商环境建设过程中面临的问题，而且线上数据流动有利于打破政府部门间的行政壁垒，替代线下营商环境建设中协商讨论的烦琐流程，极大地提高解决问题的效率，从而提升营商环境建设绩效。另一方面，政府与企业、公众间的信息交流与共享包括政府对企业、公众的信息获取和企业、公众从政府获取信息两个方

---

① 　周伟：《数据赋能：数字营商环境建设的理论逻辑与优化路径》，《求实》2022 年第 4 期，30-42.

面，政府同企业、公众能够及时交流共享信息，有利于企业、公众知晓政府的最新营商法规政策和政府了解企业、公众对营商环境的期盼诉求，协商共建营商环境。

4.平台信息交互化

数字营商环境的平台信息交互化旨在实现政府、企业、公众之间信息的自由传递和沟通，满足政府、企业和公众各自的信息需求。数字经济时代的营商活动会生成形式各异的海量数据流，信息平台相当于营商环境的"数据大脑"。依靠平台实施对政府、企业、公众信息的采集和处理，形成"可读取""可流动""可共享"的信息交互平台，为政府、企业和公众提供一个连接各方主体的信息共通、资源共享、行动协同的互动渠道，有利于在营商环境建设中形成政府、企业和公众多中心的权力格局。这种多中心的网状权力结构使得各主体以数据为媒介的互动成为现实。数字营商环境的平台信息交互化，不但能够增强政府对市场的感知和预判能力，而且有助于重塑营商环境建设中政府、市场、社会三者之间的关系，使营商环境建设由政府主导转向政府、企业、公众共商共建共治。①

（二）数字赋能营商环境建设存在的问题

目前数字营商环境建设仍处于探索期，存在诸多不足，迫切需要探索进一步优化的路径，切实提升数字营商环境建设整体效能，数字赋能营商环境建设存在的问题主要有以下几个方面。

1.数字基础设施建设滞后

数字基础设施是包括 5G 网络、云计算、人工智能、大数据中心等在内的现代基础设施，具有创新性、综合性、系统性、动态性等特征。与传统基础设施相比，数字基础设施建设不仅契合了数字经济发展的要求，而且能够推动数字经济时代营商环境的优化升级。目前我国数字基础设施建设还处于起步阶段，与数字经济发展要求和数字营商环境建设需求还不相适应。一方面，数字基础设施建设需要强有力的财政支持，由于各级地方政府及部门间存在财力差异，这就造成政府及部门间在 5G 网络、大数据中心等数字基础设施建

---

① 周伟：《数据赋能：数字营商环境建设的理论逻辑与优化路径》，《求实》2022 年第 4 期，30—42.

设方面进度不一，无法实现数字营商环境所要求的万事万物互联互通、海量数据全方位采集；此外，地方政府在数字基础设施建设过程中还存在多头申报、重复建设、统一性不足等问题，造成数据无法共享和直接上传政务云端。另一方面，数字基础设施在数字营商环境建设中功能发挥的关键在于其应用能力，由于目前政府内部专业人员的缺乏和技术力量的不足，造成海量数据采集储存、计算处理、深度挖掘等方面面临困境，导致数字基础设施智能化作用无法全面发挥。

2. 数据开放共享依然不足

在现代信息及数字技术时代，数字营商环境建设中的数据唯有实现政府、企业、公众之间真正意义上的互联互通才能发挥效用。现实中，无论是政府部门之间，还是政府同企业、公众之间都存在数据分割问题，从而引发数据孤岛现象。一方面，政府部门之间数据开放共享水平低，条块分割现象依然存在。究其原因主要在于：一些地方政府及部门从自身利益出发"不愿开放共享"；因数据使用权限设置、数据标准不统一"不能开放共享"；因数据保密、数据安全隐忧"不敢开放共享"；因数据共享协调机制不完善、统一管理机构缺失"阻碍开放共享"等。以上多重因素叠加，最终造成数字营商环境建设中政府跨区域、跨层级、跨部门数据共享无法全面实现，数据孤岛现象难以消除。另一方面，政府同企业、公众之间存在数据壁垒，无法实现数据全面共享。主要是因为企业出于保护商业利益和公众出于保护个人隐私的考虑不愿同政府共享部分数据。政府、企业、公众之间长期存在的数据孤岛现象，成为制约数字营商环境建设和影响数字营商环境功能发挥的重要因素。

3. 平台系统结构仍需优化

在深化"放管服"改革和优化营商环境的实践中，我国各级地方政府已开发了各类政务在线服务平台，但目前不同程度地存在"信息不更新、回应不及时、办事不便捷、服务不实用"的"四不"问题。一是平台动态管理机制不完善。政府对政务在线服务平台重建设轻管理，部分新出台的法规政策和已取消的行政许可事项未得到及时调整。二是线上办事指南不明确。政务服务办事指南设计多是政府导向而非公众导向，造成网上办事指南的个性化、差异化、通俗化不足。三是分类导航功能不完善。搜索引擎设计缺乏用户视角，存在搜不到、搜不全、搜不准等问题，企业和公众难以查找到所需的便民服务。四是多元政务在线服务平台融合不足。政府政务在线平台建设缺乏整体规划和统一管理，同一个平台不同办事系统之间、平台与平台之间的服务协同仍未达到有机融合的程度，同时各地的平台办事系统与其他地方以及国家系统对接方面还存在不匹配、不接合等问题。平台系统相互割裂不仅影响政府协同办公，而且影响着平台服务质量提升。政务在线服务平台存在的上述问题制约了其精准服务、协同办公、监测预警、决策支持等功能的有效发挥。[①]

4. 线上服务能力有待加强

在线政务服务是优化营商环境的重要途径。在线政务服务优化营商环境的逻辑，不仅在于在线政务服务超越了时空限制，使政府与企业和公众实时互动，线上获取政务服务成为现实；而且在于在线政务服务具有天然的监管优势，能为行政人员操作留下网络痕迹和便于服务对象进行评价，促使行政人员提高服务质量。在线政务服务目前还存在以下三个方面的不足。一是在线政务服务融合度不足。目前各类政务服务应用程序数量众多，但应用场景碎片化现象明显，企业和公众线上获取相关政务服务需要登录不同的应用程序，降低了公众的体验感和获得感。二是政务服务热线尚未完全实现互联互通。尽管一些地方政府在优化营商环境中开通了政务服务热线，为企业和公众反映诉求开辟通道，但在转接办理过程中仍存在渠道不畅通、回应不及时等问题，有时需要多次拨打或拨打多个政务服务热线才能解决问题。三是在线政务服务的智慧化、差异化、个性化不足。由于企业间和个体间信息能力的差异，统一的在线政务服务获取方式容易忽视信息弱势群体获取线上服务的可及性。

（三）加快数字赋能营商环境建设的主要路径

1. 加快数字基础设施建设

数字基础设施建设是数字经济时代贯彻新发展理念，推动经济高质量发展，建立现代化经济体系的基础保障，也是数字营商环境建设的基本前提和重要基础。加快数字营商环境建设，必须坚持数字基础设施先行理念，面向数字经济发展需要，聚焦关键领域，补齐薄弱环节。首先，聚焦以 5G 网络、

---

① 周伟：《数据赋能：数字营商环境建设的理论逻辑与优化路径》，《求实》2022 年第 4 期，30—42.

物联网等为代表的通信网络基础设施，以云计算、人工智能等为代表的新技术基础设施，以数据中心、智能计算中心为代表的算力基础设施等现代信息基础设施，加强综合统筹规划，做好财政投入保障，推动整合集约建设，打造万事万物互联互通、智能高效的信息基础设施，充分发挥数字基础设施服务于数字营商环境建设的支撑作用。其次，推动现代信息技术与传统基础设施、民生基础设施的融通和现代信息技术与实体经济的融合，为数字营商环境建设中数据的市场感知能力发挥提供更多数据来源。最后，强化现代信息技术在数字营商环境建设中的应用，推进营商环境数字化运作。通过人才引进和技能培训等加强智力建设，提升云计算、大数据、人工智能等数字技术在事项办理、市场预测和风险识别等方面的应用水平，全面发挥现代信息技术赋能于数字营商环境建设的智能化作用。

2. 推动数据全面开放共享

数字营商环境建设的关键在于打破政府、市场、社会之间的数据壁垒，实现三者之间数据资源的流通、整合和共享。首先，在数据开放共享理念层面，要树立安全与发展并重，体制改革与技术创新并进，政府、市场、社会协同开放共享的理念。通过健全数据开放共享法规政策和制度体系，完善各种利益协调机制，推动政府行政体制改革，加强个人信息保护和数据安全保障，明确政府、企业、公众在数字营商环境建设中数据开放共享的角色定位和行为边界，健全多元主体数据开放共享的协同机制，有效发挥各主体在数字营商环境建设中的功能与优势，构建数字营商环境完整的数据生态链。其次，在数据开放共享规范层面，围绕数据开放标准、使用权限、规则体系和管理体制，完善贯穿数据全生命周期的开放共享规则体系，提高数据开放共享水平。通过制定统一透明的数据开放标准，依法分级确定数据使用权限，建立整体性的数据管理运营体制，实现政府、企业、公众之间数据的有效融合。最后，在数据开放共享应用层面，政府要充分发挥主导作用，制定数据开放共享战略规划，完善数据使用规则体系，加强数据安全保障。同时政府要加强同企业、公众之间的互动，充分吸纳企业和公众的建议，以"顾客需求"为导向，为企业和公众提供个性化的数据服务，引导企业和公众参与数字营商环境建设。

3. 优化平台系统结构功能

政务在线服务平台是数字营商环境的重要载体，承担着对内实现高效协同办公和对外提供优质服务的功能，在很大程度上决定着数字营商环境的数字化和智能化水平。政府在线服务平台建成投入运行并非一劳永逸，要围绕用户需求不断完善功能和加强管理，这样才能发挥政务在线服务平台在数字营商活动中的价值功用。首先，完善政府政务在线服务平台动态管理机制，及时更新平台信息，让企业和公众通过该平台能够及时知晓营商活动的相关政策法规。其次，以用户需求为导向，制定匹配用户的个性化办事指南并设计信息查询效率高的搜索引擎工具。办事指南要针对所有在线政务服务项目，明确各类事项办理的条件、所需材料和办理过程等详细信息，考虑不同用户文化程度和理解能力差异，采用图文并茂的信息表达方式，不仅易于获得，而且要通俗易懂。搜索引擎不仅要具备关键词的搜索功能，而且要具备模糊搜索功能。用户不必局限于官方的统一表述而是根据自己对营商活动或行政审批的理解，使用意思相近的关键词也能查到所需信息。再次，细化区分政务在线服务平台系统功能，设立针对不同区域、不同行业、不同主体、不同事项的办事专区，使各类主体依据自身定位和需求能够获取精准服务，增强平台系统功能的多样化和服务供给的个性化。最后，加强平台建设的整体规划和统一管理，促进各类平台融合贯通，破解平台相互割裂和服务碎片化问题，推动跨地区、跨层级、跨部门平台协同运作，提升政府优质政务服务供给能力。

4. 提升在线政务服务能力

在线政务服务是政府在深化"放管服"改革和优化营商环境中，借助现代信息技术，转变政务服务提供方式和提高政务服务效率，满足数字时代企业和公众对政务服务需求方式变革的需要，也是数字营商环境建设的重要内容。提升线上政务服务能力，目前还需做好以下工作。一方面，围绕融合性在线政务服务，推进线上政务服务统一规划和统一管理，释放在线政务服务优化营商环境的数字红利。通过加强在线政务服务智能化建设的统一规划，推动在线政务服务渠道的互联互通和高度融合，创新在线政务服务的管理和服务方式，扩大在线政务服务的应用范围，充分发挥在线政务服务在优化营商环境中的价值功用。另一方面，围绕"智能化在线政务服务"开发升级在线政务服务配套的软件与硬件，消除在线政务服务优化营商环境中的"数字鸿沟"。通过为企业和公众提供数字网络技能培训，特别是针对信息弱势群体的技能培训，使其具备获取在线政务服务的能力，加强智能化技术在线上政务服务中的应用。以用户需求为导向，开发适用不同人群的多元化、差异化、个性化在线政务服务单元，提升在线政务服务的针对性有效性。[①]

【本章小结】

　　传统的管理型政府作为工业化时代社会治理的唯一主体，历来强调通过管控的方式去实施社会治理，因此常常陷入治理危机的怪圈。大数据时代的到来使传统管理型政府通过信息、公共政策工具、公共产品与公共服务供给的控制去实施社会治理的方式难以为继，并引发了一系列政府失灵现象。在此情况下，转变治理思路，实现政府模式从管理型政府到服务型政府的转变就变得尤为重要。服务型政府是以引导和服务为导向的政府，其弹性与灵活性决定了它不仅顺应大数据时代突发性、随机性、多变性的特征，还能充分利用该时代所带来的资源与契机。作为多元社会治理主体中的一元，服务型政府将主动与其他社会治理力量在社会治理的问题上开展合作。大数据时代的数字政府是一种利用数字技术创新的政府模式，它追求政务效能的最大化、注重政府回应能力的提升以及治理过程的法治化。当前数字政府治理的重点业务包括面向政府的科学决策、面向社会的精准治理和面向公众的高效服务，具有整体性、系统性、协同性和开放性特征，需同时强调处理好技术与制度的关系、治理与服务的关系、政府与市场的关系以及应用与安全的关系。伴随着政府数字化改革的不断推进，数字政府已然释放了巨大的治理效能，但依然面临着数字服务创新与群众办事需求不匹配、数字统筹机制与信息孤岛消除不衔接、数字业务办理与应用人才供给不充分以及数字制度创新与网络安全防护不健全的问题。数字革命需要政府从科层体制转变为全新的组织框架，除了先进的技术支持外，实现数字化转型更需要通过推进机制去主动构建与信息技术应用相配套的组织制度、管理机制、组织架构、组织文化及组织人员。

---

① 周伟：《数据赋能：数字营商环境建设的理论逻辑与优化路径》，《求实》2022 年第 4 期，30-42.

数字化时代智慧政务平台有政务门户网站、政务官方微博、政务微信公众号、政务应用程序四大表现形态。它秉承为民服务、智能高效、互联互通、开放包容的治理理念，通过理念驱动与职能重塑、组织变革与流程再造、业务协同与科学决策、形象塑造与绩效提升的实践逻辑，在数据驱动、治理结构、精准服务、在线监督的运行机制下，取得了强大的治理效能。当前智慧政务平台治理依然存在目标定位不清晰、功能板块不健全、管理运营不完善、政民互动不充分的问题，迫切需要合理定位智慧政务平台的角色、创新设计智慧政务平台的配置、优化完善智慧政务平台的管理以及构建政民互动治理新格局，整体推进政府智慧治理绩效。

另外，数字时代优化营商环境需要发挥数据赋能效用，构建数字营商环境体系，而数字营商环境是数字时代数字政府建设的重要内容、数字经济发展的必然趋势和数字社会治理的内在要求。全面推进数字营商环境建设，需要加快数字基础设施建设、推动数据全面开放共享、优化平台系统结构功能和提升在线政务服务能力，从而提升数字营商环境整体效能。

【思考题】

1. 为什么说大数据为促进政府变革、治理优化带来了契机？

2. 为什么说大数据强化了政务沟通方式和政务协同？

3. 数字政府建设在优化营商环境中的优势体现有哪些？

【延伸阅读】

以数字政府建设提升政务服务水平

2022 年 4 月，习近平总书记在主持召开中央全面深化改革委员会第二十五次会议时强调，要全面贯彻网络强国战略，把数字技术广泛应用于政府管理服务，推动政府数字化、智能化运行，为推进国家治理体系和治理能力现代化提供有力支撑。[①] 加强数字政府建设，实现高效公共服务、精准社会治理、科学政府决策，是提升政务服务水平的必然要求。

数字政府建设是将互联网、大数据、云计算、人工智能、区块链等新一代信息技术广泛应用于政府管理服务，推动政府治理流程再造和模式优化，

---

① 习近平：《实施国家大数据战略加快建设数字中国》，新华网，2017 年 12 月 9 日，http://www.xinhuanet.com/politics/leaders/2017-12/09/c_1122084706.htm.

以更好满足人民群众需要的过程。政务服务是指各级政府及其部门、事业单位根据法律法规，为企事业单位、社会团体以及个人提供的许可、确认、裁决、奖励、处罚等行政服务，将数字技术应用于政务服务，可推动建设服务型政府，更好满足群众需要。

数字政府建设有助于提升政务服务效能，提高群众对政府工作的满意度。数字政府建设坚持以人民为中心的发展思想，以数据要素为驱动，依托数据收集、连接、分析，从中获得有效信息，用以提高政府决策智能化水平和公共服务精准化水平，推动政府职能转变，优化政府治理流程，从而更好实现便民惠民的目标。一方面，数字技术的应用使实时传递、动态跟踪成为可能，可以从根本上改变过去信息传递慢、反馈周期长的情况。经过数字化改造，政府部门可以有效简化行政流程，使政务沟通、政务决策、服务回应摆脱层级束缚以及传统依职能、职位分工、分层的管理模式，建立以工作流程为中心、信息流畅、适当授权的扁平化管理模式，进而打破部门之间、地区之间的隔阂，实现"让数据多跑路，让群众少跑腿"。另一方面，随着数字政府建设的推进，政务服务从政府供给导向向群众需求导向转变的趋势日趋明显，以精准对接群众需求、细化服务项目为主要内容的服务精准化成为人民群众对政务服务的新期待。数字化、信息化激活政务数据要素，能够极大提高治理精细化程度，促进政府服务与群众需求精准匹配，变"人找服务"为"服务找人"。

数字政府建设有助于促进政务公开，为各类社会主体提供更好的服务。政务公开即行政机关全面推进决策、执行、管理、服务、结果全过程公开，回应社会关切，加强政策解读、平台建设、数据开放，保障人民知情权、参与权、表达权和监督权的制度安排。将政府信息公开，使行政权力透明运行是建设服务型政府、透明型政府的内在要求。将数字技术和数据要素用于深化政务公开、促进"放管服"改革，使公开成为贯穿权力运行全流程及政务服务全过程的常态，使各类社会主体能够最大限度知晓公共政策的制定、执行和受监督情况，促进政府完善政策、改进服务。其一，促进政务信息公开，有效提高政府治理的透明度，使宪法和法律赋予公民的各项权利得到充分表达。其二，通过推动各类事项网上运行、动态管理，重塑社会组织审批、登记手续和流程，实现各项业务线上办理和"一网通办"。其三，有效优化营商环境，大幅缩减项目投资审批、企业开办时限，为企业经营活动"松绑"。

数字政府建设有助于提高公众参与程度，更好实现民主权利。数字技术的应用可以建立以互联网为载体的政民互动机制，极大拓宽民众参与政府管理和公共事务治理的渠道。一方面，建立畅通的民意反馈机制。决策的科学化、民主化是对服务型政府建设的基本要求。政府只有充分了解民众诉求，才能制定出准确、合理、有效的政策，从而最大限度体现执政为民的理念。依托现代信息技术手段建立起来的社情民意反馈机制，能够通过数据采集、脱敏、分析等手段，及时从海量数据中挖掘出对政府决策有价值的意见、建议，从而将自上而下的决策与自下而上的民意反馈结合起来，以决策的民主化促进决策的科学性。另一方面，加强对政府权力的有效监督。政府运行的各种数据一旦生成，就会留下痕迹、不可更改。通过编制"数据铁笼"，留存政府决策、政策实施信息，并对其进行跟踪、分析、研判，可以有效监督政府管好公共权力、公共资金、公共资源，促进权力在阳光下运行。

我国数字政府建设方兴未艾。各地以数字政府建设改进政府工作，提高政务服务水平的实践表明，利用数字技术加快政府职能转变，推动政府治理转型，能够更好满足公众对政务服务越来越高的需求。同时，各地数字政府建设水平不均衡，数字和信息技术在政务服务上的应用不平衡，政务数据的开放共享不充分，在数字政务服务精准对接公众需求上有待优化，公共服务数字化、智能化水平有待提高。以上问题的存在，既有体制机制方面的原因，也有技术条件的限制，如数字政府建设顶层设计相对落后、尚未建设统一的基础平台、部门之间的信息共享率较低等。解决这些问题，进一步提升政务服务水平，需要坚持顶层设计和基层探索有机结合、技术创新和制度创新双轮驱动，进一步以数字化助力政府职能转变，推动政府治理与数字化深度融合，促进政府治理方式变革和治理能力提升。具体可以从以下几方面着力。

以数字技术引领实现政务服务多场景智能应用。实现政务服务多场景智能应用，是提升政务服务水平的重要途径。政府部门应充分考虑自身业务量的周期性、随机性特点，分析其非线性和非平稳统计特征，科学预测特定时间的业务办理量，根据各项政务特点及群众需求提前做好政务服务安排，提高群众的满意度。

优化政务公开信息化平台。坚持以公开为常态、不公开为例外，推进决策、执行、管理、服务和结果公开，努力做到法定主动公开内容全部公开到位。为此，要加快构建以网上发布为主、其他发布渠道为辅的政策发布新格局，优化政策智能推送服务，将各种政策文件及时分类分级、集中统一向社会公布。积极构建政务新媒体矩阵，形成整体联动、同频共振的政策信息传播格局，特别要适应不同类型新媒体平台传播特点，开发多样化政策解读产品。

紧贴群众需求畅通政府和民众互动渠道。全面提升政府信息公开申请办理工作质量，保障人民群众合理信息需求。以政府网站为支撑开展政民互动，使政府感知社会冷暖，及时回应各种关切。开展政府开放日、网络问政等主题活动，增进与公众的互动交流。

提升领导干部的数字素养和数字治理水平。习近平总书记强调，善于获取数据、分析数据、运用数据，是领导干部做好工作的基本功。[①] 一方面，通过培训、在线学习、参观考察等方式，提高各级领导干部对数字技术、社区智慧治理的认识，促使其在掌握人工智能、大数据、算法知识的基础上，提高数据思维和数据分析能力；另一方面，加大对政府工作人员信息化能力培训，提高完整准确采集信息、精确分析信息的能力。

王鑫　祝歆　《光明时报》第 11 版
2022 年 12 月 2 日

---

① 习近平：《实施国家大数据战略加快建设数字中国》，新华网，2017 年 12 月 9 日，http://jhsjk.people.cn/article/29696290.

第六章　数字政府建设与推进社会治理现代化

一、加快"城市大脑"建设，发挥政府在社会治理现代化中的作用

随着数字时代的到来，智慧化、智能化成果逐步渗透到各个领域，大数据及数字化成果的利用成为解决城市管理问题、推进城市治理现代化的一大机遇，"城市大脑"应运而生。它以互联网为基础设施，基于城市所产生的数据资源，对城市进行全局的即时分析、指挥、调动、管理，最终实现对城市的精准分析、整体研判、协同指挥。

（一）认识"城市大脑"

"城市大脑"是随着互联网类脑化和城市智能化的发展而发展起来的，它是智能单元相互连接并被广泛应用的，能在与人类社会互动中自组织形成的类脑系统。由于城市大脑发展时间相对较短，"城市大脑"究竟是什么，还未形成统一的认识。

从产业从业者来看，很多技术企业推出"城市大脑"运行系统，融合了技术优势与智慧城市建设需求的"城市大脑"方案，形成不同风格和特点。从技术角度而言，"城市大脑"是基于云计算、物联网、大数据、人工智能等技术，支撑城市运行生命体征感知、公共资源配置优化、重大事件预测预警、宏观决策指挥的数字化基础设施和开放创新平台。"城市大脑"系统最终将具备城市中枢神经（云计算），城市感觉神经（物联网），城市运动神经（云机器人、无人驾驶、工业互联网），城市神经末梢发育（边缘计算），城市智慧的产生与应用（大数据与人工智能），城市神经纤维（5G、光纤、卫星等通信技术），在上述城市类脑神经的支持下，实现智慧城市的功能。

从"城市大脑"具体运行来看，不同城市对"城市大脑"认知不同：上海市根据自身"城市大脑"建设认为，"城市大脑"是城市生命体的智能中枢，

通过聚合城市重大基础设施、全量大数据、城市级人工智能等多方面的能力，统筹运用数据、算力、算法资源，驱动数据产生智慧，最终可以实现对城市的精准分析、整体研判、协同指挥，帮助管理城市。《杭州城市大脑赋能城市治理促进条例》指出，"城市大脑"是由中枢、系统与平台、数字驾驶舱和应用场景等要素组成，以数据、算力、算法等为基础和支撑，运用大数据、云计算、区块链等新技术，推动全面、全程、全域实现城市治理体系和治理能力现代化的数字系统和现代城市基础设施。深圳市龙岗区就其运行的龙岗智慧中心认为，智慧城市通过汇聚政府数据和社会数据形成城市大数据，以跨域的数据融合分析实现对城市运行状态的全面感知、态势预测，实时掌握城市运行状态，为应急指挥系统提供信息支撑，作为重大突发事件的指挥场所，形成"平战结合"的新型智慧城市运行管理模式。

天津中新生态城的"城市大脑"则在最初"运营中心"的基础上，又增设了"数据中心"、"安全中心"和"标准中心"，逐步实现多脑并行、各司其职，集数据赋能、智慧赋能、标准约束、安全保障于一体。

2022 年出版的《城市大脑发展白皮书》对"城市大脑"进行定义，兼具了技术基础和实践功能展现，其中指出，"城市大脑"（也叫城市智能中枢）是运用大数据、云计算、物联网、人工智能、区块链、数字孪生等技术，提升城市现代化治理能力和城市竞争力的新型基础设施，是推进城市数字化、智能化、智慧化的重要手段。通过对城市全域运行数据进行实时汇聚、监测、治理和分析，全面感知城市生命体征，辅助宏观决策指挥，预测预警重大事件，配置优化公共资源，保障城市安全有序运行，支撑政府、社会、经济数字化转型。在城市治理、应急管理、公共交通、生态环保、基层治理、城市服务等方面提高综合应用能力，实现整体智治、高效协同、科学决策，推进城市治理体系和治理能力现代化。从技术维度看，"城市大脑"是综合利用人工智能、云计算、大数据、区块链等新一代信息技术，实现对城市治理和产业发展的全息感知、统筹调度、智能决策和精准服务的系统。从经济维度看，"城市大脑"是城市信息化、数字化发展到高级阶段的必然产物，是实现全时、全域、全量数字资产运营，推动产业经济和社会经济高质量发展的重要抓手。从治理维度看，"城市大脑"是融合汇集城市运行信息，支撑和引领城市可持续发展，具备自学习、自优化、自演进特征的城市级新型基础设施。

（二）"城市大脑"发展背景及过程

"城市大脑"是技术进步的产物，也是城市发展的产物。追溯"城市大脑"的发展历程，绕不过技术进化史和城市发展史，"城市大脑"可以说是应对城市化进程中新问题的新工具。"城市大脑"最早提出是在 2009 年，大致经历了混沌发展、有序壮大和高质量发展阶段。

1. 混沌发展阶段

2009 年到 2014 年，IBM 公司首次提出"智慧地球"，由此延伸的"智慧城市"概念极大推动了世界各个国家的城市现代化进程。"智慧地球"战略是将新一代 IT 技术充分运用到各行各业之中，因此智慧城市就是在智慧地球的大框架下，将新一代 IT 技术充分运用到城市建设之中，形成城市智慧化建设方案。全世界范围内近千个城市纷纷推出自己的智慧城市建设计划，但实施效果却不尽如人意，由于行业、部门利益问题，智慧城市不仅没有解决城市问题，反而出现新的问题，主要是因为这个阶段智慧城市的发展方向并不明晰，对智慧城市认识也不深入，某种程度上，这一阶段的"城市大脑"建设存在盲目跟风，炒作概念的意味。

2. 有序壮大阶段

从 2015 年到 2020 年，人们不仅开始思考总结智慧城市的概念和特征，同时也提出智慧城市应该具备大脑特征，不仅要有各神经元的建设，也要注重神经元网络和城市云反射弧建设。同时，这一阶段诞生了很多"城市大脑"系统，"城市大脑"由计划转为现实，如腾讯推出"We City 未来城市"和"城市超级大脑"，阿里推出"阿里 ET 城市大脑"，华为提出"城市神经网络"，科大讯飞提出"城市超脑"，360 提出"城市安全大脑"等。到 2020 年，中国数百家城市启动了"城市大脑"工程，但城市更多元素还没有纳入"城市大脑"的框架中，也没有统一的建设标准，城市内的各类数据不能完全打通，不同城市之间的"城市大脑"也无法连接。

3. 高质量发展阶段

2021 年到 2045 年，人们主要解决前一阶段面临的问题，那就是建立统一的城市神经元框架标准并展开实施，使城市内部的居民、设备、系统关联起来，更为重要的是城市之间的"城市大脑"实现有效连接。

2016 年 3 月，我国在杭州启动"城市大脑"应用，由杭州市政府主导，阿里云在内的 13 家企业参与其中，力求解决城市"四肢发达，头脑简单"的弊病，"城市大脑"诞生之初就已明确了它的使命。2017 年 11 月，"城市大脑"与其余三家平台一同入选"国家新一代人工智能开放创新平台"名单，"城市大脑"在改善城市交通治理方面的成效得到认同。2018 年 5 月，杭州市发布全国首个城市数据大脑规划，时限为 5 年，规划首次确定了"城市大脑"未来各阶段的主要建设目标和应用领域（交通、平安城市、城管、旅游、医疗、环境、信用），2018 年 9 月，"城市大脑"发布 2.0 版本；2018 年 12 月，"城市大脑"（综合版）发布，"城市大脑"步入 3.0 建设阶段。目前，全国要做"城市大脑"的有 500 多个城市，几乎涵盖了所有副省级以上和地级市。在一些大城市，基础网络和传感器都已布局到位。随着物联网、通信技术及人工智能的发展，"城市大脑"将使城市的综合治理再上一个台阶。从 2020 年开始，包括浙江、上海、安徽、广东、四川等多个省份，开始规划省一级"城市大脑"、数字政府和数字化转型，在国家级别上也开始推动一网通办、数据一体化建设等项目。

从"城市大脑"的发展不难看出，"城市大脑"已是数字城市发展新阶段的建设热点，城市数字化建设进入由简单粗放到精细智能转换的新阶段，"城市大脑"成为数字城市新阶段的代表性工程，但是"城市大脑"整体仍处于建设应用起步阶段。从全国城市建设数量来看，完成或正在建设"城市大脑"的城市比例相对较低；从建设成效上看，大部分"城市大脑"产品供给仍处于功能完善阶段，尚未形成标准统一的"城市大脑"框架体系，在应用上主要集中于交通、城管等相对成熟的领域，综合性"城市大脑"较少，"城市大脑"尚未真正成为数字城市的综合管理赋能平台。

（三）"城市大脑"架构

"城市大脑"是城市运管中心核心的智能中枢，通过对各个城市业务部门和业务系统的界面集成、数据集成、服务集成、流程集成等方面整合城市各运行系统，实现各系统在"城市大脑"这一智能中枢平台上互联共融。比如，通过视频监控、传感网络与业务系统的智能协同，实现城市运行管理事件从自动发现告警到协同业务系统完成处理的全过程管理与控制，支撑智慧城市各部门、各系统建立快速、高效的联动协同机制；依托城市信息资源数据库，建立城市运营管理分析决策模型，分析、挖掘城市运营管理领域的内在规律、发展趋势，为城市领导者提供智能决策。

1."城市大脑"总体框架

"城市大脑"总体框架可概括为"四横四纵"。"四横"是指基础设施层、融合平台层、管理应用层、决策服务层。其中，"城市大脑"的基础设施层，相当于"城市大脑"感知与神经网络系统；融合平台层，相当于"城市大脑"的认知系统；基础设施层和融合平台层构成了"城市大脑"中枢的基本平台；管理应用层，相当于"城市大脑"控制和执行系统；决策服务层，相当于"城市大脑"的神经中枢系统。"四纵"是指"城市大脑"安全保障体系、标准规范体系、运行管理体系和产业生态体系（如图 6-1 所示）。

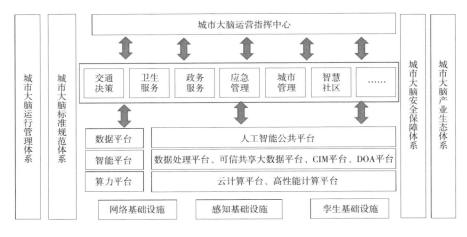

图 6-1 "城市大脑"总体框架

（1）基础设施层

"城市大脑"的基础设施层指"城市大脑"的各种实时感知设施和安全可信的通信网络。它通过各种先进的信息技术手段和网络，及时获取和汇集源自城市各种感知设施的海量数据资源，并对这些数据进行安全可信的即时计算处理和全生命周期管理。"城市大脑"基础设施层主要包括：网络基础设施（包括：互联网、物联网、移动互联网、工业互联网、区块链等）、感知基础设施（包括：摄像头、传感器、GPS、智慧灯杆等）和孪生基础设施（包括：

GIS+BIM、VR/AR/MR 等）三大类。

（2）融合平台层

"城市大脑"融合平台层包括算力平台、数据中台和智能中台三大部分。算力平台包括云计算平台和高性能计算平台，主要为"城市大脑"各种时空数据的即时处理提供强大的计算能力。数据中台包括数据处理平台，为城市决策运营提供数据支撑；可信共享大数据平台，汇聚各种数据资源并进行高效管理，实现数据跨部门的互联互通、融合共享和可信安全；基于城市信息模型（CIM）建立数字孪生城市平台，有效支撑城市规划、建设、运行的模拟与发展推演；数字对象体系架构（DOA）平台，解决复杂环境下的数据互操作问题，实现数据的确权可信、安全共享和存取访问。智能中台是主要由算法引擎、算法仓库、算法训练和算法服务开放 API 等组成。智能中台应具备面向"城市大脑"各种应用场景提供 AI 算法与模型能力，提供人工智能应用构建全生命周期支持，支持各类开发人员全角色协同工作，提供包含机器学习、深度学习和联邦学习的算法级、组件级、引擎级和应用级全栈输出能力。

（3）管理应用层

"城市大脑"管理应用层是"城市大脑"的业务应用场景。管理应用层经由基础设施层和融合平台层对城市全要素和公共事件的及时感知和智能化处理而发挥作用，主要包括政务服务和管理、城市网格化管理、突发公共事件应急管理、交通管理、公共安全管理、卫生健康管理、生态环境管理、社区智慧化管理服务等系统。

（4）决策服务层

决策服务层指建构于"城市大脑"基本平台和各行各业系统之上的综合决策和服务应用系统，主要包括："城市大脑"运营管理中心、"城市大脑"决策指挥系统、"城市大脑"公共服务系统。"城市大脑"运行管理中心负责"城市大脑"的日常运行管理，"城市大脑"决策指挥系统主要面向城市领导人和各部门领导提供"城市大脑"各种决策支持服务，"城市大脑"公共服务系统主要通过移动互联网等方式向企业、市民提供便捷的城市各项公共服务。

"城市大脑"的"四纵"架构主要包括安全保障体系，从管理机制、保障策略、技术支撑等方面构建全方位、多层次、一致性的"城市大脑"安全防护体系，加强数据安全保护和个人信息保护，切实保障"城市大脑"基础设施、平台、数据、应用系统、决策服务系统平稳高效安全运行；标准规范体系，"城市大脑"标准规范体系包括项目顶层设计、基础设施、公共平台、数据资源、智慧应用、安全保障、项目管理、运行管理等方面的标准规范和制度；运行管理体系，建立健全"城市大脑"基础设施、平台、应用和决策服务系统运行维护以及相关的服务流程管理、维护服务评价，加强系统建设和应用的绩效考核、投资效益评估、运营改善等，形成分层管理、权责明确、保障有力的"城市大脑"运行管理体系；产业生态体系，一方面，需要一大批掌握上述核心技术的创新型 IT 企业提供技术支持和解决方案；另一方面，"城市大脑"为数字产业的发展提供了巨大的市场机遇。

2. 业务架构

业务架构主要反映了用户与政府间的逻辑联系。社会公众和企业连接政府的渠道包括应用程序、政务热线、政务网站、政务大厅、智能终端，多种渠道形成业务协同，依靠"城市大脑"技术支撑开发出多种应用场景，覆盖教育、卫生、安全、城市管理、社区治理等生活的各方面。总体来说，应用场景包括数字政府、社会治理、精准服务、产业经济等主要方面，数字政府主要职能是企业公民精准认证、数据溯源监管、政务服务一网通办、政府权力监督等，使得政府运行效率提升、服务效能提高、监管职能更加精准；社会治理主要开展社区人口分析、市域社会治理、网格化管理、防汛防台应急联动等，打通数据治理流程、增强社会治理能力；精准服务满足不同服务要求、及时响应服务需求，例如安心就医、交通畅行、旅游无忧、车主便捷服务、透明租住等；产业经济应用能够进行全景洞察、产业园区画像、产业关联图谱、产业景观、政策评估，从而支持经济运行全面展现、辅助产业经济决策。政府则主要通过 OA、移动办公和城市运行管理中心实现数据融合和服务反馈（如图 6-2 所示）。

图 6-2 "城市大脑"业务架构

在原有部门垂直业务应用基础上，"城市大脑"对横向融合型场景具备较强的支撑能力，通过业务应用场景为公众侧和政府侧提供场景式服务。公众通过线上线下服务渠道，体验融合于生活的具备较强业务协同性的应用场景，政府则以数据流动减少部门之间的壁垒，打造统一的政府工作体系，以城市运行管理中心为行政载体，形成数据融合支撑业务应用的数字政府格局。

3. 数据架构

数据是"城市大脑"建设的核心资源。按照"集中统一管理、按需共享交换、有序开放竞争、安全风险可控"原则，推动存在于政府、企业、社会组织等部门的数据资源汇聚互联，加强数据治理，加快建设基础数据库、主题数据库和专题数据库，加强数据资源全生命周期过程中的安全管理和风险防控，形成覆盖全地域、全行业领域的数据枢纽。

图 6-3　"城市大脑"数据架构

"城市大脑"数据主要包括原始数据、标准数据、基础数据、主题数据、专题数据五类，根据不同需求抽取不同数据，实现数据服务共享。其中，原始数据是最基础的数据，可以实现跨部门、跨领域、跨层级数据的集中汇聚（如图6-3所示）。

原始数据层中存放的数据和原始数据通常保持一致，或根据具体需求进行分库分表存储。原始数据层通常存储一定时期内的数据，也可以根据需求保存全量历史数据。将数据从原始数据层抽取到标准数据层后，参考国标、地标等一定标准对数据进行统一标准的转换，解决原始数据在标准方面存在的普遍问题，如字段属性不一致、值域字典不一致、业务含义不一致、表达式规则不一致等。基础数据层将多部门、多层级、多业务场景都需要使用的数据抽取到基础库，实现基础数据的清洗融合，解决基础数据存在的重复、冲突、格式不一致等质量问题。主题数据层以具体业务场景为核心，实现跨部门、跨领域、跨层级数据的清洗与融合，解决主题数据因为分散而存在的重复、冲突、格式不一致等质量问题。专题数据层实现数据质量提升与数据分析挖掘的解耦。专题数据层衔接基础数据和主题数据，围绕具体业务场景，进行数据统计分析、模型训练、规则推理、标签画像等分析操作。

上述各类数据，根据业务需求被抽取出来，就是实现数据服务共享，通过库表交换、文件交换、API 接口、消息接口等技术实现方式，对外封装发布成数据服务，满足跨部门、跨领域、跨层级业务协同的数据需求。在共享服务层，需要根据业务场景进行必要的脱敏、加密、水印、消费方服务器 IP 绑定等安全管控操作，保证数据安全。

（四）"城市大脑"面临的问题与挑战

"城市大脑"在应对社会治理、交通管理、政务服务、治安防控等应用场景方面成效显著，全国各地开展智慧城市建设，"城市大脑"更是成为首要建设目标。然而"城市大脑"发展还处于幼年时期，加之城市治理的复杂性和服务需求的多元化，"城市大脑"的潜力还有待进一步挖掘，"城市大脑"的高效运行还存在一些问题与挑战，面临业务难协同、边界不清晰、资源难汇聚、模式不完善、安全难保障等，这些都是今后"城市大脑"建设完善的方向。

1. "城市大脑"依然"条块分割"。各城市、各部门普遍开展业务系统建设，例如有的主要聚焦交通治理，有的主要聚焦社区智慧管理等，与其说是"城市大脑"，但多以"业务大脑"的形态来呈现。"城市大脑"建设在数据融合、业务贯通、智能决策等方面有所欠缺，"一体化、跨部门、融数据"的业务流程办理模式尚未形成。各地"城市大脑"建设运营多注重物理运行指挥中心建设、系统和业务功能扩展升级，在统筹协调调度机制方面仍需加强。

2. "城市大脑"的定义内涵、建设目标、应用场景、业务流程、管理模式等方面尚未形成统一认识，缺乏相关标准和规范。不同城市对"城市大脑"的定位、理解和需求不同，导致顶层设计和技术框架也不尽相同，这给未来

"城市大脑"间的融合与统一造成障碍，还需要构建"城市大脑"标准体系，从当下谋划长远，避免重复建设等问题，为今后推动"城市大脑"在更广范围的融合发展打下基础。

3. 数据共享和安全保障不足。"城市大脑"有效运行依赖于数据汇聚和共享，而事实是，不同行业数据管理模式不同、数据内容质量不一。此外，数据统一共享还存在主观掣肘现象，数据治理难见成效，失去数据支持的"城市大脑"面临功能缺失，还需加强城市数据治理制度建设，促进数据要素高效配置，发挥城市数据大脑价值。另外，"城市大脑"建设涉及相当多的信息基础设施和数据分析等软技术支持，我国具有自主知识产权的软硬件设施较少，"城市大脑"信息安全难以保证。

4. "城市大脑"建设存在资源壁垒。"城市大脑"建设运营前期投资大，技术要求高，通常采用政府主导和社会资本参与的投资建设运行模式，以提升"城市大脑"可持续运营水平。然而因区域现状、经济情况、个性化需求和技术能力等原因，多数城市在推动"城市大脑"过程中，投资、建设和运营缺乏模式创新，流程管控、考核奖惩、管理运营等监督管理体系缺乏，难以提升投资环节的市场化程度和资源优化配置效率，形成政府提供场景、企业协同创新、高效持续运行的智慧大脑样板。

二、推动"数字网格"进程，构建基层社会治理新格局

（一）数字网格概念

理解数字网格概念，可以从理解"网格"和"数字"入手。

网格是将城市管理辖区按照一定的标准划分成单元网格，通过划分网格达到管理精细化、服务无缝隙，推动社会治理能力和治理水平现代化。城市网格化管理，是将城市管理辖区按照一定的标准划分成单元网格，通过加强对单元网格的巡查，建立一种监督和处置相互分离的管理与服务模式。党的十八届三中全会审议作出的《中共中央关于全面深化改革若干重大问题的决定》提出，要改进社会治理方式，以网格化管理、社会化服务为方向，健全基层综合服务管理平台，及时反映和协调人民群众各方面各层次利益诉求。

数字指的是数字技术手段。

简单而言，数字网格即为数字技术赋能社会网格化管理的过程，它是以网格单位为基础、以信息技术为核心、以精细化管理为目标和以社会化为手段的新型城市治理模式。通过数字化的手段，能够加强对单元网格内的要素和事件巡查，能够帮助政府主动发现、及时处理，加快政府对城市的管理能力和紧急事件处理速度，提升对公民的服务质量。

在社会治理领域，"用数据决策、用数据服务、用数据治理、用数据创新"逐渐成为共识，各地深入贯彻落实习近平总书记关于建设网络强国、数字中国、智慧社会的部署，积极推动网格化社会治理智能应用平台建设。例如，《天津市民政局关于印发推进社区网格化管理和服务的指导意见》第2条规定，社区网格化建设是以社区管理信息平台为支撑，把社区划分成若干个网格单元，社区工作人员进入各个网格中，建立"一岗多责，一专多能，以块为主，条块结合"的运行模式，使社区的管理服务变平面为立体，变条状为块状，实现"横到边、纵到底、无缝隙"的对接，为网格内居民提供全方位、全过程、全覆盖动态服务，实现"责任网格化、平台信息化、管理精细化、服务人性化"的目标。

数字网格是社会治理领域的重要创新，助力实现社区网格化管理。它是依托统一的城市管理以及数字化的平台，运用数字化、信息化手段，以街道、社区、网格为区域范围，以事件为管理内容，以处置单位为责任人，通过网格化管理信息平台，实现市区联动、资源共享的一种城市管理新模式。数字网格改变了原有社区治理的模式，具备快速感知、快速反应的能力，同时也改变了基层治理中的主体关系和治理流程，表现出不同以往的新治理特征。

一是组织结构重塑，治理主体合作化。依托社区数字信息平台、宽带网络、终端设备等基础设施，使信息交流和沟通更为便捷和人性化，作为各个治理点的主体信息传达成本降低、效率提升，相应地，组织结构走向扁平化、网络化。处于整个治理网络中的个体、基层党组织、居委会、业委会、物业管理公司等主体，知识的交换、信息的互通成为可能，治理流程不再依靠传统政府组织架构下的组织利益和职能，而是更倾向于满足社区公共服务的需求。治理的有效性不再仅仅依靠政府，而是各主体共同参与合作的结果。

二是资源共享，权力分散化。在网络中，个人或组织可以相互联系，可以采取联合行动，却不用建立一个有形的或正式的实在机构，在数字化社区治理结构中，权力结构由控制型向分权型发展，决策结构也由垂直式向交互式发展。权力更多地回归社区公众，让其有更多的机会参与社区事务的决策、监督，提高了权力的效率，推动了基层社会的民主进程。同时，随着网络技术的发展，公民获取信息的渠道更为多元快捷，数字平台又提供了政治参与渠道，公民政治参与的兴趣提高，有了更多直接参与的机会，权力运行表现出分散化特征。

三是服务导向，治理方式人性化。数字网格为各治理主体建立了独特的运行模式，政府部门、社区企业、自治组织、社区民间组织和社区公民可通过数字化网络平台进行信息资源的充分流动，充分消除传统社区组织体系中由于时空不统一造成的信息不完全，为社区公众的直接参与和表达提供了畅通无阻的渠道。通过数字网格，居民能够及时反映自身需求，并建立处理过程的跟踪反馈机制，社区必须做出及时的回应。同时，数字网格也是主动征询公民意见、解释政策和回答问题的重要通道，保证社区公众最大限度地参与社区公共事务决策程序，充分表达自己的愿景，并实现对公共政策执行的监督。

（二）数字网格运行机制

1.数字网格技术架构

数字网格运行主要依托于智慧平台，同样也需要"城市大脑"的支撑以及各行业的支持，形成数字网格运行的良好生态。数字网格建立市—区/街镇—社区的分级管理体系，形成由社区上传、城市运行管理中心下达、社区反馈的总体技术路线（见图6-4）。

数字网格运行过程中，最突出的特点在于平台的运行，包括基础数据平台、统计分析平台、互动平台、社情民意平台、考核评比平台、指挥中心平台和督查督办平台，其中基础数据平台涵盖了社区地域、空间人员等一系列信息，如地图信息、小区信息、楼栋信息、房屋信息、人口信息、校园信息、党建信息、治安信息、经济发展信息等内容。统计分析平台，则能够智能化统计当前系统内所有数据，并以柱状图、饼状图等呈现分析结果，也可进行案情分析。

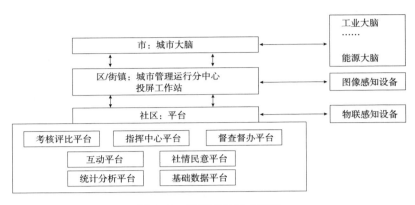

图6-4 数字网格技术架构

社情民意平台，是指对街道、社区、网格以内发生的事件、民众的矛盾纠纷、问题隐患以及社会治安等事件开展调处整治、督查督办的平台。互动平台，是为百姓提供的和各级管理人员互动的平台，社区的居民足不出户就可以随时随地把他们的各类问题和建议发表到网站上，为百姓提供一个反馈诉求的渠道，让百姓参与并监督社会管理。督查督办平台主要包括排查登记模块、待处理事件管理模块、事件列表管理、事件统计管理等，督促社区更好更快解决群众诉求。

考核评比平台，主要设计相应指标，并跟踪平时其他模块事件处理情况，对社区进行考核评价，包括日志管理和绩效评估管理模块。

指挥中心平台，包括公告管理模块、个人通知管理模块、通知管理模块、短信管理模块。

随着新技术的发展，智慧社区成为数字网格的一个发展方向，社区智能感知能力更强，很多社区加装烟感、燃气、活体探测、移动紧急按钮、地磁等物联网装备，通过物联网设施传输数据，全方位、实时掌握社区情况，社区预警能力、防灾能力、统筹资源能力、助老助残等服务能力得到进一步提升。同时，上一级城市运行管理分中心、"城市大脑"等更高级别的平台，通过其更加强大的数据汇聚能力和数据处理能力，支持数字网格的高效运行。

2. 数字网格治理逻辑

数字网格为社区中的治理主体赋能，在需求端，汇聚、汇总社区治理中公众、企业、社会组织各种各样的需求，并通过移动端等将需求传送至数字中台，优化需求反映渠道。通过数字中台进行分类处理，对于常规事件，数字系统能够自主实现智能处置，对于需要多部门协同合作处理的事件，数字网格能够设置多个节点，实现标准化处置，通过线上协同办公，快速回应需求，而对于非常态、突发性事件，数字网格则能发挥数据支持、事件分析、帮助判断、预测发展、辅助决策的作用，帮助政府部门快速响应，提高应对非常规事件的应急反应能力。值得注意的是，无论是哪一种事件处置，数字网格下的社区管理都是以解决多元主体的需求为出发点和落脚点的，社区中的主体能够主动、及时、精准提出诉求，并且通过数字网格实现处置过程跟踪，最终将事件结果反馈给社区中的需求者，如此一来，对多元主体的服务功能成为核心，社会治理重心下移，社会治理流程升级（见图6-5）。

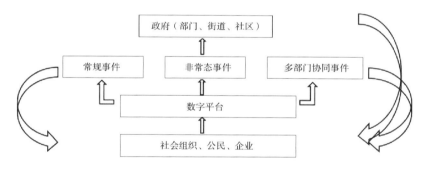

图6-5 数字网格治理逻辑

数字网格的应用取得了很大成效，公众的获得感、幸福感得到显著提升。仔细思考其中的原因，不难发现，取得这些成绩的背后，不仅是数字赋能下效率的提升，更多是社会治理逻辑的转变，如治理理念、组织结构优化、对居民参与的调动等，主要体现在以下几点。首先，从"统管一切"转向协同合作治理，在数字网格中，政府、企业、社会组织以及广大市民群体实现了多方参与和协同合作，网络化、数字化的诉求方式大大降低诉求反映成本。而应对诉求上，数字治理技术与平台则为政府官员提供了有力的辅助工具，从而帮助官员更快和更有效地倾听群众呼声，响应群众诉求，化解群众难题。相互协同合作的治理方式不仅是高效的方式，同时也改变了民众和政府的关系，促进良性循环，形成新的社会治理格局。其次，推进治理结构变革，数字技术的应用，改变了政府条块分割的局面，通过打造数据集成、互联共享的枢纽型平台，很多有价值的信息在政府部门间有效流动，传统科层制政府多层级结构得到压缩，横向部门间的协同进一步增强，政府的每个部门和官员组成了治理网络中的单独节点，从而极大地增强了网络内协作共治的可能，对传统科层制政府组织架构、治理模式、政策制定等带来重大变革，由此也必将带来治理流程再造、组织更新等情况，为现代科层制政府的深度变革提供了重要经验。最后，社会治理格局得到优化，技术赋能打破了信息与资源的壁垒，更多公众有能力、有渠道参与社会治理，民众可以通过社交工具、移动终端深度参与其中，通过数字平台，吸纳多方主体参与，融合了公众意见与诉求的治理政策更能有针对性解决问题，避免了问题上交和矛盾升级，实现社会治理重心的下移，构建社会治理新格局。

（三）存在问题与对策

数字网格改变了社会治理的格局，提升了治理效率，让居民获得更为优质的服务，但面对居民日益复杂化的需求，无法否认的是，数字赋能社区治理还存在很多短板，制约着社区数字化转型。

1. 面临推进瓶颈

数字化转型需要投入大量财力、物力，以政府为主导的数字转型中，财政承担了这笔巨大开支，然而各地经济发展水平不一，经济欠发达地区没有足够的力量投入其中，即使开展社区数字化建设，往往也是照搬经济发达地区模式，其适配度低。另外，在已经数字化的社区中，数字设施的维护和升级是一笔不菲的费用，更是一笔需要长期投入的资金，而很多社区都无力支付费用，数字化建设停滞不前。在推进社区数字化转型中，要根据实际情况分步实施，避免盲目跟风，造成资源的浪费。同时，"数字化"已成为治理的重要手段，政府在财政预算中应与时俱进，充分考虑新的工作情况，加大对信息化建设和升级的支持力度，也要创新多种共建模式，让更多社会组织参与进来。

2. 数据共享的制约

近年来，各级政府积极推进简政放权，职能部门下放权力时把行政工作下放到社区，在将数字技术运用到基层社区治理过程中，却没有实现"一个平台""一个端口"，社区工作人员登录不同职能部门的平台，完成信息报送，所用信息报送渠道加在一起，多的竟有四五十个，非但没有给基层人员减负，反而使其负担更重。之所以未形成"一个平台"，原因在于数据采集使用未实现共享，各部门独立行政，专注于研发自己的系统，在信息融合的合作上缺乏主动性。另外一个原因是，基层社区数据获取受限，很多信息出于数据安全等原因，社区无法获得在基层治理实际工作中的十分重要的信息，社区治理效能无法得到真正提升。为了更好地发挥社会治理数据库的作用，需要打破辖区、部门之间的数据壁垒，建设集中统一、操作简便的社会治理大数据平台，实现社会治理基础信息一体化采集，做到一表采集、一次录入、多口应用。

3. 存在"数字鸿沟"

数字治理依赖于平台的运转，需要社区中的多元主体共同参与，这就需要每个参与其中的人都具备一定的数字素质。而现实是，社区中的部分年龄偏大的人由于受到视野、技术水平、学习能力等因素的限制，对线上治理的认知度不足，不会用或者不愿意用数字治理平台，从而极大影响他们参与线上治理的积极性，久而久之就让数字治理成为年轻人的游戏，一条巨大的"数字鸿沟"便横跨在不同年龄段之间。并且随着数字化的推进，线上的数字治理模式将成为最主要的形式，这可能会导致收到的反馈越来越局限化。其次，由于居民个人违规行为通过摄像头来捕捉追责，并且目前缺乏相应的社区治理方面的法律规范和硬性惩罚措施，社区工作人员只能通过宣传教育等柔性手段加以规范，使得社区在居民心目中的权威效应不够，宣传无法得到居民的积极响应与配合。因此数字治理的规范指向对象更多的是商户，而对居民的个人行为缺乏有效约束力。在运用数字治理的时候，必须充分考虑到老年人、残疾人等社会弱势群体的基本需求，让数字技术真正满足各群体的需求，使居民生活更加便捷舒适，而不是只为掌握数字技术的群体服务。在运用数字技术时，应设计使用便捷、操作简单、容易上手、页面布局清晰明了的交互平台，降低使用门槛，注重人性化治理模式。

4. 数字化转型存在安全风险

在数字化转型过程中，数字技术是发展的原动力，数据是宝贵的资源财富，这必然会不断带来新的安全挑战与风险。权力下沉到社区，意味着数据、技术接触面更大了，信息泄露的风险增强。另外，不同平台的安全层次不一，数据的安全存储也是重要的问题，推进数字化建设要守住安全这个底线。要牢固树立总体国家安全观，将基层治理的数据安全摆在重要位置。强化政府监管，制定法律法规约束居民信息采集行为，对违法行为加大惩治力度；借助市场的力量，探索建立安全市场的第三方制衡机制；运用专业的信息安全技术力量，完善社区治理数据库的技术防护措施，筑牢数据安全的防火墙，为隐私保护架起坚实屏障。社区内部做好居民信息分类，根据社区治理数据的敏感程度，进行分级保护，将其设置为不同的共享公开权限，确保数据存储、使用、维护的安全性。各方协同发力，才能构筑个人信息安全的立体防护网，防范数字化治理的潜在风险。

三、完善"数字监管"系统，创新市场监管的理念和方式

数字技术深刻影响了我们的政治、经济、社会甚至个人生活等各方面，生产能力的大幅提升和生产关系的重构日益显现，经济社会的迅速变迁呼唤政府治理革命性转型，数字监管就是数字政府建设中一项重要的工程，数字化、科技化、智能化的监管能力建设成为关键任务。数字监管领域的发展可以说经历了"从一到多"的发展历程，数字监管发端于市场监管领域，也发展得最为成熟，正是有了数字技术的赋能，市场监管才有能力从"强监管"转变为"常态化监管"。

（一）"数字监管"系统发展历程

1. "数字技术＋监管"的政府信息化开端。第一个阶段是从 2012 年开始到 2015 年《国家电子政务"十二五"规划》结束，这一时期为我国市场监管信息聚合和互动奠定了信息化基础。2012 年《国家电子政务"十二五"规划》开始推进国家级药品安全监管、食品安全监管、安全生产监管、市场价格监管、金融监管、社会信用体系等监管领域的重点工程建设，标志着我国市场监管信息化转型的开始。

然而，这一阶段只是将互联网信息技术视为监管的辅助运用工具，力求完成从纸质办公向无纸化办公的迈进，做到对信息机械化采集和堆积。实际上，数据库并没有在实际的市场监管工作中发挥其应有的作用，因此监管工

具和监管方式上主要延续传统以市场准入控制为基础的"命令控制型"监管，政府与市场和社会的信息互动并没有本质上的变化。

2. 数字技术嵌入的监管业务。这一阶段主要是"十三五"期间（2016—2020 年），数字监管能力得到长足发展，更多新技术发展起来并得到应用，如物联网、云计算、大数据、人工智能、机器学习、区块链等，为数字监管系统的形成打下技术基础。随着"放管服"改革的深入，市场监管开始从"政府背书式"审批转向放宽市场准入门槛，加强事中事后监管，"明规矩于前、寓严管于中、施重惩于后"的监管模式基本成型，2018 年组建国家市场监管总局后，总局在"三定方案"中明确"互联网＋监管"是重要发展方向，2019 年政府工作报告中进一步明确推行"互联网＋监管"改革，加快部门之间、上下级之间信息资源的开放共享、互联互通，打破"信息孤岛"，重构事前、事中、事后监管业务流程，促进跨地区、跨部门协同监管。

这一阶段的数字监管能力建设进入实质阶段，促进了监管信息统一聚合、整合了监管业务、加强了信息互动、改变了监管模式，"一网通办""一站式办理"就是这一阶段的重要代表，市场监管的效率、服务的质量得到全面提升。然而，仍存在监管机构依据监管数字信息分配监管资源、使用监管工具、执行监管政策的意识并不强的问题，同时对发挥其他监管主体的协同能力重视不足，跨地区、跨部门的信息获取仍较为困难。另外，数字监管手段难以跟上新业态、数字化市场发展的监管要求。

2021 年以来，我国市场监管开始探索数字赋能的多元共治转型。2022 年6 月，《国务院关于加强数字政府建设的指导意见》明确要求"充分运用数字技术支撑构建新型监管机制"，国家市场监督管理总局颁布《网络交易监督管理办法》，对网络交易平台经营者的责任义务进行明确，平台企业不再单纯是被监管对象，同时负有市场监管的职责，形成了监管机构对平台主体相关监管责任的授权，促进了私人监管与公共监管的融合。在实践中，已有相关案例，如"互联网＋明厨亮灶""智慧电梯安全监管""黑猫投诉平台"等具体场景，通过数字技术与具体监管场景的融合，实现监管信息在相关监管部门、企业、协会组织以及社会公众等多元主体中的实时流动、开放共享和互动联通，提升共治能力。这一阶段发展时间尚短，也是今后数字监管发展的进行之时和未来之时，数字赋能多元监管仍需要不断论证、探索、实践，找到符合实际、易于推进的有效合作模式。

（二）数字监管系统框架

数字监管系统总体框架由数据中心、融合平台、应用平台、客户端等部分组成。数据中心包括市场监管数据、互联网数据和其他系统数据，其中市场监管数据主要来自市场监管共享基础数据库（基于统一社会信用代码、组织机构代码、产品追溯码的综合监管数据库）、市场基础主体数据库（市场准入、质量监管、市场行为监管、消费维权、食品药品监管）、元数据库、市场监管综合数据库、数据库访问接口、市场监管数据资源目录。互联网数据和其他行业数据来自系统之外，通过数据交换库生成，获得与市场监管相关的其他数据（如图6-6所示）。

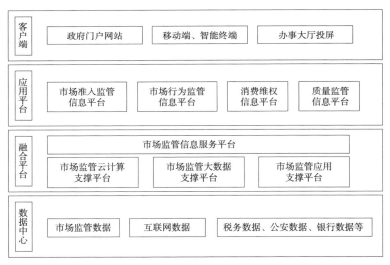

图6-6 数字监管系统框架

融合平台主要由市场监管信息服务平台发挥数据共享、业务协同功能，依靠市场监管应用支撑平台、市场监管大数据支撑平台、市场监管云计算数据存储平台为基础服务提供支撑。主要完成数据的分析、整合和处理。

应用平台，建设市场监管业务应用系统和基于平台的应用系统，每个应用系统，又包含综合管理应用、协同监管应用、信用监管应用、公众服务应用、大数据监管应用，对应到市场监管领域，包含但不限于市场准入监管信息平台、市场行为监管信息平台、消费维权信息平台等。

客户端则是面向公众的可视化终端，包括政府门户网站、移动端和智能终端（应用程序和自动办理机器）、办事大厅投屏等。

数字监管系统的目标导向是预防性、精准性和适应性。不同于问题发生后再进行监管的被动型应对方式，数字监管强调以预防为原则，通过对潜在市场风险的排查和监管，推动监管关口前移，从而更好保护公众和市场秩序。为摆脱长期以来监管资源对监管能力的制约，更好地回应监管需求，数字监管能力建设方向之一是基于信息聚合，精准研判监管风险，精准定位监管需求，精准投放监管资源。此外，为进一步理顺"技术—制度"关系，数字监管倡导运用适当信息针对适当监管情境进行适当回应，进而敏捷地调适监管制度、监管工具和监管方式，构建更为灵活、弹性的制度体系，增强监管主体适应数字时代复杂问题的能力。

监管信息空间是数字监管系统建设的重要抓手。数字经济、数字政府、数字社会的建设，推动监管空间与数字化信息空间的融合，促进了以治理问题、具体监管场景为导向的监管信息空间构建。监管信息空间中，信息聚合将实现规模效益，多元主体也从单一线下互动升级为线上线下双重互动，实现聚合信息、业务场景、监管主体三者的相互适配、互动调适，提升数字监管效能。

数字监管系统的主体是监管空间中的多元监管者。监管空间中除政府外，企业、行业协会、消费者、媒体、社会组织、研究机构等其他主体也拥有不同程度的监管资源，特别是信息资源。各监管主体基于信息聚合，在协同互动中采用监管手段和工具对市场主体及其行为加以规制。

（三）数字监管系统应用

数字监管起源于市场监管领域，其主要职能是规范市场秩序、保证产品质量、优化公共服务。数字监管系统在市场监管领域应用较为成熟，同时，数字监管系统的应用也开始蔓延到其他领域，如组织机构内部监管等。

数字市场监管应用主要分为以下几类。

1. 行业行为数字化监管

行业行为监管数字化模式是指行政部门运用数字化手段而达到建立统一

标准、规范行业行为目标的监管模式，现有的实践多集中在安全领域，例如食品安全、设备安全等，一些典型做法包括天津开发了食品安全追溯平台和冷链食品追溯系统，浙江则上线了"浙冷链系统""浙食链系统""浙江外卖在线""浙江特种设备在线"等，它们分别在食品行业、网络餐饮行业和特种设备行业开展数字化常态监管。以食品防伪溯源为例，它利用物联网技术将传感器设备应用到食品生产和运输环节，实时监控食品的温度、湿度、运输轨迹等信息，保障食品质量，利用区块链技术监督和记录食品从生产、流通到销售的每一个环节，利用大数据技术等，收集、分析和处理大量的食品相关数据，实现对食品的来源、加工过程、运输情况进行跟踪和溯源，从而保证食品质量和安全。同时，食品数据向消费者开放，能够实时完整地了解食品情况，形成对消费者信息透明。

2. 市场行为监管数字化

市场行为是指企业在充分考虑市场的供求条件和其他企业关系的基础上，所采取的各种决策行为。市场行为数字化监管模式就是运用数字化手段实现对市场行为全过程监管的一种新模式。目前，市场行为监管数字化已在很多城市推行，其中"浙江市场在线""浙江企业在线""浙江质量在线"三者属于典型的市场行为数字化监管模式。以"浙江市场在线"为例，它包括市场发展、合同管理、放心消费、权益保护四大市场监管业务领域，涉及质量控制、食品安全、综合执法等多项职能，同时与商务、建设、税务等多部门紧密联结，聚焦老百姓最关心的问题，其中农贸市场"物联感知"+"比价神器"应用已超过1000家。同时，聚焦格式合同霸王条款，"浙江市场在线"突出合同监管、执法和规范的"一链式"闭环管理，进一步加强以商品房买卖合同为代表的9大类21个行业的合同格式条款法定备案，创新研发疑似霸王条款 AI 智能比对系统，以人工智能技术为主，专家评审为辅，为企业备案的合同全部开展智能识别。

3. 公共服务监管数字化

公共服务数字化监管模式是指运用数字化手段而实现优化公共服务、提升服务水平的一种新监管模式，公共服务监管数字化主要功能是给企业、专利以及执行活动等公共信息提供信息公开和公开查询服务，通过对企业信息查对、知识产权保护、企业信用、市场监管执法等有效信息提供，运用数字化手段，创新打造两大应用系统，以此来解决知识产权保护和市场监管的难题，持续优化营商环境，更好地激发全社会创新创造活力，形成了一系列例如"浙江企业在线""浙江知识产权在线""浙江执法在线"等公共服务数字化监管模式。以"浙江企业在线"为例，它打造了"企业全生命周期一体化管理"的服务平台。"浙江企业在线"围绕市场主体注册、变更、年报、管理和注销5个环节9大核心任务，通过数据共享、流程再造、业务重塑、部门协同，构建业务闭环，以企业需求为导向，专区设置了"我要办事""我要报送""我要帮助""我要发布"四大功能模块，创新打造40个应用场景，囊括办照办证、整改报送、信用修复、信息查询等173个涉企服务事项，实现一站通办、一键直达、一次办结。除了提供一体化服务，"浙江企业在线"还延伸到事中事后监管，聚焦市场主体动态信息难以准确掌握、统计分析费时费力等问题，"浙江企业在线"将全程电子化登记系统、企业信用信息公示系统、企业信用综合监管系统等企业办事业务系统进行有机融合和集成，从区域、行业、信用等维度"一屏"展示市场主体全貌，"一键"生成日报、周报、月报、季报、年报等动态分析报告，"一码"汇集许可审批、执法监管、检验检测、投诉举报等所有涉企信息，依托统一社会信用代码记于企业名下，能实时查看市场主体发展核心指标，查阅动态分析报告，系统提示信用风险，实现市场主体精准画像。

4.其他领域数字化监管

市场监管领域的成功试验，也启发着其他领域数字监管系统的建设与运行，例如海洋监督检查、金融案件办理等。针对各涉海执法单位协同机制不健全，信息孤岛现象明显的问题，浙江舟山自主研发搭建海洋检察智慧监督平台，推行数字监督治海。利用监督平台，检察机关办案人员搭建了数字化线索筛查新模型，梳理生态环境部门行政处罚案件信息数据与公安行政拘留案件信息进行建模比对，摸排出属于逃避监管的方式违法排放污染物案件，精准锁定非法排污企业，并通过检察建议督促相关部门依法履职，严格依法办理适用行政拘留的环境违法案件。舟山检察机关推进"个案办理—类案监督—系统治理"的大数据法律监督探索实践，2022年，舟山市检察院创建以提前介入引导取证、行刑案件线索互通、类案综合分析应用为三大核心板块的海上安全执法司法行刑共治平台，借助平台大数据资源，实现监督关口前移，打通执法司法数据共享的"最先一公里"。[①] 再如，宁波市委编办构建机构编制问题及时主动发现、有效解决闭环机制，依托数字化手段，上线应用机构编制预警监督平台，实现精准识别问题、智能预警问题、问题在线督办反馈的一体化运行模式，为强化机构编制事中事后监管和风险防控提供有力支撑。机构编制预警监督平台聚焦违规设置机构、违规配置机构职能、违规核定和配备领导职数、违规使用编制等 4 类机构编制重点问题和 151 个高频风险点，由平台对区域内机构编制运行状况进行动态"巡查"和数据校验，全市所有部门（单位）机构编制违纪违规问题实时在平台"一览无余"。平台能够自动运行风险预警模型，记录、分析风险监测结果，明确整改要求、承办单位、责任领导和办理时限，以机构编制函告形式通知部门主要领导落实整改。建立上下联动、纵横协管的双向互通渠道，市县两级编办通过该平台实现问题预警数据流、业务流、信息流的实时同步更新和交办整改反馈。此外，通过平台智能化催办督办、自动化提示提醒等功能，解放烦琐低效的人工劳动，改变传统督查督办工作主要靠人工电话频繁催办和文件督办等手段，避免出现传达失误、工作拖延、工作遗漏、办理汇报不及时、督办不到位等现象发生。

（四）数字监管发展展望

数字监管是政府数字化改革的关键一环，数字政府转型中遇到数据孤岛、协同治理、数据安全、资源壁垒等问题，数字监管接下来的发展仍需克服这些问题，在完善数字化市场监管上也出现了新的实践创新，即区块链应用至市场监管之中，这也是下一步数字市场监管的一个发展方向。另外，数字监管在市场监管领域的成功应用，必将启发其在更多领域的拓展。

1. 区块链技术融入市场监管之中。目前，市场依然是中心化结构，政府依然是大量中心化的信息和资源的主要掌握者，林立的"数据孤岛"阻碍了信息流动，进而限制了交易成本进一步降低的可能。区块链可以实现"去中心化"，促进政府、企业、社会组织"多中心""多主体"的互动协作，逐步

[①] 《舟山打造法律监督最有力"海岛样板"》，《浙江日报》2022 年 9 月 28 日，http://zjrb.zjol.com.cn/html/2022-09/28/content_3589911.htm。

改变过去政府对市场"单中心"的监管，重塑政府市场监管与市场关系。区块链分布式存储可以消除过去分属工商、质检、认证认可、市场价格、商标、专利和风险监测等政府统一监管后的"数据孤岛"，利用区块链技术对市场监管内部组织流程进行再造，调整权力结构，进而实现信息跨边界、跨范围、跨隶属的共享，以提升市场监管的效率。基于区块链数据分布式账本、不可篡改、可追溯的特点可以将现有的业务流程进行重组和优化，能够实现在链上办理一次业务，链上其余所有节点都可以认可，从而避免重复提交材料、重复审批，有利于提升工作效率。

2. 数字监管延伸应用。数字监管的延伸，一方面是延伸至其他领域，如海洋巡查、案件侦办、资源使用监督等，需要根据不同领域的具体需求，利用大数据、云计算、物联网等数字技术建设不同领域数字化智慧平台。另一方面就是数字监管如何实现对"数字"的监管，保证数字经济发展秩序和虚拟空间内的良性发展。对于平台经济，可以建设国家网络交易监管平台，提高线上市场风险监测和预警能力，加快智慧监管信息化工程建设，形成以平台监管平台的信息空间，不断创新监管工具，提升监管效能。同时，强化网络交易跨区域执法协作机制，加强监管联动、跨省通办、联合执法。

3. 市场监管与其他系统的数据连接与交换深化。市场监管不是单一的、闭门运行的系统，同时需要其他社会组织基础数据和其他部门的应用数据，如信用数据、税务数据等。要建立政府市场监管与征信部门、协会组织、新媒体等组织间的分布式信用数据共享机制，构建全局式防篡改的信用数据网络，全面建立市场主体信用记录，同时加强信用监管，开展全覆盖、标准化、公益性的公共信用综合评价，并健全失信联合惩戒对象认定机制。

四、打造"数字信用"体系，加速社会信用体系的重构

基于金融数字化的数字信用红利正在到来：数字信用不仅使个人可以低廉、便利地获得身份认同、就业机会、资本支持，建立个人的数字信誉，也使企业的各类金融交易的认证、征信、风险测评等更加规范和合理，整个社会建立数字信用体系，降低交易成本，让各类欺诈无所遁形，甚至实现数字信用的直接变现。打造"数字信用"成为必然发展趋势，越来越受到普遍关注。

（一）数字信用概念

"信用"是现代金融体系的关键变量，基于信用的货币和贷款为经济活动的快速扩张提供了重要的推动力。而"数字信用"，即为一个人的在线"人品"，是数字化生存发展到一定阶段个人的另一个身份标签，是比身份证、信用卡有更多消费权限的凭证。数字信用是利用大数据、人工智能等数字技术识别经济主体信用的一种创新，数字技术本身并不创造信用，但可以帮助发现一些传统方法无法辨识的信用，其最基本的构成是个人在线消费内容、消费频次、金额大小、借还款时长、消费行为记录及其他理财、金融数据。但是单纯的消费、金融数据还不足以构成个人的数字信用，需要叠加个人在线的其他行为。数字信用体系是建立在数据和信息共享的基础上的，其中包括多种信用信息，如企业报告、个人信用、行业指标、信用评分、信用报告等。数字信用体系建设需要建立一整套数据覆盖、数据共享、强有力的政策支持，再加上科学的评价体系等多种方式来支撑。

在数字经济时代，信用体系逐渐演变为数字信用体系，数字信用体系成为发展数字经济的重要经济基础设施。同时数字经济的发展也离不开信用体系的保障，这一点可以从我国电子商务发展的历程中得到佐证。在电商发展初期，"阿里巴巴"通过开发"支付宝"第三方移动支付工具解决了买卖双方之间存在的信用问题，"支付宝"发挥了类似于国际贸易结算中信用证的作用，很好地解决了匿名陌生人非现场交易中的信用问题，使得"天下没有难做的生意"。2018年通过的《中华人民共和国电子商务法》（以下简称《电子商务法》），对信用保障数字经济的发展高度重视，多个条款涉及信用机制，包括要求电商平台建立信用评价机制，将违法失信的主体纳入信用惩戒等。当前频现的直播带货"翻车"社会新闻，一定程度上是因为流量导向的消费互联网经济无法解决产品供给端的信用问题，透支了直播者自身有限信用的模式而必然产生的矛盾问题。因此由这些实例论证可知，数字经济的发展呈现出高度的信用化趋势，在某种程度上可以将数字经济视为信用经济。信用体系与数字经济之间的联系日趋紧密，未来二者将实现高度融合发展，共同推动市场经济持续健康提升，更好地增进社会福祉。

数字信用体系的建立也是社会信用体系数字化的重要基础，只有有了数字信用体系的支撑，社会信用体才能在更广范围内、更多维度上和更高层次上实现重新构建。社会信用体系数字化转型可以充分激活传统社会信用体系中的信用信息形成和归集的路径，优化信用评价机制的运行机理和适用场景，实现信用治理功能效用最大化。建立社会信用数字化体系有助于交易辅助机制的实现，有助于智慧监管机制的构建，有助于社会治理范式的优化，从而实现经济社会有效治理。

（二）数字信用体系特征

当前，信息技术革命对社会方方面面均产生深刻影响，互联网、数字经济以及大数据、云计算、区块链等其他科技手段的发展，使得信用体系建设呈现出信息传递平台化、产品供给多元化、奖惩精准化、监管智慧化等特征。

1. 信用信息传递的平台化

借助于强大的数据和平台支撑，信用主体的基本信息、违约信息、违法信息等可以比以前有更加充分的披露，方便信用信息的传递，从而有利于为特定主体的信用"画像"，市场声誉机制得以真正实现。

2. 信用产品供给的多元化

当前，公共信用信息机制为人们提供了基础性信息。同时，以人民银行为基础的金融征信体系、征信评级等商业信用服务机构以及电商平台等新兴的信用参与者，都是信用产品的重要提供者。他们能够运用大数据提供更加丰富和多元的信用产品，从而便利人们更加准确判断信用主体的诚信状况。由此，形成公共信用信息、市场信用信息等多层次的信用信息种类，为人们判断和识别特定主体的信用状况提供多元化机制。智慧化的信用机制和多元化的信用产品供给，给人们带来更多福利。

3. 信用联合奖惩的精准化

基于数字化信息所赋予的强大力量，社会理性大幅度提高。借助于各类电子化的信用信息，市场主体和社会成员可以根据对方信用状况决定是否提高交易条件，或者拒绝同失信者交易。在社会治理方面，对于那些屡屡违法或者存在严重违法行为的主体，除依法应当承担相应的法律责任外，还可以基于失信信息的共享而形成相应的信用惩戒机制，使违法者付出更高的成本。

4. 信用监管的智慧化

我国的市场主体已经超过 1 亿户。在当前降低市场准入门槛的大背景下，如果不能更好地预警和发现有害于社会的潜在风险，各种欺诈舞弊、弄虚作假等不诚信的行为盛行，将威胁市场经济的健康发展。借助智慧化的信用工具，监管者可以及时发现那些违法概率较高的主体，对其实施分级分类的信用监管措施，从而实现有效监管，守住社会安全和公共利益的底线。对于守信情况较好的市场主体，政府应当尽量不去"打扰"，让其在市场经济中自由地创新发展。智慧化的信用监管，将更好地净化社会运行所需要的信用环境。①

（三）数字信用的应用

1. 数字信用在金融领域的应用

数字信用在金融领域可以得到广泛的应用。目前，数字信用的应用主要集中在信贷领域。信用在金融市场有十分广泛的应用，但金融交易最大的困难是信息不对称，所以风险管理是金融交易不可或缺的环节，但大部分普惠金融客户，包括中小微企业、低收入家庭和农村经济主体，既没有充足的抵押资产，也缺乏完整的财务数据，这样就形成了普遍的信用不足问题。正因如此，发展普惠金融服务是世界各国面临的共同挑战。数字信用创新可以部分解决信用不足的问题。普惠金融客户不一定真的缺乏信用，只是传统金融机构用传统评估方法无法识别出来，但大数据和人工智能等数字技术却可以帮助发现那些本来就存在的信用。一些大科技公司尝试在非金融领域刻画用户的信用水平，并在共享单车、网约车、酒店预约等业务中发挥了一定的作用。数字技术本身并不创造信用，只是把很多传统方法看不到的信用识别出来，从而拓展了传统信用的边界，不仅可以让金融业务的覆盖面更为广泛，也使得风险管理更为精准。

数字信用的创新最初就发生在信贷领域。互联网、大数据、人工智能等数字技术的进步，催生了一批数字平台企业，后来在这些平台上衍生发展出

---

① 王伟：《数字经济时代的社会信用体系建设》，中国市场监管报，2019 年 12 月 17 日，http://pc.cmrnn.com.cn/shtml/zggsb/20191217/71571.html.

信贷业务。目前基于数字平台的信贷业务大致可以分为三类：第一类是新型互联网银行的信贷业务，如网商银行、微众银行和新网银行；第二类是平台提供的小额贷款或消费金融业务；第三类是数字平台提供的助贷业务或者联合贷款。

在保险领域，数字信用也有很好的应用场景。与银行业一样，保险业也需要管理负债与资产，而信息不对称是一个重要障碍。在保险合同签署之前，主要防范"逆向选择"问题，在合同签署之后则要防范道德风险问题。数字信用可以帮助保险机构识别保险消费者的信用状况、匹配适当的保险产品并防止欺诈行为。数字信用在保险领域的应用不仅能够减少销售与管理的人工与其他成本，还可以更好地了解消费者的能力与需求，从而提升消费者的福利、改善保险公司的收益。

在投资领域，数字信用不仅可以帮助改善理财服务，还能够支持专精特新等创新型中小企业通过直接融资渠道甚至到资本市场融资。如果利用数字信用方法做客户认证（KYC），可以较好地了解投资者的风险偏好和风险承担能力，同时做相应的投资资产配置，这样就有可能为广大社会公众，特别是中产阶层提供数字化的私人银行服务。同样，数字信用方法也可以助力创新型企业获得直接融资。有些企业虽然有很好的发展前景，但缺乏资产、缺乏数据、缺乏收益，不确定性也非常大，这些企业到资本市场融资，其门槛其实高于到银行贷款。数字信用可以帮助解决部分信息不对称的问题，如果可以将数字信用的做法运用到直接融资领域，像形成信用分析报告一样形成投资分析报告，就可以让"合格投资者"更好地了解专精特新企业。[①]

2. 数字信用在智慧治理方面的应用

数字信用重要应用领域集中于金融领域，还未开发出更多成熟的应用场景，天津采取"三个一"行动，通过央地协同、数字赋能，率先打造"数字＋信用"智慧监管新模式。其主要功能为数据标准"规范统一"，天津通过建立全市"多单融合"标准化事项对应清单，打通"信用中国（天津）""互联网＋监管""执法监督平台""双随机、一公开"等执法监管类系统，依据建设完成的"法律法规库"，形成"多单融合"对应事项1.7万余项，不仅实现

---

① 黄益平：《数字信用的应用与创新》，《中国金融》2023年第11期，23-25.

为基层减负，更全面提升监管标准化水平，而且实现了对监管盲区的"精准定位"。天津对"互联网＋监管"平台归集的 1.6 亿余条行政执法监督记录与全市信用信息评价进行比对碰撞，用算力算法将未被检查处罚且信用等级较低的重点关注企业列入"监管盲区企业"名单。赋能各部门针对"监管盲区企业"精准开展排查，做到"心中有数"，提高检查效率，从而减少对合规企业的打扰，真正做到"无事不扰、无处不在"，进一步提高监管精准化水平；评价结果"融合应用"。通过归集国家推送的公共信用信息和天津市行业信用分级分类评价信息，建立企业信用信息库，推进企业信用风险管理、信用约束、信用风险预测。结合监管实际需求，天津市委网信办联合市发展改革委、市交通运输委、市公安局、市应急局、市消防救援总队等部门，在公路建设、水运工程建设等 8 个行业探索开展守信激励、失信惩戒措施 60 多项，建立健全衔接事前、事中、事后全监管环节的新型监管机制；政企共管"社会共治"，天津全面聚焦以网管网，重点加强平台经济等重点领域监管执法。围绕网约车监管等重点领域，通过汇聚网约车订单数据、人员从业资格证、车辆运营资质数据等海量多元数据，构建风险预警模型，有效支撑基层执法。围绕企业信用监管，依托"互联网＋监管"平台建设了"虚开骗税风险预警模型"，精准挖掘虚开骗税企业，有效防止税款损失。

【本章小结】

数字政府的建设，最终是要以满足公众需求为导向，提升公共服务质量的，而依托数字政府建设衍生出的不同应用场景就是检验这个基本目标的最关键一环。在数字政府应用场景开发中，要充分考虑到实际现实需求、要注重数字共享流通能力建设、要完善与数字政府发展趋势不适宜的政策和流程等制度要素，也要充分考虑"数字鸿沟"问题，在实践中不断发现问题、勇于创新，以科技赋能，进一步拓宽数字政府应用场景、提升应用质量，建设高效率、低成本、服务佳的新时代新发展阶段的数字政府。

【思考题】

1. "城市大脑"的作用机制是什么？
2. 数字网格发挥作用的关键问题是什么？
3. 数字监管如何监管新型经济行为？

4. 数字信用与传统信用区别是什么？

【延伸阅读】

1. 翟云：《走进数字政府》，国家行政学院出版社，2022 年。

2. 张建锋，肖利华，许诗军：《数智化：数字政府、数字经济与数字社会大融合》，电子工业出版社，2022 年。

3. 王伟玲：《数字政府：开辟国家治理现代化新境界》，人民邮电出版社，2022 年。

第七章　数字政府建设与应对安全领域新挑战

一、保障网络安全，维护网络空间发展主导权

随着互联网、人工智能、大数据等新技术飞速发展，国家网络安全形势发生变化，网络安全成为关乎国计民生、关乎战略全局的一件大事。习近平总书记高度重视网络安全工作，他强调，"新时代新征程，网信事业的重要地位作用日益凸显"[1]"没有网络安全就没有国家安全""没有信息化就没有现代化"[2]。习近平总书记的这一重要论断，把网络安全上升到了国家安全的层面，为推动我国网络安全体系的建立，树立正确的网络安全观指明了方向。

党的十八大以来，以习近平同志为核心的党中央高度重视网络安全和信息化工作，明确提出网络强国建设的战略目标，统筹推进网络安全和信息化工作，不断推进理论创新和实践创新，作出一系列重大决策、提出一系列重大举措，推动我国网络安全和信息化事业取得重大成就。经过不懈努力，党对网信工作的领导全面加强，网络空间主流思想舆论巩固壮大，网络综合治理体系基本建成，网络安全保障体系和能力持续提升，信息化驱动引领作用有效发挥，网络空间法治化程度不断提高，网络空间国际话语权和影响力明显增强，网络强国建设迈出新步伐。这些重大成就的取得，最根本在于有习近平总书记领航掌舵，有习近平新时代中国特色社会主义思想科学指引，充分彰显了"两个确立"的决定性意义。

思想之光照亮奋进之路，伟大实践展现思想伟力。习近平总书记站在人类历史发展、党和国家事业全局高度，从信息化发展大势和国内国际大局出

---

① 《习近平对网络安全和信息化工作作出重要指示强调 深入贯彻党中央关于网络强国的重要思想 大力推动网信事业高质量发展》，《人民日报》2023 年 7 月 16 日第 1 版．

② 人民日报评论员：《深入学习贯彻习近平总书记关于网络强国的重要思想》，《人民日报》2023 年 7 月 17 日第 1 版．

发，提出一系列新思想新观点新论断，形成了习近平总书记关于网络强国的重要思想。坚持党管互联网，坚持网信为民，坚持走中国特色治网之道，坚持统筹发展和安全，坚持正能量是总要求、管得住是硬道理、用得好是真本事，坚持筑牢国家网络安全屏障，坚持发挥信息化驱动引领作用，坚持依法管网、依法办网、依法上网，坚持推动构建网络空间命运共同体，坚持建设忠诚干净担当的网信工作队伍……① 习近平总书记关于网络强国的重要思想，科学回答了网信事业发展的一系列重大理论和实践问题，把党对网信工作的规律性认识提升到全新高度，是习近平新时代中国特色社会主义思想的重要组成部分，是新时代新征程引领网信事业高质量发展、建设网络强国的行动指南，必须切实贯彻到信息化建设和网络安全工作的全过程。

当前，全球新一轮科技革命和产业变革深入推进，网络信息技术日新月异，深刻改变着全球经济格局、利益格局、安全格局，互联网已成为影响世界的重要力量，信息化为中华民族带来了千载难逢的机遇。必须深刻认识到，没有网络安全就没有国家安全，就没有经济社会稳定运行；网信事业代表着新的生产力和新的发展方向，没有信息化就没有现代化。新征程上，我们要深入学习贯彻习近平总书记关于网络强国的重要思想，切实肩负起举旗帜聚民心、防风险保安全、强治理惠民生、增动能促发展、谋合作图共赢的使命任务，牢牢把握"十个坚持"的重要原则，大力推动网信事业高质量发展，为强国建设、民族复兴伟业提供坚实支撑。

党的二十大擘画了全面建设社会主义现代化国家、以中国式现代化全面推进中华民族伟大复兴的宏伟蓝图，明确提出加快建设网络强国，对网信工作作出部署。按照全国网络安全和信息化工作会议部署要求，要加强网上正面宣传引导，防范网络意识形态安全风险，提高网络综合治理效能，形成良好网络生态，牢牢掌握网络意识形态工作的领导权；统筹发展与安全，实施网络安全重大战略和任务，构建大网络安全工作格局，筑牢国家网络安全的屏障；坚持创新驱动、自立自强、赋能发展、普惠公平，攻克短板不足，发挥信息化驱动引领作用；加强网络安全相关的立法、执法、司法、守法，推

---

① 宋丽萍，王强：《建设网络强国的"十个坚持"：理论内涵与实践路径》，《学术探索》2024 年第 1 期，8—16.

动网络空间法治化进程；深化网信领域国际交流与务实合作；坚持党管互联网，加强党对网信工作的全面领导，中央和地方各级党委（党组）及网信部门要落实主体责任，形成合力推动网信工作的生动局面。[①]

树立正确的网络安全观，要求我们必须坚持以总体国家安全观为指导，深刻认识新时代网络安全观的内涵要义，更好把握网络安全的规律和本质，以可靠的网络安全保障网络强国建设。[②]

（一）坚持总体国家安全观，筑牢国家安全屏障

作为新时代国家安全工作的根本遵循和行动指南，总体国家安全观的精髓集中体现在"总体"二字。"总体"首先是一种深邃的理念，强调的是国家安全的全面性、系统性和开放性；其次，"总体"表征着一种现实或理想的状态，在这种状态下，国家安全具有相对性、动态性与可持续性；最后，"总体"更蕴含着科学的方法，在这之中尤为强调对重点安全领域的统筹协调，其中既包括了物的要素，也包括人的要素。网络是近几十年来发展起来的新型沟通媒介，具有无国界性、无中心性和信息容量巨大、传播速度快、交互性强等特征，正是受到这些特征的共同加持，网络安全对于国家安全可谓"牵一发而动全身"，进而对政治、军事、经济、文化、社会、科技等各领域安全产生深刻影响。

正是网络特征"双刃剑"作用之呈现，在这个互联互通时代，网络安全也表现出明显的整体性、动态性、开放性、相对性、共同性。反之，网络安全并不是割裂的、静态的、封闭的、绝对的、孤立的。网络安全的这些特点与作为总体国家安全观内涵要义强调的"五对关系""五个统筹"有着深刻的对应关系。例如，网络安全是整体的而不是割裂的，这就需要我们既重视传统安全，又重视非传统安全，自觉认识到当前传统安全威胁和非传统安全威胁相互交织、复杂演变的一面，科学统筹应对传统安全和非传统安全。又如，网络安全是开放的而不是封闭的、是共同的而不是孤立的，这无疑需要我们统筹好开放和安全、自身安全和共同安全之间的关系，而不能"关起门来"

---

① 人民日报评论员：《深入学习贯彻习近平总书记关于网络强国的重要思想》，《人民日报》2023年7月17日第1版.
② 谢波：《树立正确的网络安全观 推进网络强国建设》，《中国社会科学网》2023年7月26日第1版.

搞网络安全。再如，网络安全是相对的而不是绝对的，这又与共同安全强调安全的双向性，即任何国家的合理安全关切都应得到尊重，而不能牺牲别国安全利益谋求自身所谓"绝对安全"，它们背后的逻辑一脉相承。

在这样的基本认识下，不难看到"总体"二字是总体国家安全观的核心关键，同样也是正确的网络安全观的精髓要义之所在。在新时代新征程上，我们应站在完整、准确、全面贯彻落实总体国家安全观的战略高度，在"总体"思维引领下树牢正确的网络安全观，以更加开放的姿态、更为宏阔的视野科学谋划、统筹布局、整体推进，切实筑牢国家网络安全的屏障。①

（二）坚持系统思维，构建大安全格局

进入新时代，国家安全呈现出一系列新变化、新特点、新趋势，其内涵和外延更加丰富，时空领域更加宽广，内外因素也变得更为复杂。因此，总体国家安全观强调坚持系统思维，树立"大安全"理念、构建"大安全"格局。2013 年 11 月，党的十八届三中全会作出的《中共中央关于全面深化改革若干重大问题的决定》提出，坚持积极利用、科学发展、依法管理、确保安全的方针，加大依法管理网络力度，完善互联网管理领导体制。当前，网络安全已经成为总体国家安全观所涵盖的政治、军事、国土、经济、文化、社会、科技、网络、生态等诸多领域之一，构成国家安全体系的有机组成部分。

值得注意的是，近年来，随着大数据、云计算、物联网、区块链、人工智能、5G 通信等新兴技术的快速发展与深度应用，人类社会迈入了名副其实的"数字时代"，虚拟的网络空间日趋独立于现实的物理空间，而成为人类的另一重要活动场域，人类生存方式亦逐步走向数字化。在此种情形下，网络安全很容易影响到政治、国土、军事、经济、文化、社会、科技、生态等各领域各层面，形成可能产生连锁、崩溃等效应的复杂的风险综合体，甚至诞生"网络 +"的安全新领域，如网络政治安全、网络意识形态安全、网络金融安全、网络文化安全、网络社会安全等皆如此。

当前，全球新一轮科技革命和产业变革深入推进，网络信息技术日新月异，深刻改变着全球经济格局、利益格局、安全格局，互联网成为影响世界

---

① 谢波：《树立正确的网络安全观 推进网络强国建设》，《中国社会科学网》2023 年 7 月 26 日第 1 版．

的重要力量。必须深刻认识到，没有网络安全就没有国家安全，就没有经济社会稳定运行；网信事业代表着新的生产力和新的发展方向，没有信息化就没有现代化。新征程上，要深入学习贯彻习近平总书记关于网络强国的重要思想，切实肩负起举旗帜聚民心、防风险保安全、强治理惠民生、增动能促发展、谋合作图共赢的使命任务，牢牢把握"十个坚持"的重要原则，大力推动网信事业高质量发展，为强国建设、民族复兴伟业提供坚实支撑。①

（三）安全是发展的前提，发展是安全的保障

2014 年，习近平总书记主持召开中央网络安全和信息化领导小组第一次会议时强调，网络安全和信息化是一体之两翼、驱动之双轮，必须统一谋划、统一部署、统一推进、统一实施。做好网络安全和信息化工作，要处理好安全和发展的关系，做到协调一致、齐头并进，以安全保发展、以发展促安全，努力建久安之势、成长治之业。② 如果说网络安全对应的是安全问题，那么，信息化则是网络时代一个十分重要的发展问题。正如发展和安全应当有机统一，而不能割裂开来，仅片面强调某一方面，在新时代网络强国建设进程中，网络安全和信息化同样必须通盘统筹、一体推进，而不能顾此失彼。

安全是发展的前提，发展是安全的保障。统筹发展和安全，是贯彻总体国家安全观的重要要求。聚焦到网络领域，没有信息化就没有现代化，没有网络安全就无法保障信息化持续健康发展。特别是随着互联网普及应用和信息化加速发展，网络安全风险随之日益凸显，突出表现在关键信息基础设施安全、数据安全管理、网络空间军事化威胁等诸多方面。为此，我们必须着眼统筹发展和安全，坚持正确的网络安全观，深刻把握网络安全是动态的而不是静态的、是开放的而不是封闭的、是相对的而不是绝对的等重要特征，立足开放的环境，树立动态的网络安全防护理念，既要强化事前研判防范，又要加强事中事后处置。同时，还要在信息化建设过程中以发展的方式应对新情况、新问题、新挑战，实现发展和安全动态平衡、良性互动，把网络安

---

① 人民日报评论员：《深入学习贯彻习近平总书记关于网络强国的重要思想》，《人民日报》2023 年 7 月 17 日第 1 版．

② 《总体布局统筹各方创新发展 努力把我国建设成为网络强国》，《人民日报》2014 年 2 月 28 日第 1 版．

全和信息化工作更健康、更均衡、更可持续地推向前进。

（四）坚持网络安全为人民，网络安全靠人民

坚持"以人民安全为宗旨"是总体国家安全观的核心要义之一，深刻彰显了新时代国家安全的根本立场。一方面，国家安全一切为了人民，国家安全工作归根结底是保障人民利益，要切实维护广大人民群众的安全权益；另一方面，国家安全一切依靠人民，国家安全最广泛、最深厚的基础在人民，要充分发挥广大人民群众积极性、主动性、创造性，把人民作为国家安全的基础性力量，汇聚起维护国家安全的强大合力。正确的网络安全观同样必须坚持网络安全为人民、网络安全靠人民，维护公民在网络空间的合法权益，不断提升人民群众在信息化发展中的获得感、幸福感、安全感。[1]

中国互联网络信息中心（CNNIC）发布的第 51 次《中国互联网络发展状况统计报告》显示，截至 2022 年 12 月，我国网民规模达 10.67 亿，较 2021 年 12 月增长 3549 万，互联网普及率达 75.6%。[2] 试想我国网络应用和网络产业的蓬勃发展，如果没有可靠的网络安全保障，从长期看网络强国建设必然成为空中楼阁，难以持续推进。对于网络安全，习近平总书记指出："没有网络安全就没有国家安全，就没有经济社会稳定运行，广大人民群众利益也难以得到保障"，"维护网络安全是全社会共同责任，需要政府、企业、社会组织、广大网民共同参与，共筑网络安全防线"[3]。这些重要论述均把"人民"二字贯穿始终，与坚持以人民安全为宗旨这一总体国家安全观的核心要义原理相通、一脉相承，深刻反映出新时代网络安全观的人民性特征。

我们要始终坚持人民至上，坚持以人民安全为宗旨，着力应对解决网络时代人民群众反映强烈的个人信息泄露、电信网络诈骗案件多发、传播网络谣言、网络勒索、恶意软件泛滥等事关人民群众切身利益的网络安全新情况、新问题。同时，要深刻把握网络安全是共同的而不是孤立的这一重要特点，

---

① 马宝成，马彦涛：《作为国家安全根本的政治安全：理论意蕴、风险挑战与应对策略》，《中国应急管理科学》，2024 年第 7 期，1–12.
② 中国互联网络信息中心（CNNIC）第 51 次《中国互联网络发展状况统计报告》，《光明日报》2023 年 3 月 3 日第 4 版.
③ 《敏锐抓住信息化发展历史机遇 自主创新推进网络强国建设》，《人民日报》2018 年 4 月 22 日第 1 版.

维护国家网络安全始终坚持为了人民、依靠人民、动员人民，积极构建广泛参与的网络安全维护机制，共筑国家网络安全屏障。放眼全球，胸怀世界，则要深刻认识到互联网发展是无国界、无边界的，不断深化网络空间国际合作，与各国携手构建网络空间命运共同体。

网络无边际，安全有界限。党的十八大以来，我国网信事业取得历史性成就、发生历史性变革，我国已经成为一个名副其实的网络大国，当前正从网络大国向着网络强国阔步迈进。奋斗新时代，奋进新征程，在全面推进中国式现代化进程中，只有坚定不移贯彻总体国家安全观，深刻把握新时代网络安全观的内涵要义，并以此为指导做好网络安全和信息化工作，才能筑牢国家网络安全坚实屏障，把网络强国建设不断推向前进。[①]

二、保障数据安全，增强数据安全预警和溯源能力

2017 年 12 月 8 日，习近平总书记在十九届中共中央政治局就实施国家大数据战略进行第二次集体学习时强调，要切实保障国家数据安全。要加强关键信息基础设施安全保护，强化国家关键数据资源保护能力，增强数据安全预警和溯源能力。要加强政策、监管、法律的统筹协调，加快法规制度建设。要制定数据资源确权、开放、流通、交易相关制度，完善数据产权保护制度。[②]2021 年 9 月 1 日，《中华人民共和国数据安全法》（以下简称《数据安全法》）正式施行，此项立法进一步确保了数据处于有效保护和合法利用的状态，以更好保护个人和组织的合法权益，维护国家主权、安全和发展利益。基于此，需要采取技术与管理双管齐下的方法，提出系统化的应对措施和解决方案，并制定相关标准和实施办法。

（一）数据安全的内涵

数据安全是指通过采取必要措施确保数据处于有效保护和合法利用的状

---

① 人民日报评论员：《深入学习贯彻习近平总书记关于网络强国的重要思想》，《人民日报》2023 年 7 月 17 日第 1 版.

② 《审时度势精心谋划超前布局力争主动 实施国家大数据战略加快建设数字中国》，《人民日报》2017 年 12 月 10 日第 1 版.

态，以及具备保障持续安全状态的能力。数据安全应保证数据生产、存储、传输、访问、使用、销毁、公开等全过程的安全，并保证数据处理过程的保密性、完整性、可用性。此外，还应当异构处理公开数据的关联关系，例如个人姓名、联系方式、车辆登记、社交媒体等。这些虽然都是非实体隐含数据，但往往涉及个人隐私，甚至可能造成实时定位等公共安全问题。数据安全与网络安全、信息安全、系统安全、内容安全和信息物理融合系统安全有着密不可分的关系。为了更好地理解数据安全的内涵，需对其主要相关内容进行概括。①

（二）数字政府建设的政务数据安全风险

政务数据具有覆盖范围广泛、关联关系复杂、涉及大量个人隐私数据和国家重要数据等特点，在所有数据类型中占极为重要的位置。因此，对政务数据的安全防护至关重要。特别是目前伴随着 ChatGPT 等人工智能技术的发展，其潜藏的未经同意非法获取部门数据等安全隐患，对政务数据安全保障工作提出了新挑战。当前政府数据安全事件层出不穷，2022 年《中国政企机构数据安全风险分析报告》显示，2022 年 1 月到 10 月，在全球政企机构重大数据安全事件中，政府机构以 16.1% 的最高占比成为最主要的数据安全风险机构，其中，安全事件类型主要包括数据泄露和数据破坏。② 因此，如果对政务数据的安全保障不足，就极为容易产生政务数据被伪造、被泄露或篡改等数据安全问题③。主要包括以下几点。

1. 政务数据大量汇聚，容易成为攻击目标

在我国数字经济发展和数字政府建设过程中，政务数据大规模地整合存储，涉及公民、企业、政府部门、社会组织有关社保、户籍、疾控、政策等领域个人敏感信息和重要数据，甚至涉及国家重要数据。这些政务数据汇聚在发挥数据价值的同时，也更容易成为攻击目标。一旦遭受泄露或篡改，可

---

① 管晓宏，沈超，刘烃：《数据安全是网络空间安全的基础》，《中国网信》2022 年第 3 期，45—48.
② 庄国波，赵士雅：《数字技术与"五位一体"深度融合中的安全风险及化解》，《理论探讨》2024年第 3 期，46—54.
③ 滕宏庆，吴铄生：《我国数字政府建设的政务数据安全保障制度研究》，《探求》2023 年第 2 期，88—97.

能致使个人隐私曝光、经济受损，导致企业核心经营数据和商业秘密外泄，更可能对政府调控、决策治理造成严重影响。数据主管部门和数据提供者、使用者承担着更大的安全管理责任，面临着更高的安全风险。

2. 共享开放环节复杂，数据流动潜藏风险

政务数据共享开放使得数据流动成为常态，多环节的信息隐性留存，数据流转环境复杂，数据泄露风险增大。一方面，政务数据在各政府机构、部门之间流动、共享和交换，各个数据系统之间不再那么泾渭分明，权限范围的可控性降低，权责主体更加多元和模糊，发生安全事件难以追踪溯源；另一方面，政务数据对社会开放，流转出政务系统边界外的开放数据亟须得到有效跟踪和保护，而现有基于政务系统边界内的安全管理和技术措施越来越呈现出它适用上的局限性。如何适应更为广泛、更为场景化的安全治理需求，避免政务数据在某个环节中泄露，被非法传播、复制，甚至篡改，已然成为一大难题。

3. 新兴技术快速发展，催生多种攻击手段

大数据、人工智能等技术的发展催生出新型攻击手段，攻击范围广、命中率高、潜伏周期长，针对大数据环境下的高级可持续攻击通常隐蔽性高、感知困难，使得传统的安全监测、防御技术难以应对，无法有效抵御外界的入侵攻击。目前数据平台安全机制有所缺失，通常借助在网络边界部署防火墙、IPS、IDS 等安全设备，以流量分析和边界防护的方式提供保护。政务网具有网络节点多、业务系统多、数据资源多的特点，各类政务数据安全保护机制不尽相同，系统安全防护水平参差不齐，接入平台后使得整体安全薄弱点增多。出于网络结构日趋复杂、应用系统和安全建设分期投入等现实情况，安全防护能力跟不上政务数据共享开放的发展需求，安全风险持续增加。[①]

（三）数字政府建设的安全治理面临的主要挑战

2022 年 10 月，国务院办公厅发布的《全国一体化政务大数据体系建设指南》分析了政务大数据体系的现状，指出当前建立全国一体化政务大数据

---

① 滕宏庆，吴铄生：《我国数字政府建设的政务数据安全保障制度研究》，《探求》2023 年第 2 期，88-97.

体系中存在的主要问题包括"政务数据安全保障能力亟需强化",并提出"安全保障一体化"建设框架。[①] 具体而言,目前我国政务数据分类分级机制的原则抽象且有缺失,传统网络安全监管评估对政务数据安全适应不足,政务数据安全保障法律责任制度的协同参差不齐,尚未形成数据安全保障的有机整体。主要包括以下几点。

1.政务数据分类分级机制原则性强且有缺失

政务数据分类分级制度可以更好地在保持数据使用的便捷性和实现数据保护的安全性二者之间进行平衡,促进数据安全能力建设降本增效,是开展数据安全治理的基础,也是促进数据充分利用、有序流动和安全共享的重要前提。其中,"分类"是指根据政务数据的属性或特征,将其按照一定的原则和方法进行区分和归类,并建立起一定的分类体系和排列顺序,以便更好地管理和使用政务数据的过程。"分级"是根据数据的敏感程度和遭到篡改、破坏、泄露或非法利用后对国家安全、公共利益或者个人、组织的合法权益的影响程度,按照一定的原则和方法进行定级的过程。[②] 值得注意的是,2017年6月起施行的《网络安全法》和2021年11月起施行的《个人信息保护法》提到数据保护时,都是只提了分类,没有提分级。[③] 我国《数据安全法》第21条规定了数据分类分级保护制度,但仅为原则性规定,从国家数据分类分级管理制度的后续实施来看,也尚未构建国家层面关于政务数据分类分级的具体规则和操作标准,地方性法规文件对于政务数据分类分级的原则与规定也并不统一,不利于政务数据在储存、处理、共享及开放等环节的安全保护与开发利用。

此外,我国对政务数据分类分级授权协议与国际上的授权许可存在一定的差距,在授权许可的制定上还处于探索阶段。因此,我国应当进一步完善政务数据分类分级授权许可协议制度。[④]

① 《国务院办公厅关于印发全国一体化政务大数据体系建设指南的通知》,中国政府网,2022年10月28日,http://www.gov.cn/zhengce/content/2022-10/28/content_5722322.htm.

② 武长海:《数据法学》,法律出版社,2022年,287-290.

③ (受权发布)《中华人民共和国数据安全法》,新华网,2021年6月11日,http://m.xinhuanet.com/2021-06/11/c_1127552204.htm.

④ 李肆:《协同视角下政府数据共享的障碍及其治理》,《中国行政管理》2021年第2期,101-106.

2. 传统网络安全监管评估对政务数据安全适应不足

政务数据具备在不同载体和场景下的流动性，且其安全防护需求也依据量级、周期性等因素发生动态变化，而传统的信息安全风险评估主要是面向网络环境下的数据安全载体资产，以某个标准作为基准来设置评估项，展开相对静态、固化的风险评估，无法顺应数据流动过程中不同环境、不同目标下的安全评估要求。另外，区块链政务服务、边缘计算等采用的分布式存储处理有别于传统网络的中心化处理，集中统一的政务数据安全保障技术思路逐渐不能适应新环境下的数据安全需求，网络安全边界日趋模糊。同时，通过数据整合和数据挖掘等信息技术，从原本非结构性的、不具有敏感性的数据中也可分析出重要信息，规模达到极大量级时甚至可以窥探到关涉国家安全、公共利益的信息。目前，《网络安全法》《数据安全法》《个人信息保护法》《关键信息基础设施安全保护条例》等数据安全相关法律法规中都要求落地对重要及核心数据或者涉及个人信息、隐私数据的安全风险评估，建立政务数据安全管理制度以及时发现数据安全风险，确保数据安全可控，但对于政务数据的安全监管与评估的规定仍然缺乏场景化、动态化、体系化的具体实施规则。[①]

3. 政务数据安全保障法律责任制度的协同参差不齐

对于违反数据安全保护义务的追究方式，《数据安全法》设专章对相关法律责任进行了规定，法律责任体系构建的系统性和严密性，在我国《数据安全法》的立法中得到了明确的体现。法律责任有关条文均与数据安全保护义务一一对应，形成了"义务—责任"的闭环规定。与草案相比，正式通过版本加大了对于违法行为的处罚力度，进一步压实了数据安全法律责任，但是在政务数据安全保障法律责任的落实过程中，对于《数据安全法》与其他有关政务数据安全法律法规规定的衔接与协同方面还需进行更加深入的解释与探讨，对于数据安全保障责任豁免条款的设置，还有待通过制定更为详细的实施条例予以明确。[②]

---

① 滕宏庆，吴铄生：《我国数字政府建设的政务数据安全保障制度研究》，《探求》2023年第2期，88-97.
② 吴善鹏，李萍，张志飞：《政务大数据环境下的数据治理框架设计》，《电子政务》2019年第2期，45-51.

（四）数字政府建设的安全保障制度回应

《数据安全法》第 39 条规定，国家机关应当依照法律、行政法规的规定，建立健全数据安全管理制度，落实数据安全保护责任，保障政务数据安全。为有效应对我国当前数字政府面临的政务数据安全风险与相关制度治理困境，有必要兼顾政务数据的安全与发展，针对政务数据活动全过程细化政务数据安全制度框架，加强政务数据安全治理体系的建设与协同工作。主要包括以下几点。

1. 构建政务数据全流程分类分级体系与授权开放标准

针对政务数据采集、存储、处理和流通的关键环节，借助人工智能技术建立全流程、动态可追溯的分类分级标识体系。首先，根据数据样本与特征建立敏感数据识别模型，同时遵照 2017 年 7 月国家发展改革委和中央网信办印发的《政务信息资源目录编制指南（试行）》，参考 2022 年 9 月全国信息安全标准化技术委员会发布、目前处于征求意见稿阶段的《信息安全技术网络数据分类分级要求》等有关政务数据分类分级国家标准，对政务数据库、大数据平台等所存储的数据进行识别及自动分类分级，形成资源清单并备案，同时，针对原始数据、存储处理过程中的数据以及交易流通过程中的数据予以分类分级标识，并随数据处理过程实时更新，从而摸清敏感数据的分布情况，确定政务数据中的保护对象和范围。其次，进一步明晰重要数据、核心数据的认定标准，加强重要数据、核心数据的保护。最后，明确政务数据分类分级的主要负责部门和负责人，统筹政务数据处理活动的分类分级管理和监督。建立跨部门政务数据分类分级协调机制，将不同部门的政务数据统一进行协调管理并加强政务数据分类分级知识培训，以保障分类分级制度能够有效落实。[①]

比如，在授权开放标准方面，2022 年 12 月，中共中央、国务院发布的《关于构建数据基础制度更好发挥数据要素作用的意见》提出要建立公共数据、企业数据、个人数据的分类分级授权制度。有鉴于此，首先，我国应当以政务数据安全为前提，在对政务数据进行分类分级的基础上进行数据的公

---

① 滕宏庆，吴铄生：《我国数字政府建设的政务数据安全保障制度研究》，《探求》2023 年第 2 期，88—97.

平开放，保障数据的质量，平衡各方的利益。同时，以免费为原则，注重降低政务数据开放的成本问题。其次，制定政务数据豁免清单，将涉及国家安全、商业秘密和个人隐私的政务数据，以及其他法律法规规定不得开放的数据列入政务数据豁免清单。最后，从开放内容层面，将开放数据豁免清单以外，涉及一般性个人信息的政务数据进行去标识化处理后，通过限制使用目的向部分使用者开放，而对列入开放豁免清单的数据暂不予开放。①

2. 健全政务数据全生命周期场景化的风险评估与监管机制

政务数据风险评估应以国家数据安全建设和网络安全风险监测评估框架为基础，从政务数据全生命周期安全出发，面向数据本身及其数据活动。一方面，要围绕数据资产的重要程度、数据存储、处理、共享、开放与授权运营等全过程信息，进行场景化收集、统计和监测，从不同维度动态评估风险状况，进行数据合规稽核，②然后根据每次计算得出的综合评估结果，对已知的风险进行监控、对未知的风险进行预测和关联，从而健全针对特定政务数据应用场景的、全天候多方位的安全风险监测评估制度与政务数据安全基线策略。

另一方面，需要建立政务数据安全风险协同防控机制。鉴于政务数据安全具有的关联影响广泛性和特定领域专业性等特点，政务数据安全的各个治理部门之间须进行协同配合，才能更严密地防范数据安全风险。首先明确相应监管主体与要求，规范不同类型不同级别的数据处理过程，将治理体系落实到数据处理流程各环节、各层级责任主体。再合理分配各部门的分工范围，构建各监管部门衔接与协同共治体系。同时，政务数据安全风险的治理还需要企业、社会组织以及个人的协同防控，只有多元主体高效参与，共商共治，才能应对大数据时代的数据安全风险。③

3. 协同相关法律体系压实政务数据的安全保障责任

在服务型政府理念、参与式与合作式行政备受推崇的当下，行政约谈作为一种良性互动的非强制性行政行为，实现了行政监管方式由事后的处罚打

---

① 滕宏庆，吴铄生：《我国数字政府建设的政务数据安全保障制度研究》，《探求》2023 年第 2 期，88-97.
② 宋华琳，郑琛：《论政府数据开放中的数据安全保护制度》，《中国司法》2022 年第 3 期，48-54.
③ 任晓刚：《数字政府建设进程中的安全风险及其治理策略》，《求索》2022 年第 1 期，165-171.

击型向事前的服务监管型转变。不仅体现出行政主体对行政相对人权利的尊重，也在充分调度和利用社会资源，彰显数据安全和数据发展并重的价值立场方面显现出较大的优势。

行政主体因其特殊地位，相较于相对人更有"预见能力"，约谈便是将行政主体的这种"预见能力"转化为相对人的"预见能力"。通过约谈，从事政务数据处理、共享与开放活动的组织和个人将能有效预判各自活动中存在的隐患并降低风险。关于国家机关不履行数据安全保护义务的法律责任，《数据安全法》第 49 条进行了规定。虽然违法主体是不履行法定义务的国家机关，但处罚的对象则是国家机关的工作人员，在学理上一般称为"代罚制"。而对直接负责的主管人员和其他直接责任人员依法给予的"处分"，应包括政务处分和行政处分。政务处分是依据自 2018 年起施行的《中华人民共和国监察法》（以下简称《监察法》）第 11 条和第 45 条，由监察机关对公职人员的职务违法行为做出的处置决定，而行政处分则是依据自 2019 年起施行的《中华人民共和国公务员法》（以下简称《公务员法》）进行的规定。二者虽然都属于内部处分，具有融通性，但在适用主体、对象和方式方面不尽相同。作出政务处分的主体为各级监察机关，作出行政处分的主体则为县级以上人民政府的监察机关；政务处分覆盖所有行使公权力的公职人员，适用对象比行政处分所针对的"行政机关工作人员"范围更广；政务处分不仅包括行政处分的警告、记过、记大过、降级、撤职和开除六种手段，还留有更广的法律解释空间。在数字政府数据安全保障中须充分发挥两种处分各自的功能，特别是政务处分，其可实现党的纪律处分与行政纪律处分的衔接。当然，行政处分更针对数字政府工作人员，对数据安全保障的要求相应更高。[①]

总之，数字政府工作人员受《监察法》和《公务员法》两法控制，但对同一违纪违法行为，监察机关已经作出政务处分决定的，公务员所在机关不再给予处分。可以认为，两种处分是相辅相成的。这将有效倒逼主管人员和从事数据活动的公职人员采取措施履行数据安全保护义务，从而有效促进政务数据安全管理的法治化、规范化，保障政务数据安全稳定。对于数据安全

---

① 滕宏庆，吴铄生：《我国数字政府建设的政务数据安全保障制度研究》，《探求》2023 年第 2 期，88—97.

监管职责履行失职尚不构成犯罪的法律责任，《数据安全法》第50条进行了规定。此外，国家机关还应当依照《中华人民共和国国家安全法》（以下简称《国家安全法》）、《网络安全法》、《中华人民共和国保守国家秘密法》（以下简称《保守国家秘密法》）等规定履行国家机关数据安全监管和国家秘密脱敏脱密处理职责，否则应承担渎职行为的行政责任与民事责任，构成犯罪的，还应当追究其刑事责任。其中，危害国家安全、国家秘密的，可认定为危害国家安全类罪名，其他可视所侵害的个人、组织的权利客体，通过侵犯商业秘密罪、侵犯公民个人信息罪以及相应的计算机信息系统类罪名进行规制。然而，如果数据开放主体按照法律法规的规定开展政务数据开放，并履行了监督管理职责和合理注意义务的，对于因开放数据质量等问题导致的数据利用主体或者其他第三方的损失，依法不承担或者免予承担赔偿的责任，例如自2019年起施行的《上海市公共数据开放暂行办法》第7章第46条，通过免除政务数据开放主体责任，给予他们进行"避险"的手段，也能够使得开放主体更有动力公开相关政务数据，进而更加顺利地推动政务数据开放利用进程。①

三、保障人工智能安全，加强前瞻预防和约束引导

除大数据技术之外，近年来人工智能日益成为高速发展的新兴产业，随着该技术在国防、医疗、交通、金融等重要行业领域的深入应用，其安全风险也不断凸显，需引起重视。目前，人工智能领域主要面临着技术本身和应用两方面的安全风险。一方面，人工智能技术作为融合了多种学科的复杂科学，主要面临算法模型、数据安全、隐私保护、软硬件平台等类型的风险。另一方面，随着人工智能应用的大面积铺开，由此产生的网络攻击智能化、伦理道德、国家与人身安全等相关风险也不断加剧。

2017年7月，国务院印发《新一代人工智能发展规划》，这是我国第一个专门的国家级人工智能战略文件。《新一代人工智能发展规划》提出了面向

---

① 滕宏庆，吴铄生：《我国数字政府建设的政务数据安全保障制度研究》，《探求》2023年第2期，88—97.

2030 年我国新一代人工智能发展的指导思想、战略目标、重点任务和保障措施，部署构筑我国人工智能发展的先发优势，加快建设创新型国家和世界科技强国。《新一代人工智能发展规划》还指出，在大力发展人工智能的同时，必须高度重视可能带来的安全风险挑战。[①]

（一）我国人工智能领域面临的主要危害

1. 算法模型安全风险

近年来，随着深度学习技术在人工智能领域的广泛应用，由人工智能模型的复杂性和不透明性而引发的安全风险时有发生。国外某自动驾驶汽车因机器视觉系统未能及时识别路上突然出现的行人，导致汽车与行人相撞致人死亡。North p-ointe 公司开发的犯罪风险评估算法 COMPAS，使得黑人被错误地评估为具有高犯罪风险的概率两倍于白人。

人工智能模型的复杂与不透明，令人难以理解与控制其学习过程和模型原理，面临鲁棒性方面的挑战。人工智能模型复杂性能引发多类鲁棒性风险：模型精度不完备，人工智能算法模型普遍依赖于概率、统计模型构建，在高精度和鲁棒性之间存在权衡和博弈，难以兼顾鲁棒性（确保软件在异常和苛刻环境条件下能够正常运行的重要测试方法）[②]和精度要求；人工智能算法设计存在潜在先天缺陷，模型应用中可能面对预料之外的情况，由于模型训练样本难以覆盖该类情况，可能导致与预期不符甚至伤害性的结果；算法歧视，算法可能潜藏偏见或歧视，存在结果不公的情况。不成熟的技术更可能导致智能系统异常运行，或被黑客攻击和恶意利用，加之算法决策的"黑箱"特征导致的不透明性和解释性困难，使算法决策的归责变得困难。

2. 数据安全风险

麻省理工研究院与微软科学家对不同的人脸识别系统进行了测试，发现其针对白人男性的错误率低于 1%，而对黑人女性则高达 21%—35%。Nguyen 等人利用改进的遗传算法产生多个类别图片进化后的最优对抗样本，成功对谷歌 Alex Net 和基于 Caffee 架构 Le Net 5 网络进行了攻击，从而欺骗 DNN 实

---

① 张宇光、孙卫，刘贤刚等：《人工智能安全研究》，《保密科学技术》2019 年第 9 期，8—14.
② 鲁棒性测验是确保软件在异常和苛刻环境条件下能够正常运行的重要测试方法。它涵盖了错误数据处理、异常情况处理和非法操作处理等多个方面，旨在提高软件的容错能力和健壮性．

现了误分类。人工智能数据安全主要包括两个部分，即人工智能数据的完整性和人工智能数据的安全性。相对应地，人工智能数据的两个重要威胁是药饵攻击威胁以及模型窃取威胁。训练数据集对算法模型准确性有极强的影响力。目前人工智能仍处于海量数据驱动知识学习的阶段，数据集的规模和质量是决定人工智能模型质量的关键因素之一。

人工智能数据面临的安全威胁主要包括：一是训练数据的污染、数据处理流程中没有对数据进行严格检查导致的逃逸攻击。二是对抗样本攻击，对抗样本可导致人工智能系统出现误判或漏判等错误结果。目前人工智能系统只能通过预先给定的数据来学习事物之间的因果关系，属于"知其然而不知其所以然"，只要精心设计数据并制作对抗样本，就可能对系统产生不良影响。三是逆向攻击，可导致算法模型内部的数据泄露。人工智能的自我学习能力对于数据的需求是无限的，为了不断提高性能表现，算法对于数据的挖掘将变得越发精细和深入，可能会侵入受保护的信息。[①]

3. 个人信息保护风险

法国独立机构信息与自由全国委员会（CNIL）在对部分人工智能儿童玩具进行测试后发现，这些玩具存在泄露个人隐私的安全隐患，不法之徒也可借此功能窃取儿童及其父母的声音和照片等个人资料；马特·弗雷德里克森等人在仅能黑盒式访问用于个人药物剂量预测的人工智能算法的情况下，通过病人的药物剂量就可以恢复病人的基因信息，进一步针对人脸识别系统通过使用梯度下降方法实现了对训练数据集中特定面部图像的恢复重建。

人工智能越来越依赖于训练数据量级和多样性，数据采集、分析处理阶段隐私保护风险突出。以"深度学习＋大数据"为主要模式的人工智能系统需要大量的数据来训练学习算法。大量数据包含个人信息，会产生隐私泄露等问题。一方面，如果在深度学习过程中使用大量的敏感数据，这些数据可能会在后续被披露出去，对个人的隐私产生影响。另一方面，人工智能在带给企业便利、用户良好体验的同时，在不同场景下面临不同的隐私保护挑战，人工智能应用存在与其他应用类似的隐私风险，同时需要考虑机器学习的特

---

① 滕宏庆，吴铄生：《我国数字政府建设的政务数据安全保障制度研究》，《探求》2023 年第 2 期，88－97.

殊性引入的新的隐私风险。

4. 软硬件安全风险

当前人工智能技术和产业的快速发展，很大程度上得益于主流人工智能软件、框架、依赖库等必要实验和生产工具的开源化，越来越多的创业者能够依赖开源成果进行人工智能研究。开源社区又称开放源代码社区，一般由拥有共同兴趣爱好的人所组成，根据相应的开源软件许可证协议公布软件源代码的网络平台，同时也为网络成员提供一个自由学习交流的空间。由于开放源码软件主要被散布在全世界的编程者所开发，开源社区就成了他们沟通交流的必要途径，因此开源社区在推动开源软件发展的过程中起着巨大的作用，在功能优化、框架设计等方面对人工智能的发展起到了关键作用，但往往会忽视其成果的安全风险。近年来，国内网络安全企业屡次发现 Tensor Flow、Caffee 等机器学习相关软件框架、工具及依赖库的安全漏洞，这些漏洞可能被用于网络攻击，给人工智能应用带来新的威胁和挑战。人工智能系统由软件和硬件组成，也面临着传统的软、硬件安全威胁，需要关注服务接口安全、软硬件安全、服务可用性等问题。①

5. 网络攻击智能化风险

2017 年 3 月，首个用机器学习创建恶意软件的案例出现在《基于 GAN 的黑盒测试产生敌对恶意软件样本》的论文中。Fortinet 在其发布的 2018 年全球威胁态势预测中表示，人工智能技术未来将被大量应用于蜂巢网络和机器人集群中，利用自我学习能力以前所未有的规模自主攻击脆弱系统。

人工智能降低了网络攻击成本，提升了网络攻击效率，增加了网络攻击手段的多样性，扩大了影响范围。人工智能在网络攻击、网络内容维护和违法犯罪等方面均产生了一定的影响。一是网络攻击自动化趋势明显，在网络安全领域，需要大量高技能劳动力的攻击活动（如 APT 攻击等）已逐步实现高度自动化。二是网络内容维护可能面临更大挑战，个性化智能推荐以人工智能为基础，一旦被不法分子利用，容易使各类不良信息的传播更加具有针对性和隐蔽性，给维护网络安全带来巨大的隐患和挑战。三是部分人工智能

---

① 滕宏庆，吴铄生：《我国数字政府建设的政务数据安全保障制度研究》，《探求》2023 年第 2 期，88－97.

技术被应用于违法犯罪中，2017 年，我国浙江、湖北等地发生多起犯罪分子利用语音合成技术假扮受害人亲属实施诈骗的案件，造成了恶劣的社会影响。

6. 伦理道德风险

Kronos 公司采用人工智能雇用辅助系统后，却让少数族裔、女性或者有心理疾病史的人更难找到工作。美国多个州政府在保释或者量刑、假释时会运用算法预测某个体未来的犯罪概率，调查显示黑人被错误标记为潜在犯罪分子的比例几乎是白人的 2 倍。2017 年 1 月，在加利福尼亚阿西洛马召开的"有益的人工智能"会议上提出的"阿西洛马人工智能原则"，共 23 条，从科研问题、伦理和价值以及长期问题 3 个方面，认为人工智能系统被设计和操作，应符合人类价值观，使其和人类尊严、权力、自由和文化多样性的理想相一致，旨在保障人类的利益与安全。

人工智能可能存在算法歧视问题，冲击传统道德伦理和法律秩序，对社会整体产生结构性影响，存在伦理风险。由于人工智能机器学习算法和自动决策机制的特殊性，除了法律合规要求以外，还需要确保人工智能技术与人类的道德价值观和伦理原则一致。人工智能技术的开发和应用深刻地改变着人类的生活，不可避免地会冲击现有的伦理与社会秩序，引发一系列问题。从更长远的视角来看，人工智能带来的算法歧视问题和对传统道德伦理和法律秩序的冲击，乃至于对社会整体的结构性影响等，都是我们需要关注的深层伦理风险。其中，算法歧视是指在看似没有恶意的程序设计中，由于算法的设计者或开发人员对事物的认知存在某种偏见，或者算法执行时使用带有偏见的数据集等原因，造成算法使用产生了带有歧视性的结果。这种歧视的来源是多方面的，既有可能来自训练系统的数据输入，也有可能来自编程人员的价值观嵌入。[①]

7. 国家与人身安全风险

2018 年 8 月 4 日，委内瑞拉总统在公开活动中遭受无人机炸弹袭击，这是全球首例利用人工智能产品进行的恐怖活动。深陷数据泄露丑闻的剑桥分析公司，被众多媒体报道在 2016 年的美国总统大选中，通过以人工智能技术为基础的多种定向算法、行为分析及心理分析辅助候选人制定"竞选战略"。

---

① 滕宏庆，吴铄生：《我国数字政府建设的政务数据安全保障制度研究》，《探求》2023 年第 2 期，88-97.

（二）保障人工智能安全，加强前瞻预防和约束引导

1. 明确人工智能安全内涵

建议深入开展人工智能安全研究，制定人工智能安全相关政策法规、标准规范，既要综合考虑相关领域安全需求，也要划清人工智能安全边界，明晰人工智能安全内涵，提炼人工智能核心安全需求。人工智能应覆盖多个领域的安全需求，从技术维度上覆盖语音识别、图像处理、计算机视觉、自然语言处理等领域；从应用上覆盖智慧城市、智慧物流、自动驾驶、智能家居等领域；从成果组成上覆盖软件、硬件等诸多维度。此外，还应重点研究人工智能算法模型和数据安全。

2. 全面梳理人工智能安全需求

研究制定人工智能安全标准建议加快开展人工智能安全标准化工作，统筹规划人工智能安全标准体系，建立健全"贯彻监管要求，促进技术应用，服务产业发展"的人工智能安全标准体系，充分借鉴、兼容大数据安全、物联网安全、云计算安全等基础性标准体系，加强人工智能安全基础标准研究，有序推进重点人工智能安全标准研制工作，深化人工智能应用安全标准化工作。充分发挥各级标准化组织优势，积极推动国家标准化组织、行业标准化组织、团体标准化组织建立工作沟通和协作机制。

3. 制定人工智能安全指标评估体系，建立健全人工智能安全监管体系

建议制定人工智能安全指标评估体系，为人工智能研究人员和使用者提供清晰的评估指引。指标评估体系能帮助企业等应用主体更全面地把控人工智能应用的风险，从源头上防止风险，也为企业选择安全的人工智能应用、法院裁断人工智能相关案件提供可循思路和裁量标准。同时，应当建立和健全人工智能的监管体系。政府监管应贯穿人工智能开发、设计、数据采集和市场应用等多个环节，防止人工智能被非法利用或用于偏离既定目的的领域。

4. 倡导建立国家人工智能伦理委员会，构建人工智能伦理风险治理机制

建议成立人工智能伦理和安全委员会，开展人工智能伦理道德和安全研究，防范人工智能潜在的伦理道德风险；重点关注人工智能对国家、社会和人民的潜在安全威胁，借鉴世界主要国家在国家层面成立的人工智能安全、伦理委员会工作成果，结合我国人工智能政策要求和产业特点，研究人工智

能应用可能带来的伦理与社会问题，构建人工智能伦理风险治理机制。[①]

【本章小结】

网络安全的核心就是大数据安全，大数据安全关系并影响着网络安全和国家安全、公民个人隐私权益和社会安全稳定等。大数据对国家的政治、经济、军事、科研等重大领域及人们的生活、工作、学习、社交方式具有重要影响。通过大数据分析可以预测国家经济发展形势，分析工农业生产状况，展现国内外贸易情况，促进科研创新，制造舆论影响、社会思潮甚至政治态势等，大数据已经成为国家的重要战略资源。

虽然大数据如此重要，但当今世界大多数国家对大数据的安全管理还缺乏明确的相关法律法规。对大数据的采集、传输、存储、互联、共享、应用、交易、安全管理等权责不明确，大数据的所有权、使用权、运营权、安全责任等模糊，造成数据资源的开发者和使用者经常游走在法律的边缘。对国家而言，数据安全更是直接影响国家发展和社会稳定。当前我国的一些互联网企业收集和存储形成的大数据安全风险问题严重，大数据在采集、传输、存储等环节中，从技术安全到管理安全都存在风险，任一环节出现问题都将影响到大数据的安全，这就要求我们强化关键数据资源保护能力，加快法规制度建设，提高国民大数据安全意识。

作为新一轮科技革命和产业变革的重要驱动力量，人工智能正在深刻影响社会生活、改变发展格局。同时，人工智能如同一把"双刃剑"，如果应用不当，就可能带来隐私泄露的伦理风险。如何在人工智能应用中兼顾隐私保护，确保安全、可靠、可控，是一项亟须关注的伦理课题。

人工智能应用存在隐私泄露的伦理风险。人工智能应用需要以海量的个人信息数据作支撑。数据是人工智能的基础，正是由于大数据的使用、算力的提高和算法的突破，人工智能才能快速发展、广泛应用，并呈现出深度学习、跨界融合、人机协同、群智开放、自主操控等新特征。人工智能越是"智能"，就越需要获取、存储、分析更多的个人信息数据。可以说，海量信息数

---

① 滕宏庆，吴铄生：《我国数字政府建设的政务数据安全保障制度研究》，《探求》2023 年第 2 期，88—97.

据是人工智能迭代升级不可缺少的"食粮"。获取和处理海量信息数据，不可避免会涉及个人隐私保护这一重要伦理问题。今天，各类数据信息采集无时不有、无处不在，几乎每个人都被置于数字化空间之中，个人隐私极易以数据的形式被存储、复制、传播，如个人身份信息数据、网络行为轨迹数据以及对数据处理分析形成的偏好信息、预测信息等。可以预见，在不远的未来，越来越多的人工智能产品将走进千家万户，在给人们生活带来便利的同时，也会轻易获取更多有关个人隐私的数据信息。借助获取的数据信息，基于日益强大的数据整合、处理能力，人工智能技术可以为用户精准"画像"，而其中就潜藏着不容忽视的隐私泄露风险。如果人工智能应用得不到合理管控，人类将被置于隐私"裸奔"的尴尬境地，从而产生严重的伦理风险。

【思考题】

1. 大数据会对政府信息安全造成什么挑战？

2. 怎样看待人工智能技术给政府治理带来的机遇？

【延伸阅读】

《网络安全法》第 21 条规定，国家实行网络安全等级保护制度。网络运营者应当按照网络安全等级保护制度的要求，履行下列安全保护义务，保障网络免受干扰、破坏或者未经授权的访问，防止网络数据泄露或者被窃取、篡改：（一）制定内部安全管理制度和操作规程，确定网络安全负责人，落实网络安全保护责任；（二）采取防范计算机病毒和网络攻击、网络侵入等危害网络安全行为的技术措施；（三）采取监测、记录网络运行状态、网络安全事件的技术措施，并按照规定留存相关的网络日志不少于六个月；（四）采取数据分类、重要数据备份和加密等措施；（五）法律、行政法规规定的其他义务。①

《数据安全法》第 21 条第 1 款规定，国家建立数据分类分级保护制度，根据数据在经济社会发展中的重要程度，以及一旦遭到篡改、破坏、泄露或者非法获取、非法利用，对国家安全、公共利益或者个人、组织合法权益造成的危害程度，对数据实行分类分级保护。国家数据安全工作协调机制统筹协调有关部门制定重要数据目录，加强对重要数据的保护。第 44 条规定，有

---

① （受权发布）《中华人民共和国网络安全法》，新华网，2016 年 11 月 7 日，http://www.xinhuanet.com/politics/2016−11/07/c_1119867015.htm.

关主管部门在履行数据安全监管职责中，发现数据处理活动存在较大安全风险的，可以按照规定的权限和程序对有关组织、个人进行约谈，并要求有关组织、个人采取措施进行整改，消除隐患。第 49 条规定，国家机关不履行本法规定的数据安全保护义务的，对直接负责的主管人员和其他直接责任人员依法给予处分。第 50 条规定，履行数据安全监管职责的国家工作人员玩忽职守、滥用职权、徇私舞弊的，依法给予处分。[1]

《公务员法》第 61 条规定，公务员因违纪违法应当承担纪律责任的，依照本法给予处分或者由监察机关依法给予政务处分……对同一违纪违法行为，监察机关已经作出政务处分决定的，公务员所在机关不再给予处分。[2]

《上海市公共数据开放暂行办法》第 7 章第 46 条规定，数据开放主体按照法律、法规和规章的规定开放公共数据，并履行了监督管理职责和合理注意义务的，对因开放数据质量等问题导致数据利用主体或者其他第三方损失的，依法不承担或者免予承担相应责任。[3]

---

[1] 《中华人民共和国数据安全法》，中国人大网，2021 年 6 月 10 日，http://www.npc.gov.cn/npc/c2/c30834/202106/t20210610_311888.html.

[2] 《中华人民共和国公务员法》，中国人大网，2018 年 12 月 29 日，http://www.npc.gov.cn/npc/c1773/c1848/c21114/c35431/c35434/201905/t20190521_262786.html.

[3] 《上海市公共数据开放暂行办法》（沪府令 21 号），上海一网通办，2019 年 8 月 29 日，https://www.shanghai.gov.cn/nw48156/20200825/0001-48156_62825.html.

第八章　数字政府建设的国内实践

一、广东：数字政府改革打造一体化"整体政府"

广东省作为中国经济发达的省份和改革开放的前沿阵地，近年来坚决落实中央对网络强国、数字中国、智慧社会等战略部署，在全国率先提出数字政府改革，发布数字政府建设规划，从体制机制改革入手，组建广东省政务服务数据管理局，率先探索制度创新与技术创新相结合、政务服务与数据管理相融合的新模式，创新建立"政企合作、管运分离"的建设运营机制。推出"粤省事""粤商通""粤政易"等"粤系列"移动政务服务品牌，一体化政务服务能力连续三年位居全国第一。这表明广东深入推进网络强国、数字中国、智慧社会建设取得了突出成效，意味着广东的数字政府改革建设在全国起到示范和推动作用，具有标杆地位。广东将进一步深化政务服务"一网通办"，不断提升公共服务均等化、普惠化、便捷化水平，持续优化营商环境，做到更大程度利企便民，广东省数字政府建设的具体做法如下。

（一）统筹规划，构建"管运分离"管理模式

广东省提供顶层设计，发布数字政府规划，指导数字政府建设。2017年，广东省先后发布了《广东"数字政府"改革建设方案》《广东省"数字政府"建设总体规划（2018—2020年）》《广东省"数字政府"建设总体规划（2018—2020年）实施方案》等一整套数字政府顶层设计的方案，为广东数字政府建设提供了强有力的指导。此外，为加快数字政府改革建设、推动政府治理体系和治理能力现代化，广东省从机制改革入手，成立数字政府改革建设专家委员会。专家委员会作为省政府的决策咨询机构，针对数字政府改革建设中长期规划、重大决策、技术指导等出具的意见或建议，为政府部门决策时提供重要参考。广东省数字政府建设从体制机制入手，构建"管运分离"的数

字政府改革管理新体制，组建政务服务数据管理局，作为广东省数字政府改革建设工作行政主管机构，广东省省直部门提出建设需求，由省政务服务数据管理局进行顶层设计、整合需求、组织实施、管理监督、市县指导、公共资源交易管理、政务数据资源管理。集中腾讯、华为和三大基础电信运营商的优势资源，成立数字广东公司，负责数字政府建设运营。

（二）创新服务，建立"政企合作"运营模式

在政企合作模式中，国企和私企充分发挥了各自所长。国企展现在政府行业经验的优势，私企的经营模式更具有灵活性，因此，私企和三大运营商可以形成"强强合作，联合创新"的政企合作模式。

政府统一规划各部门间的服务，并借助腾讯云开放的云计算、人工智能等技术能力，构建了全流程一体化的在线服务，针对企业和群众办事跑多次、进多门、填报多、办事慢等问题，广东加快推动实现政务服务网上办、高频事项掌上办、便民事项就近办、跨域事项本地办，着力构建泛在普惠的政务服务体系。广东省以广东政务服务网为全省一体化在线政务服务总入口，涵盖省、市、县、街（镇）、村五级政务服务事项，支撑 71.7 万个实体窗口，全省事项网办率达 95.6%，"最多跑一次"比例达 99.9%。[①]

推行"移动化""一站式""指尖办理"，提升百姓的幸福感。为全面普及政务服务"指尖办"，广东搭建起"粤系列"掌上平台，包括主打政务服务的"粤省事"、主打政务协同的"粤政易"、主打一号响应的"粤省心"以及主打涉企服务的"粤商通"等。其中，"粤省事"实名用户近 1.7 亿，平台上线2279 项服务和 91 种个人电子证照，其中 1165 项"零跑动"，覆盖九成活跃市场主体，平均每 2 个广东人，就有 1 个在使用"粤省事"，已成为全国服务事项最多、用户最广、活跃度最高的省级移动政务服务平台。"粤省事"并非单兵作战，已与"粤政易"平台覆盖了全省五级公务人员 3.7 万家单位，开通用户 215 万，"粤政易"移动协同办公平台实现跨部门、跨层级业务协同，文电办理用时较之前下降约 40%，业务管理更加扁平高效。"粤省心"政务热线

---

① 肖文舸：《广东省推出多项政府数字化创举，加快打造数字政府改革建设"广东样本"》，《南方日报》2022 年 5 月 5 日，第 A03 版．

平台整合部门自建的便民热线，实现"12345"一号对外，通过线上线下融合，全年办理工单 5118 万宗（数据截至 2022 年 4 月）。[①]"粤商通"汇聚全省 436 个政府部门 1800 多项利企服务，服务覆盖广东超过 1000 万市场主体，企业申领财政补贴资金等服务均可"一键直达"。[②]"粤智助"政府服务一体机覆盖全省全部行政村，全面打通服务群众"最后一百米"。2021 年 9 月 8 日，"珠澳通"应用程序上线，探索政务服务跨境通办，泛珠九省区 300 项高频事项实现跨省通办，泛在普惠型政务服务体系基本建成。"粤系列"与广东政务服务网全面对接，实现一个账户、一次登录，办事、支付、寄递等一网通办。未来，"粤系列"将逐步实现政府、企业和社会服务"三位一体"，打造开放互融的数字政府平台。数字政府建设运营中心承担了方案设计以及省级电子政务基础设施和系统的建设运维工作，提供解决方案、系统管理、应用开发、数据融合、安全机制等专业化的综合服务。

（三）重构基础，注重开展数字政府评价

广东构建一个技术先进、安全可靠、服务完备的政务云平台，进一步降低各部门信息化建设成本，促进政府部门间的信息资源利用和协同共享，提升基础设施利用率，推动政务信息资源共享，实现业务应用快速部署，保障业务应用系统安全可靠运行，推动省直各部门完成新建及现有政务业务系统的有序迁移上云。在建设层面，广东统一规划，将各级各部门分散建设的业务系统、自建机房和业务专网整合，形成全省"一片云、一张网"，避免多头重复建设，有力推动粤东、粤西、粤北地区数字政府建设实现"弯道超车"。同时，针对因重复分散建设导致"信息孤岛"等问题，广东省统一建设政务大数据中心，形成共用共享资源池，带动 63 个省级单位和 21 个地市业务数据互联互通，汇聚数据 390 亿条，其中超 70% 数据需求实现"秒享"。构建"1+N+M"的数字政府政务云平台，包括 1 个省级政务云平台、N 个特色行

① 广东台新闻频道新浪微博：《数字政府建设跑出"广东模式"》2022 年 5 月 25 日，https://weibo.com/ttarticle/p/show?id=2309404773127984120384.

② 肖文舸，王彪：《粤打造整体化协同化数字化政府，政务服务能力和治理水平实现跨越式发展，为数字政府改革建设探索广东样本》，《南方日报》2021 年 11 月 26 日第 A05 版.

业云平台、M 个地市级政务云平台，形成"全省一片云"的总体架构。[①] 通过集约化建设，广东实现了政务服务和政府治理双提升，在强大的"互联网+"数据后台支撑下，广东省网上办事"一个入口、一张表单、一套材料"得以实现，全省市县镇村五级政务服务事项纳入标准化管理，全省事项网办率达95.54%，政务服务实现了从"可办"向"好办"的提升。[②]

广东省以评促改、以评促建、以评促管成为近年来政府推进工作的重要抓手，为推进广东省数字政府改革，广东省政务服务数据管理局委托第三方进行了数字政府的第三方评估工作，从统筹推进机制、数字化支撑能力、数字化服务能力和创新情况四个方面对数字政府建设进行评价。统筹推进机制主要考察各地各部门如何推进数字政府改革建设工作，包括决策领导机制、工作协调机制；数字化支撑能力主要考察数据支撑能力和基础设施支撑能力；数字化服务能力主要考察各地各部门通过数字化方式向企业和群众提供服务的能力，包括数字化服务供给能力、服务标准化能力和服务体验；创新情况主要考察部门在公共服务、数据驱动等方面的创新能力。

（四）规范运营，加强数据安全风险管理

广东省委、省政府坚持发展与安全并重，在深化数字政府改革建设过程中，始终将网络和数据安全作为关乎改革成败的底线和生命线。

2021 年，广东在全国率先出台数据要素市场化配置改革行动方案和省级公共数据管理办法，建立权责清晰的公共数据资源开发利用长效机制。为实现数字政府高质量发展，广东数字政府产业发展联盟正式成立，聚焦产业研究、政策建议、产业合作、人才培养等重点领域。同时，广东持续开展数字政府专业能力培训，助力提升各级干部队伍数字化素养，全年组织培训 10 余次，上线课件 58 个，全省学习人次超 49 万。从数据安全风险管理角度，探索一种新的数据风险管理模式，建立数据运营方、数据管理方、数据监审方及数据标准方的"1+3"管理架构，形成统一规范的政务数据管理和安全保障体系，为政务数据共享提供有效的安全保障。数据运营方为数字广东公司，

---

① 王益民：《数字政府》，中共中央党校出版社，2020 年．

② 肖文舸，王彪：《粤打造整体化协同化数字化政府，政务服务能力和治理水平实现跨越式发展，为数字政府改革建设探索广东样本》，《南方日报》2021 年 11 月 26 日第 A05 版．

主要承担政务数据资源采集、传输、存储、使用、交换、销毁等全生命周期的数据运营工作。2021年，广东建立了数字政府网络安全多部门协同联动机制，建成一体化网络安全防护体系。为更好推动全省数字政府网络安全能力提升，广东自2020年起在国内率先组织开展数字政府网络安全指数评估工作，发布包含4个一级指标、24个二级指标、103个评估项的《广东省数字政府网络安全指数指标体系》，编制《广东省数字政府网络安全指数评估实施指南》，对指数评估工作流程加以规范，进一步增强指数评估工作的科学性，发布年度数字政府网络安全指数，推动网络安全工作"可量化、可评估"。强化数字政府网络安全运营常态化管理，连续2年举办"粤盾"攻防实战演练，定期开展网络安全大检查，不断完善网络安全应急响应机制。此外，广东省数字政府建设不断升级。

2023年，广东发布《2022数字政府网络安全指数评估报告》（以下简称《报告》）。《报告》显示，全省数字政府网络安全指数由2020年的53.81分提升至2022年的64.19分，同比增长19.3%；网络安全指数达到受控级以上水平的地市由6个增加到12个。2023年2月，数字政府网络安全指数评估已覆盖全省21个地市，采集数据约6.8万项，广东正在加快数字政府网络安全防护体系建设，迈上新台阶、实现新跃升。全省数字政府网络安全指数评估工作已经成为广东指导推动各地各部门构建数字政府全方位安全保障体系的重要抓手。经过3年深入实践，网络安全工作从"看不见、摸不着"转变为"可量化、可评估"，为深化全国数字政府网络安全工作、筑牢数字政府安全生命线探索出广东路径。①

（五）深化改革，全面建成"数字政府2.0"

2023年，《广东省人民政府关于进一步深化数字政府改革建设的实施意见》（以下简称《意见》）正式印发。广东将全面深化"数字政府2.0"建设，将数字技术广泛应用于政府管理服务，充分发挥数字政府改革建设对数字经济、数字文化、数字社会、数字生态文明的引领作用，特别是对实体经济发

---

① 皮泽红，胡钊：《广东数字政府网络安全工作迈上新台阶》，《中国经济导报》2023年2月21日第6版.

展、城乡区域协调发展的促进作用，更好支撑全省高质量发展。《意见》提出，到 2025 年，"智领粤政、善治为民"的"数字政府 2.0"全面建成，政务服务水平、省域治理能力、政府运行效能、数据要素市场化配置能力实现全国领先，数字政府引领驱动全面数字化发展的作用日益明显，打造数字中国创新发展高地。到 2035 年，整体协同、敏捷高效、智能精准、开放透明、公平普惠的数字政府基本建成，为基本实现社会主义现代化提供有力支撑。①

1. 不断提升政府数字化履职能力

从提升政府数字化履职能力、筑牢数字政府网络安全防线、优化数字政府体制机制、夯实数字政府基础支撑底座、强化数据要素赋能作用、加强数字政府引领等多方面进一步深化广东数字政府改革建设。其中，将推动"一网统管""一网通办""一网协同"相互促进、融合发展，不断提升政府数字化履职效能。广东将以"一网统管"开创省域治理新格局，包括提升经济数字化治理水平，搭建全省协同的经济态势感知研判平台；强化市场智慧化监管能力，强化食品安全、"两品一械"安全、特种设备安全等重点领域数字化监管；创新社会智能化管理模式，加强公共服务数字化管理，增强教育、医疗、人社、民政、法律服务等行业数字化管理能力等。广东还将以"一网通办"打造政务服务新高地，推进政务服务标准化、规范化、便利化建设，严格执行首问负责、一次性告知和限时办结等制度，推动高频政务服务从网上可办向全程网办、好办易办转变。为助力营商环境优化，广东省将推动企业开办全环节、全链条审批联动，深化"一照通行"和"一证多址"改革。同时，广东以"一网协同"构建数字机关运行新模式，通过以数字政府建设推动政府治理流程再造和模式优化，推动政府运行更加协同高效。

2. 争取数字中国建设综合试点

广东将优化"政企合作、管运分离"建设运营模式，强化政务信息化项目统筹管理，健全数字政府法规制度、标准规范和理论研究体系，强化区域协同和创新试点示范，释放改革发展新活力。其中，将推动省数字政府建设运营中心聚焦基础设施、政务大数据、公共支撑等，构建服务能保障、质量

---

① 肖文舸，部小平：《广东印发实施意见进一步深化数字政府改革建设，到 2025 年全面建成"数字政府 2.0"》，《南方日报》2023 年 6 月 27 日第 A05 版.

能稳定、效益能测算的一体化支撑体系；构建全省政务信息化项目一体化管理工作机制；推进数据领域立法，加快出台广东省数据条例；完善数字政府标准规范体系，发布数字政府标准规范目录。广东还将加大对粤东粤西粤北地区数字政府建设支持力度，探索建立数字政府对口帮扶机制；积极争取数字中国建设综合试点、国家数字政府综合改革试点，为数字中国、数字政府建设贡献更多"广东经验"。此外，为强化基础能力支撑，广东将继续坚持集约高效建设，夯实数字政府基础支撑底座，强化"云网端"一体化管理，打造数字政府新型基础设施智能管理平台"粤基座"。

3. 推动数据要素成制造业新动能

数据作为新型生产要素，其巨大价值亟须释放。《意见》明确，广东将完善数据管理机制和基础制度，加快构建数据资源"一网共享"体系，深入推进数据要素市场化配置改革，充分释放数据价值，赋能经济社会高质量发展。将在全省推广首席数据官（CDO）制度，并加强公共数据、社会数据统筹管理，提高应急状态下数据要素高效协同配置能力；健全省市一体化政务大数据体系，支持建设粤港澳大湾区大数据中心，探索在特定区域发展建立国际大数据服务和离岸数据中心；持续开展公共数据资源普查，探索将企业数据纳入公共数据资源目录体系；推进数据高效有序共享，推动重点领域公共数据资源安全有序向社会开放。在加快数据要素市场化配置方面，广东将加快数据运营和交易机构建设，建立健全公共数据运营规则，充分发挥广州、深圳两大数据交易所的枢纽作用。推进数据资产化管理，组织开展公共数据资产登记和价值评估试点；完善个人和法人数字空间，推进公共数据、企业数据、个人数据分类分级确权授权使用；还将探索建立"数据海关"，落实国家关于数据跨境流通的法律法规和制度要求。为用好数据资源，推动数据要素赋能实体经济发展，《意见》指出，推动数据要素在粤港澳大湾区、全国范围有序流动，引导市场主体进场交易，释放数据价值，为实体经济特别是制造业高质量发展提供数据要素新动能。[①]

---

① 肖文舸，郜小平：《广东印发实施意见进一步深化数字政府改革建设，到 2025 年全面建成"数字政府 2.0"》，《南方日报》2023 年 6 月 27 日第 A05 版.

二、浙江："最多跑一次"改革推进政府数字化转型

习近平同志在浙江工作期间高度重视机关效能建设，强化为民服务宗旨。浙江一以贯之落实习近平总书记系列重要指示批示精神，积极推动"互联网＋政务服务"工作，先后实施"四张清单一张网"、"最多跑一次"、政府数字化转型、数字化改革等重大改革，助力政府职能转变，推动政务服务由"可办"转向"好办""易办"。作为全国首个信息经济示范区，浙江省是国内唯一同时承担国家电子政务综合试点、公共信息资源开放试点、政务信息系统整合共享试点三个国家级试点任务的省份。简政放权一直是我国各级政府行政体制改革的主要内容，但权力结构的调整缺乏足够的定力，单纯依靠制度约束也难以固化改革的成果。另外，信息技术在政府治理中的应用，也因为难以突破条块分割的壁垒，形成诸多碎片化的信息孤岛，难以发挥智慧政府整体性治理的理想绩效。浙江省"四张清单一张网"改革同时面向上述两个问题，以信息技术作为权力结构调整的动力与约束力，通过权力结构优化释放出信息技术对治理绩效的积极效应。推进了地方政府管理数字化、智慧化，构建了现代政府数字治理新模式。近年来，浙江省以"互联网＋政务服务"为抓手，利用信息化手段、新兴网络工具、大数据平台整合政务资源、优化办理流程，持续推进"四张清单一张网"和"最多跑一次"改革，政府数字化转型在审批服务领域率先突破，走在全国前列，特别是浙江省"最多跑一次"改革中通过推进"互联网＋政务服务"2.0建设，建立数字化公共服务体系，坚持以用户为中心服务理念，强调以数据定义服务的服务方式，实现政府与群众双在线组织结构。

（一）以"城市大脑"推进智能政务建设

早在2003年，习近平同志在浙江工作时就部署建设"数字浙江"。2014年6月浙江政务服务网正式上线运营，在全国首开"互联网＋政务服务"先河，全面实施"四张清单一张网"。2016年浙江省政府全面深化"最多跑一次"改革，从2016年开始试用"浙政钉"。2018年全面推进"政府数字化转型"，2018年12月，杭州发布"城市大脑"（综合版）推出交通全域应用、优驾自动容错、重车全程严管等9项举措。2019年推出了舒心就医、欢快旅

游、便捷泊车等 9 个重点应用场景，11 大系统、48 个场景同步推进。在不断扩容的便民服务中，群众的获得感、幸福感和安全感也持续攀升。形成智能导服、自动填表、一次办结、查看状态、统一评价的一体化流程，整个行政服务流程可以通过移动端、PC 端、窗口端和自动终端等统一受理界面完成；实行统一办件调度，同时为数据共享和业务对接提供基础，实现业务流程的标准化、智能化和自动化；通过"互联网＋政务服务"2.0 能够实时全面掌握办件情况、评价情况、联办效率、数据共享率等客观数据，推动高效公正监管。

"城市大脑"还建设了"亲清在线"数字化平台。在杭州"城市大脑"全面支撑下，通过对政府部门"轻量级"资源整合、数据协同创新了政务服务模式，通过数据共享、流程再造，政府惠企政策和人才补贴政策等都是线上申报、秒级直达，形成了"零材料、零审批、秒兑现"的直达模式，实现"人找政策"转换为"政策找人"。截止到 2022 年 4 月，"亲清在线"已经累计上线政策 639 条、兑付资金 163 亿元，办件 1287 万件、服务企业 46 万家，切实优化了营商环境，提升了政务服务效能。① 可以说，这是一种刀刃向内的改革，用数字化的算法替代一大批审批部门和审批人员，只要信息能够准确、稳定、有规律地更新，这项工作就能精准完成。2022 年，出台了《浙江省人民政府关于深化数字政府建设的实施意见》，掀开了全面推进数字政府建设的新篇章。

2020 年 3 月 31 日，习近平总书记考察杭州"城市大脑"运营指挥中心时强调，用大数据、云计算、区块链、人工智能等前沿技术推动城市管理手段、管理模式、管理理念创新，从数字化到智能化再到智慧化，让城市更聪明一些、更智慧一些，是推动城市治理体系和治理能力现代化的必由之路，前景广阔。当前，ChatGPT 掀起的大模型浪潮席卷全球，面对新一代信息技术发展形势，杭州"城市大脑"将继续不断深化建设，走在全国前列。2023 年 7 月 21 日召开的杭州"城市大脑"智库专家聘任暨向大模型试点开放场景发布专题会，给出新技术方向，也布置了新任务。专题会宣布锚定"城市大脑 2.0 与大模型融合建设"新技术方向，向拥有大模型的企业开放场景。城市大脑

① 《城市有大脑 治理更聪明》，《中国纪检监察报》2022 年 4 月 26 日第五版．

2.0 持续在智慧交通、数智宜居、一老一小等场景发力，顺应当下人工智能的发展的颠覆性与引领性，拥抱大模型。目前杭州"城市大脑"指挥部已经谋划形成一个整体思路，概括为"123N"，即构建 1 个"智能中枢"支撑大模型生产体系，分别从服务侧应用、治理侧工具入手，打造"城市大脑 GPT"和"数智公务员"两大数智产品。通过数据治理、模型训练、赋能场景这 3 个步骤，为"三个一网"培育 N 个行业大模型，全面"提智赋能"亚运、交通、住房、旅游等领域场景，打造"更聪明、更智慧、更高效"的"城市大脑"。试点将向拥有大模型的企业开放相关场景应用。杭州计划 2023 年内分两批开放试点场景，其中第一批为文化旅游、数智营商环境等领域的场景；第二批为公共交通、住房保障、城市运行、数字治理等领域场景。①

（二）以互联互通推动数字协同治理

浙江于 2014 年推出政务服务网站，公布政府部门的权力清单。市民可以通过网站，完成部分行政业务或者个人缴费业务的办理。随着信息网络技术的不断开拓，浙江在打造网络政府的过程中，逐步由原先的"政务服务 + 网络"的形式向"网络 + 政务服务"模式的转变。

加快数据建设，以大数据为依托的在线数据共享与协作方式，极大地促进了政府职能部门间的有效通力协作。强大的数据信息支持，构建了让群众和企业少跑路而数据快速前行的格局，简化了线下繁杂的手续办理过程，连接了各地的政府职能部门。浙江省各相关职能部门已经完成多个业务与一窗受理平台的对接，各地也积极开展地区网络政府部门职能系统的对接建设，完善了多个市级县级数据信息系统，登录政府相关的服务网站，可以借助大数据对用户的 IP 进行实时定位，及时跳转到用户所在区域的地方职能部门管理网页。这样的实践经验也符合创新型服务型政府的构建。通过网络大数据的协调运作以往一些政府职能部门间的相互推诿和审批过程烦琐等问题，得到了进一步的整改和落实。

依托信息经济大省的优势，浙江省大力推进电子政务与公共数据统筹建

设和资源整合，建立人口综合库、法人综合库、信用信息库、电子证照库、资源地理信息库等多部门、多数据、多主体的信息资源库，消除层级间、部门间数据壁垒，实现数据共享。探索贯穿数据全生命周期的治理新路径，着力破解影响数据共享开放的体制和技术难题，构建数据融合汇聚的信息共享体系。依托省级政务云平台实现全省政务数据的融合汇聚，根据统一的数据采集与交换标准推动数据资源共享开放、部门间数据标准对接和系统互联，以流程再造实现跨部门、跨系统、跨地域、跨层级高效协同。同时，打造统一安全的政务云平台、数据资源共享共用的大数据平台和一体化网上政务服务平台，形成大平台共享、大数据慧治、大系统共治的顶层架构，建成省级统筹、部门协同的"互联网＋政务服务"新体系。基于政务 OA 和钉钉应用，实现智能随身、高效便捷的全平台实时提醒、全天候处理公务、全方位监督管理，实现审批更简、监管更强、服务更优。

（三）以"掌上办理"打造移动政务服务

2017 年初，浙江省政府办公厅发文，为推动"互联网＋政务""最多跑一次"改革，决定在全省政务系统统一部署使用移动办公钉钉系统，提高行政决策效率。到 2018 年底，"浙政钉"组织架构内，浙江省政府、省属委办厅局机关和全省 11 个地市、90 个区县都在钉钉上进行工作沟通和办公协同，截至 2022 年 11 月 3 日，"浙政钉"注册用户数已达 180 万，日活率达 84%。浙江各地各部门基于"浙政钉"平台自建开发的应用数已超 4000 个，浙江数字政务创新呈现百花齐放的态势。依托掌上办公 APP"浙政钉"，浙江将全省 180 万公职人员接入一个平台进行工作沟通和办公协同，办公效率大大提升。"浙政钉"在经济运行、市场监管、社会管理、环境保护、公共服务、文化教育、基层减负等方面发挥着资源共享、数据共享、高效协同的重要作用，通过让数据多跑路，换取了群众和企业"最多跑一次"甚至"一次不用跑"，大大提升了政务办事及服务效率。作为在线政务协同平台，"浙政钉"在浙江已实现省、市、县、乡、村、小组（网格）六级全覆盖。在实践中，各地各部门根据自身业务需要和实践经验，目前依托"浙政钉"平台已开发了 4184 个应用，全省数字政务创新不断向纵深发展。

浙江省市场监管局依托"浙政钉"打造了"掌上执法"应用，整合基层众多执法应用，"浙政钉"统一移动执法入口，电子签名、蓝牙打印，科技赋能移动便捷执法重大事件，"钉消息"秒级触达相关人员，确保及时执法大数据反哺，促进执法数字化、智能化，为基层减负。[①]

在小商品之都金华义乌，全市 32 个市场监管部门运用"掌上执法"应用，针对不同的监管事项梳理形成了 2600 余张标准化检查表单，基层的监管人员通过掌上执法系统内的检查表单开展现场执法检查，检查项目和检查标准一目了然，实现了监管从"随意"到"标准"的转变。

浙江省农业农村厅依托数字化手段，打造浙农帮扶场景应用。通过对帮促业务的任务拆解、流程再造和场景集成，打破过去各自为政的局面，将 20 个部门 120 多个数据项集成到低收入农户的"一户一码"，实现了民政、医保、残联、红十字会等部门多跨协同。基层干部通过"浙政钉"实时接收低收入农户"浙里办"提交的帮扶需求，扫码实时查询农户基本情况和帮扶政策，做到了推进返贫风险及时发现、及时解除，推动低收入农户各类政策应享尽享、不断增强自我发展能力。

而依托"浙政钉"开发的浙江省机关内部"最多跑一次"协同办事系统（以下简称"内跑平台"），为全省机关内部办事减材料、减时间、减环节提供了有效的平台支撑。"内跑平台"依托"浙政钉"，实现一号登录、一个界面、一网融合、一表通办、一键流转，推进办事流程再造，让材料"瘦身"、流程"打包"，变办事对象跑腿为网上流转、信息互通的数据跑腿，全面提升机关内部办事效能。"内跑平台"上线以来，全省机关内部"最多跑一次"实现率已达 90% 以上，网上办理按时办结率和办事对象满意率分别达 87% 和 99.9%。[②]

2014 年，一款基于浙江政务服务网一体化平台能力的 APP"浙里办"上线，作为群众和企业服务的总入口，2023 年，"浙里办"实名注册用户超 1 亿，日均活跃用户达到 300 万，已汇聚 3638 项依申请政务服务事项、2000 余个便民惠企服务、"出生""企业开办"等 40 件多部门联办"一件事"，推出

---

① 《数字政务百花齐放：浙政钉自建应用数已超 4000 个》，央广网，2022 年 11 月 10 日，http://tech.cnr.cn/techph/20221110/t20221110_526056890.shtml.
② 《数字政务百花齐放：浙政钉自建应用数已超 4000 个》，央广网，2022 年 11 月 10 日，http://tech.cnr.cn/techph/20221110/t20221110_526056890.shtml.

身份证、驾驶证、道路运输证等 290 余类高频电子证照。

浙江省进一步提出在医疗健康、教育培训、社会保障、救助抚恤、精准扶贫、文化旅游、公用事业、交通出行、法律服务、科技服务、社区服务、全民健身等公共服务领域全面推广和优化"浙里办""浙政钉",打造"掌上办公之省"和"掌上办事之省",在国内首先实现了省、市、县、乡、村五级机构的组织在线,完成了五级行政区划的移动联络系统建设,通过让数据多跑路,换取了群众和企业"最多跑一次"甚至不跑路,大大提升了政务办事及服务效率,助力政府数字化转型。

多事联办,"快"字当先。过去,"跑多次""材料多""耗时久"是困扰企业开办的老大难问题,但如今在浙江,开办企业已实现全程网上办理,再也不用跑窗口了。"企业开办一件事联办"将企业开办涉及的设立登记、公章刻制、发票申领、社保登记、医保登记、公积金缴存登记、银行预约开户及代扣代缴等业务,通过材料精减、数据共享等,全链条集成为"一件事",相关信息一次采集即可完成所有事项办理,并通过公章刻制和寄递费用政府买单形式实现零成本。"企业开办一件事联办"基本在一个工作日内办结。

多部门联办"一件事"不仅为企业办事提供了极大便利,也为群众办事提供了强大助力。"出生一件事联办"上线"浙里办"两年多来,通过在"指尖办、一次办、秒速批",使原本涉及 4 个部门、要跑 5 次窗口、平均 2 天才能拿到结果的事项,现在只要动动手指、刷刷脸,就可以轻松完成,实现了新生儿出生医学证明、预防接种证、落户登记、医保参保登记和社保卡申领多证联办,证件快递直接邮寄到家。

面对企业开办、新生儿出生等大小事项,"浙里办"坚持以用户为中心,立足企业、群众办事视角,通过强化数据共享、重塑办事流程、深化业务协同,减材料、减环节、减时间,推动部门政府转变为整体政府,多管齐下为效率赋能,跑出"浙江速度"。

"进一张网,办全部事",过去,办事找不到服务、账号切换不方便等问题困扰着企业。现在,"浙里办"为企业办事按下"快捷键",全新上线法人频道,实现"1 个 APP、2 个频道、个人法人便捷切换"。此外,"浙里办"法人办事还可以"按生命周期、按身份、按部门"进行分类。不仅线上一站办,还能线下就近办。通过"浙里办"可以顺利找到附近办事大厅,"浙里办"覆盖移动端（应用程序、支付宝小程序、微信小程序）、PC端（浙江政务服务网）、行政服务中心窗口、自助服务一体机等，实现线上线下融合，企业无论在哪儿办事，都是无差别受理、同标准办理。自2021年起，连续两年荣膺浙江省数字化改革最佳应用的"浙里办票"在"浙里办"上实现跨层级、跨地域、跨系统、跨部门、跨业务的协同管理和服务协同。[①]

面对企业成长、群众生活中不断变化的需求，"浙里办"持续更新迭代，深化线上线下融合程度，更大力度方便企业、群众办事，更大程度激发市场活力，让服务更好找、办事更顺畅，积极助力营商环境优化提升，拓宽"浙江广度"。"浙里办"积极推进惠企政策直达快享，变"企业找政策"为"政策找企业"，让奖补政策"自动导航"到企业。"浙里办"上的"政策一键兑"功能已成为企业实现政策资金兑换的重要途径。未来，"浙里办"PC端（浙江政务服务网）将迎来全新改版，基于企业用户角色，提供企业个性化服务空间，实现"一企一界面"。立足企业视角，建设惠企政策推荐、企业档案等模块，实现惠企政策、办事服务等个性化、精准化、智能化推送。

"浙里办"服务于生活的细微之处，关注群众生活中的点滴小事，实现办事一次都不用跑。如今，以群众需求和解决问题为导向，"浙里办"通过多跨协同，实现救助服务从"人找政策"向"政策找人"、从"依申请"向"主动服务"转变，能及时知晓困难群众诉求，第一时间主动救助，并且在特定时间点，为困难群众及时提供幸福清单推送。

（四）以"一门一网式"服务保证公开透明

打造透明化阳光的办公模式，不仅能使人民群众看见各个步骤，而且能使相关部门进行有效的电子化监察问政，有助于打造全新的廉洁阳光政府。

"一门一网式"政府服务遵循"用户至上"的理念设计。用户在线以个人的基本信息为依据，以生命周期为轴线，将与个人相关的各项政务服务、公共服务、社会专业服务有针对性地导入个人专属网页，使个人专属网页成为

---

① 《"浙里办"9周年！一心"1亿"，"9"久为功》，丽水统计，2023年6月27日，https://mp.weixin. qq.com/s?__biz=MzAwOTE1NzM5OQ==&mid=2655252559&idx=3&sn=29beadd6b6b 12ceb3005babaa67b 5558&chksm=80d4be37b7a33721785954ce861f4e3434aedebde2b90d58e1ed1adcb1f26f0e1d3978565517&sce ne=27.

个人网络身份证。在市民专属网页丰富的模板、内容和模式中，强调通过个人自主定制、自主选择、自主设计、自主服务，不断提高个人专属网页的用户体验。"一门一网式"是"互联网＋"时代政府对服务创新与治理创新的重新思考，对企业、个人、社会组织等设立"专属页"也是对互联网时代用户行为习惯与体验需求的深刻洞察。"一门一网式"政府服务利用大数据技术，可以创新治理，进行绩效评估，完善实施在线行政效能监察和问责机制，接受公众监督，从而保证权力公开透明。

由于为公众提供综合性、一站式服务，浙江政务服务网被喻为"政务淘宝"，并被国务院办公厅等列为改革试点。浙江政务服务网打破了各部门之间的信息壁垒，在全国率先做到"同一事项、同一标准、同一编码"。群众企业办事基本实现"网上办理""最多跑一次"。机关内部"最多跑一次"实现率达100%，部门间办事事项实现"一网通办"。浙江省一脉相承、一以贯之的理念引领和支撑着政务服务的改革和探索。"四张清单一张网"，里面的"网"是浙江政务服务网，其核心就是"互联网＋政务服务"，而"最多跑一次"改革本质上也是"互联网＋政务服务"，区别在于是站在群众的视角、以群众的语言阐述政府这场刀刃向内的自我革命，以"最多跑一次"改革撬动各个领域的改革，从而建设数字政府，建设治理体系和治理能力的现代化。此外，通过加大网络的宣传普及力度，能让市场主体和群众更了解相关改革举措，给予企业营商环境建设更多的支持。

从"最多跑一次""跑零次"到"上门代办""无感智办"，从"一窗受理""一事联办"到"跨省通办""一网通办"，从"可办""能办"到"好办""易办"，浙江数字化改革助推了公共服务的提档升级，政务服务以"浙江速度"迈向新的台阶。

三、上海："一网通办"建设数字政府

为顺应政府管理和服务现代化发展趋势，2018年3月，上海印发《全面推进"一网通办"加快建设智慧政府工作方案》，在国内率先提出打造政务"一网通办"总门户，旨在通过"互联网＋政务服务"精神，实现"以部门管理为中心"向"以用户服务为中心"转变，基本实现群众和企业办事线上

"一次登录、全网通办"，线下"只进一扇门、最多跑一次"，对面向企业和群众的所有线上线下服务事项，逐步做到一网受理、只跑一次、一次办成。并将"一网通办"改革作为数字政府建设的重要途径。同年10月17日，上海"一网通办"总门户正式上线。

"一网通办"是指践行和落实"以人民为中心"的发展理念，在提供政务服务的过程中引入互联网思维、强化信息化手段，在整合办事部门、优化政府办事流程的基础上构建统一整合的一体化在线政务服务平台，推动政府公共信息的互联互通互享互助，促进线上线下政务服务融通，在线下整合公共服务的同时为民众提供线上政务服务新路径，实现在一定区域内跨区域、跨部门通办，促进不同区域不同部门在相同事项上无差别受理、零差别办理，努力做到民众办事减材料、减证明、减时间、减跑动次数，推进政府在理念、结构、流程、效能、监督等方面的全面再造，促进营商环境优化，打造整体性政府。

（一）"一网通办"框架体系

1. "一"为前提

"一网通办"的前提是"一"。强调"一个整体、一个门户、一门服务、一窗受理"，建立一个总门户，服务事项一口进出，努力实现"只跑一次、一次办成"，重视整合性、整体性，努力打造整体性政府。一个整体，就是通过政务服务在虚拟空间（线上）的统一和整合，倒逼政府部门在物理空间（线下）上的整合，促进政府打破管理的碎片化，打造整体性政府；一个门户就是建立统一的电子政务服务网，提供整合的公共服务；一门服务是线下将面向企业和公众的公共管理和公共服务集中到一个统一的地点，让企业和公众只要去一个地点就能获得所需要的多种公共服务；一窗受理是将涉及民众的行政审批事项集中到单一窗口，让企业和公众能够申请公共管理和公共服务一次办成；只跑一次、一次办成，是对公众而言的，通过"让数据多跑路，让群众少跑腿"，使群众能够更好、更方便地获得公共服务。

"一网通办"实现行政审批事项全覆盖，并不断丰富公共服务和其他行政权力事项。优化统一身份认证体系。推进各区、各部门网上办事系统现有用户体系全面整合，统一纳入"一网通办"。推进各类政务热线数据向"一网通办"平台归集，优化"一网通办"诉求处理机制，建立健全各专业领域的咨询体系。推进统一公共支付，统一支付平台已整合微信、支付宝、银联三种主要支付渠道。推进统一物流快递，扩大统一物流平台事项接入范围，实现"一网通办"接入事项物流服务全覆盖，"一网通办"现已与邮政、顺丰深度合作，能够为1142个事项寄送材料。截至2023年3月底，"一网通办"实名注册个人用户超过7968.93万，法人用户超过311.06万，接入事项3622项，累计办件量达3.36亿件，取得的成效显而易见。[①]

2. "网"作基础

"一网通办"的基础在于"网"。通过构建统一的电子政务服务网，整合原来分散于各个政府部门的信息和数据，发现优化和完善政务服务流程的空间和可能，形成监督各个政府部门行政行为的客观性机制，以信息化为手段促进政府流程再造，倒逼政府进行改革，优化政务服务；这是在优化线下服务的基础上，提供类似"网购"一样的线上公共服务新路径，实现线上线下两方面公共服务和公共管理办理路径的同步优化和发展。

"一网通办"中"网"的使用也体现了互联网价值和思维。上海全力推进"一网通办"的政务服务，旨在将面向企业和群众的所有线上线下服务事项，逐步做到一网受理，推进线上线下融合，服务事项全覆盖。做到绝大部分事项具备全程网办能力，实现审批事项全覆盖、办事指南标准化，解决线上线下"两张皮"的问题。进一步细化、量化业务口径标准，消除模糊条款、兜底条款，实现各级办事大厅同一事项无差别受理、同标准办理。聚焦教育、医疗、住房、社保、民政等与群众日常生产生活密切相关领域，拓展"一网通办"服务事项范围，梳理一批公共服务事项，按照国家标准逐项开展标准化、规范化工作后，纳入"一网通办"总门户。

3. 关键在"通"

"一网通办"的关键在于"通"。这里的"通"主要表现为虚拟空间和物理空间的整合和联通，表现为线上和线下的联动和共通，在虚拟空间方面，通过建立整合的大数据中心，建立统一的公共服务网，归集原来分散在各个

---

① 《上海"一网通办"改革七大亮点，让政务服务像网购一样方便》，澎湃新闻，2023年5月11日，https://m.thepaper.cn/newsDetail_forward_23042683.

部门的数据，促进政府部门的数据和信息"以共享为原则，以不共享为例外"，实现政府部门内部的数据联通和共享，为高水平的公共服务和高质量的公共管理提供技术支持；在物理空间方面，整合多方资源，促进政府部门的集中和协同，推进政府服务资源和部门的整合，为社会和公众提供整合性的公共服务。目前，"一网通办"已实现大部分社区服务事项全市通办，市区两级审批事项100%实现全网通办，16个区行政服务中心、220个社区事务受理服务中心综合窗口政务服务实现单窗通办。[①]上海与苏、浙、皖三省合力攻关，打造长三角"一网通办"专栏，上线全国首个区域政务服务"一网通办"旗舰店。目前，已经开通多个城市线下专窗办理点，一些事项可跨省办理，增强政务服务区域一体化效应。

4. "办"是核心

"一网通办"的核心在于"办"。"办"重视的是办理，一方面从民众角度出发，提高和完善企业和个人办事的体验性、感受度、获得感，使民众能够及时、方便地获取公共服务；另一方面在政府部门方面，提高各个层级政府之间以及同一级政府内部的不同部门之间管理和服务的协同性和便利度，促进办事效率和效能的提高。"一网通办"建设市民主页和企业专属网页，政府形成的所有证照等档案主动归集，为市民和企业建立专属档案室，可以在生活、工作、办事时使用，减少信息填报，提供更多便民措施。通过对档案的分析，从原来依申请被动服务转变为主动推送相关政策和提醒，提升企业和群众对智慧政府的感受度。在全市推行"一窗受理、分类审批、一口发证"的"综合窗口"机制，加快实现线上线下融合，标准一致、服务一体。

总体看来，"一网"两个字综合起来体现了"智慧政府"建设的要求；"通办"体现了建设服务型政府的取向。从目标取向上来看，"一网通办"并非简单地减少跑动次数，而是努力集成"减材料、减证明、减时间、减跑动次数"等多个价值目标，通过电子政府的建设倒逼政府进行流程再造，推动政府部门信息共享。从公共管理角度分析电子政务的成长阶段模型：第一阶段是信息目录；第二阶段是服务和表格的在线，以及支持在线交易；第三阶段是政府信息系统的纵向集成，即实现了跨层级的服务；第四阶段是横向集

---

① 王益民：《数字政府》，中共中央党校出版社，2020年．

成，即提供跨部门的服务，民众面对的是一个整体的政府。"一网通办"也努力做到上述纵向和横向的集成，将打造整体性政府作为改革的重要目标。正是由于"一网通办"的智慧政府和服务型政府相结合的特点，使得它能够为全国建设一体化政务服务平台所借鉴和使用，成为中国特色"互联网＋政务服务"的新名片。

（二）"一网通办"建设机制

上海市大力推动智慧政府建设，于2018年3月30日印发《全面推进"一网通办"加快建设智慧政府工作方案》（沪委办发〔2018〕14号）。上海市以"一网通办"改革为突破口，应用大数据、人工智能、物联网等新技术，提升政府管理科学化、精细化、智能化水平，形成整体协同、高效运行、精准服务、科学管理的智慧政府基本框架。

1. 健全机制体制

为推进"一网通办"改革、完成建设智慧政府有关工作，上海市政府成立了由市长任组长的"上海市推进'一网通办'改革和政务公开领导小组"，具体工作由市政府办公厅总牵头，各区各相关部门配合，市大数据中心负责实施。市政府办公厅内设的电子政务办、行政审批制度改革处、政务服务处、政务公开办分工协作，落实"一网通办"统筹协调、公共数据治理、政务服务标准化、业务流程优化再造、线下综合窗口建设、"一网通办"考核评估、改革宣传推广等工作。

2. 加强数据管理

为集中优势技术力量，全力落实"一网通办"改革举措，成立了上海市大数据中心。作为市政府办公厅管理的副局级事业单位，主要职责是做好发展战略、法规规章等基础性研究；承担政务数据、行业数据、社会数据等各方数据归集和应用融合工作；研究数据采集、传输、存储、挖掘、展现等技术；承担全市政务信息系统整合相关工作；承担上海"一网通办"总门户、政务云、政务外网、大数据平台、电子政务灾备中心等建设和运维管理。市大数据中心建成贯穿数据全生命周期的大数据资源平台，实现全市公共数据集中统一管理，同时加快建设若干主题数据库，为"一网通办"、经济社会数据分析、公共信用信息应用、城市综合管理等典型应用场景提供大数据支撑和数字服务。

为促进公共数据整合应用，推进"一网通办"建设，提升政府治理能力和公共服务水平，上海市政府于 2018 年 11 月 1 日正式实施《上海市公共数据和一网通办管理办法》（沪府令 9 号），2019 年 10 月 1 日正式实施《上海市公共数据开放暂行办法》（沪府令 21 号），还同步印发电子证照、电子印章、电子档案三个暂行管理办法，并配套若干个技术规范和管理规范性文件。

2019 年 4 月 17 日印发《上海市政务信息系统整合实施方案》，推进形成基础设施集约统一、业务应用协同联动、政务服务利企便民的发展格局，实现政务信息系统的管理更加规范、应用更加高效、服务更加智能。根据方案，要形成覆盖全市、统筹利用、统一接入的数据共享大平台，构建深度应用、上下联动、纵横协管的业务协同大系统，避免各自为政、自成体系、重复投资、重复建设。力争用三年左右时间实现全市政府部门所有政务信息系统全面整合，实现数据的全面共享、业务的全面支持；通过跨部门、跨系统重点项目的推进，充分应用大数据、人工智能等新技术，有效提升政府部门的管理和服务水平。

（三）"一网通办"改革亮点

1. "一件事"改革

围绕出生、上学、就业、户籍、婚育、置业、救助、就医、退休、养老、身后事等个人全生命周期，企业开办、场地获得、员工招聘、生产经营、税费缴纳、惠企政策、权益保护、清算注销等企业全发展周期，"一网通办"改革对高频事项进行流程再造，已上线 49 项一件事，办件量突破 600 万件。以企业纳税缴费一件事为例，将个人所得税、社会保险费、住房公积金申报缴纳三个事项进行优化整合，首次与国家税务总局数据打通，实现"一次登录、一表申报、一键提交"。改革前，需要提交 11 份材料，登录 3 个系统，到 3 个部门办事，改革后实现 74 项申报数据智能预填。只要登录一个系统，可以全程网办。

2. "一业一证"改革

"一业一证"改革是将市场主体进入特定行业涉及的多张许可证整合为一张行业综合许可证。"一业一证"改革在上海 31 个行业进行试点工作。以新办便利店行业综合许可为例，改革前市民开办便利店需要去办理食品经营许可、酒类商品零售许可、药品零售企业许可等证照，涉及多个部门多张证照。"一业一证"改革后，多张证照整合为一张行业综合许可证，实现"一表申请、一标审核、一证准营"。

3.线上帮办制度和帮办微视频

上海首创线上线下全渠道、全覆盖帮办制度，着力打造"网购型"客服体验。线上实现"一分钟首次响应，达到90%解决率"，着力打造"网购型"的客服体验；线下"换位式"体验办事全流程，体现于领导干部陪同帮办，发现并解决问题。[①]

4."好差评"制度

以群众切身感受衡量改革成效，建立政务服务好差评制度，打造政务办的大众点评。好差评制度主要有四个亮点。一是实现"三个全覆盖"，服务事项全覆盖、服务渠道全覆盖、承办单位全覆盖。二是实现"双公开"，办事人对政务服务所有的评价公开，政府部门针对所有评价的回复公开，其中所有差评，政府部门必须公开回复。三是实现"三定位"，评价对应到办事人、承办人以及办理事项，更精准地发现问题。四是形成评价、整改、反馈、监督，全流程闭环工作机制。推行以来，"好差评"好评率达99.96%。

5.推进数据整合共享

从数据归集、治理、应用上开展工作，实行全市公共数据集中统一管理，开展全生命周期数据治理，打通国家、市、区三级数据交换共享通道，促进数据整合应用。采用分布式数据脱敏存储和集中式融合治理相结合的方式，对时效性要求高的数据采用接口流式归集，已归集数据接口1001个；对融合应用需求广的数据采用抽取入湖方式归集，已抽取入湖的数据约80TB、1871亿条。

6.推出市民主页和企业专属网页

"两页"上线以来，累计访问量超505亿次。推出个性服务（市民主页：一人一档目前归集7大类102小类信息项，月访问量达到9000万次，日均达

---

① 《上海"一网通办"改革七大亮点，让政务服务像网购一样方便》，澎湃新闻，2023年5月11日，https://m.thepaper.cn/newsDetail_forward_23042683.

到 300 万次；企业专属网页：一企一档目前归集 9 大类 72 小类信息项，月访问量达到 450 万次，日均 15 万次）、精准服务（形成企业标签 5406 项，个人标签 1520 项，区级特色标签 2389 项；已实现服务精准推送日均 5 万次，基本覆盖所有企业，年度累计触达 2397 万人次）、主动服务（推出"免申即享"服务，推进事项超 148 个）、智能服务（持续提升智能客服"小申"服务能级，累计服务次数超过 1.19 亿次）。

7. 丰富的"随申码"应用场景

一人一码方面，"随申码"作为市民随身服务码，和"医保电子凭证"两码融合，实现"一码就医"；与公交、地铁"三码融合"，推进"一码通行"；"随申码"还可以进公园、景点，到图书馆借书，应用场景持续丰富。一企一码方面，"随申码"作为企业数字名片，在企业办事、公开信息、日常监管、政策推送、执法管理等场景应用。一物一码方面，将场所码功能转型，扫码后可知道其管理主体、空间地理等属性信息，再叠加区块链等创新技术，实现可监管、可溯源的"码上管理"。①

（四）"一网通办"主要经验

1. 各级领导高度重视

首先，"一网通办"是坚决贯彻落实国务院印发的《关于加快推进全国一体化在线政务服务平台建设的指导意见》和国务院办公厅印发的《进一步深化"互联网＋政务服务"推进政务服务"一网、一门、一次"改革实施方案》要求的具体举措，也是上海市政府的首创之举。2018 年 3 月，市政府出台《全面推进"一网通办"加快建设智慧政府工作方案》，明确建设目标，率先制定"1+3"文件，以政策令的方式确立了电子印章、电子执照、电子档案的法律依据。其中，《上海市公共数据和一网通办管理办法》对数据采集、整合、共享、开放、应用、安全等进行全面规范；《上海市电子证照管理暂行办法》明确电子证照与实体证照具有同等法律效力；《上海市电子印章管理暂行办法》明确了电子印章的法律效力；《上海市"一网通办"电子档案管理暂行

---

① 《上海"一网通办"改革七大亮点，让政务服务像网购一样方便》，澎湃新闻，2023 年 5 月 11 日，https://m.thepaper.cn/newsDetail_forward_23042683.

办法》重点规范了"一网通办"形成的电子档案管理,共同构建"1+X"制度规范体系。"一网通办"、数据共享平台以及"1+X"制度规范,为全市各区县推进一网通办奠定了政策基础。

其次,中共上海市委常委会密切关注"一网通办"的改革状况,并对出具的相关文件进行专门讨论。同时,上海市政府专门成立了领导小组,市长带队确保"一网通办"改革的顺利推进。市人大将"一网通办"相关法治应用和保障列为年度市人大常委会大调研的课题,重点解决推行过程中会遇到的难点、堵点、痛点,强化制度供给和保障。

最后,区级层面,每个区县都成立了区一级"一网通办"改革和政务公开领导小组,从组织架构上对推进工作给予保证。同时,区级政府在年度工作中,明确列出"一网通办"工作年度要点,设立工作节点和目标。根据本区县特点,采用不同的做法,创新推进一网通办,例如,徐汇区发布《"一网通办"政务服务"好差评"制度实施意见》,在服务观念转变、权力再造、技术赋能、空间重塑四个方面下功夫,重点推出"一窗办成"改革理念和 24 小时自助服务。浦东新区是率先启动"一业一证"改革的区县,探索"以部门为中心"转向"以企业为中心",从办理单个事项改革转向办成一件事,将一个行业涉及的多个许可证整合为一张综合许可证,大幅缩减企业填表和办证时间。

2. 勇于改革创新

"一网通办"强调的从"以部门管理为中心"向"以用户服务为中心"转变,是行政理念的重大变革,改革过程必然面临一系列的困难。例如,电子化资料的法律效力认定、数据共享难题、互联网信息的有效性、不同职权部门间的权限划分等,还是需要不断改革探索。从表面上看,原先的数量众多的专业窗口变为综合窗口或单一窗口并不难;但从实际上看,既需要政府将工作经验和智慧转化为标准、数据,还需要破除体制机制障碍。为落实行政理念变革,上海市政府颁布一系列创新性的行政规范性文件,如 2018 年 9 月,出台《上海市公共数据和一网通办管理办法》,对"一网通办"涉及的数据共享难题进行详细规定,围绕"共享"为优先原则,为彻底打破部门数据孤岛奠定了基础。同年,还出台了《上海市"一网通办"电子档案管理暂行办法》,以统一集中管理为原则,对公共数据采取全方位闭环式管理,以求对数据的来源、使用、安全等做到心中有数。

围绕加快建设整体协同、高效运行、精准服务、科学管理的智慧政府，让各项管理更智能、各类服务更便利。上海各级政府不断思考如何真正实现从"群众跑腿"转向"数据跑路"，全面系统推进政府行政理念的重大创新，破除已有体制机制壁垒。为此，上海以"一网通办"改革为契机，大力推动行政管理、审批流程等全方位的改革，提升政府整体行政事务处理效率。2020年5月出台的《上海市"一网通办"平台运行管理暂行办法》进一步明确市政府办公厅、市审改部门、市大数据中心、各接入单位的工作职责，并要求接入单位的政务服务事项，原则上全部接入"一网通办"平台，事项清单及办事指南由"一网通办"平台统一对外发布。

3. 完善配套法律法规

针对"一网通办"建设面临的一些问题，如政府跨部门流程再造问题，数据共享等，上海市政府一直积极探索，希望以正式立法的形式来推动"一网通办"的进一步发展，打造更全面的政府服务体系。2020年上海市人大常委会将"一网通办"列为立法重点调研项目，到2021年6月，审议通过《关于进一步促进和保障"一网通办"改革的决定》，将近年来"一网通办"改革实践予以制度化，有效破解改革瓶颈和制度性障碍。重点规定了线上线下融合和优化业务流程；规定了"随申码"、电子证照、"政务智能办"、"一业一证"等多领域创新；提出健全"一网通办"服务"好差评"制度，拓展评价渠道，完善评价方式；明确市人大常委会和各区人大常委会加强对本决定执行情况的监督，督促有关方面落实"一网通办"改革的各项工作。

4. 健全评价监督机制

为巩固改革效果，上海还推出第三方评估考核机制和政务服务"好差评"制度，将政务服务绩效交给社会第三方、企业和广大群众来进行评判。将群众满不满意、答不答应、高不高兴作为改革的主要评价标准，践行"人民城市人民建"的重要理念，打造"人民城市为人民"的典范之城。

四、天津："一制三化"改革推进营商环境的优化

天津持续深化"一制三化"改革，通过互联网、云计算、大数据、智

能化等手段应用，推进智能政务建设，群众少跑腿，数据多跑路，让"网上办"成为常态。2018 年 9 月 14 日，《天津市承诺制标准化智能化便利化审批制度改革实施方案》（以下简称"一制三化"改革）正式发布实施。"一制三化"分别是指承诺制、标准化、智能化、便利化。2019 年，天津市又印发了《加大职能转变切实简政放权推动"一制三化"改革深入进行》（以下简称 2.0版）。2020 年 12 月，天津市又出台了《关于天津市进一步深化"一制三化"改革打造一流政务服务体系的实施方案》（以下简称 3.0 版），这是在前两年的基础上，进一步推进"放管服"改革，打造的"一制三化"改革升级版。为了实现"让数据多跑路，让群众少跑腿"的目标，天津市政务服务办以"线上办理为常态，线下办理为例外"，推动政务服务事项办理与互联网、物联网、大数据、云计算、人工智能、区块链等信息技术深度融合，打造"智能政府"。

（一）"一制三化"改革内容

1. 审批承诺制

申请人不存在失信记录和未履行被执行人义务的，在不能全部提交申请材料的情况下，只要向行政机关作出自承诺之日起 60 日内补齐全部申请材料并符合法定形式的书面承诺后，行政机关即当场或在承诺审批时限内作出行政审批决定，并发放有关证照、证件、证书和批文。

2. 审批标准化

对保留的行政许可事项和公共服务事项，按照《天津市行政许可操作规程总则》，逐一梳理事项名称、设定依据、申请条件、申请材料、审查标准、办理程序和办结时限等 96 个要素，编制了 1565 项标准化工作规程，构建了全事项、全过程、全环节的标准体系。

3. 审批智能化

推动政务服务事项办理与互联网、物联网、大数据、云计算、人工智能、区块链等信息技术深度融合，打造"智能政府"。一是构建"14578"政务服务体系；二是建成天津网上办事大厅；三是依托人工智能技术，实现智能"无人审批"。

4. 审批便利化

一是推行"五减"改革，即减事项、减材料、减环节、减证照、减时限；

二是实行企业和民众诉求"一号响应"，即12345便民服务热线电话，整合全市政府热线号码和服务资源，建设覆盖市、区、乡镇（街道）、村（居）委会的四级响应机制，实现集中受理、统一调度、分层办理、解决问题；三是推行"四办"服务，即马上办、网上办、就近办、一次办。

（二）"一制三化"改革特点

1. 集成改革

"一制三化"改革运行机制主要包含公开公示、信用承诺、一网通办、全程监督、失信惩戒等5个配套运行机制，并分别制定了《天津市"一制三化"改革公开公示试行办法》《天津市"一制三化"改革信用承诺试行办法》《天津市"一制三化"改革一网通办试行办法》《天津市"一制三化"改革全程监督试行办法》《天津市"一制三化"改革失信惩戒试行办法》，将5个运行机制进行有机集成，确保改革措施能够落地落实。

2. 世界标准

"一制三化"改革对标对表世界银行关于评价营商环境的10个一级指标（提高开办企业审批效率、加快工程建设项目审批、改进供电服务便利化程度、提高不动产登记效率、提高融资信贷获得便利度、加强对中小投资者保护、提高纳税便利化水平、降低跨境贸易成本、提高合同履约率、提高企业破产办理效率），突出运用互联网、大数据、云计算、人工智能、区块链等先进技术手段，提升政务服务环境和工作效率。

3. 自我革新

2023年3月13日，李强总理在十四届全国人大一次会议中外记者会上提到，我们将在新起点上大力营造市场化、法治化、国际化营商环境，平等对待各类所有制企业，依法保护企业产权和企业家权益，促进各类经营主体公平竞争，支持民营企业发展壮大。在以习近平同志为核心的党中央坚强领导下，我们深入贯彻新发展理念，大力度深化改革扩大开放，其中一个关键性举措就是持续推进"放管服"改革。这场改革旨在重塑政府和市场的关系，使市场在资源配置中起决定性作用，更好发挥政府作用。

天津"一制三化"改革，经过多部门协调，实现了由事前审批向事中事后监管的转变；实现了由管理型政府向服务型政府的转变；实现了由多头监管向综合监管的转变；实现了由审核式审批向部分采用承诺制审批的转变。这是行政审批部门的又一次自我革新。

4. 制度创新

为了积极响应市委、市政府提出的关于营商环境建设的"办事方便、法治良好、成本竞争力强、生态宜居"四个标准，天津政务服务办推出了"五减"改革、标准审批、承诺审批、联合审批、无人审批等一系列创新制度，为进一步优化天津市营商环境奠定了基础。

（三）"一制三化"改革成效

1. 承诺审批促进服务精细化

在全国省级单位中首推承诺制审批，共推出审批事项565项，审批办理时限大幅缩减，同时推出信用承诺审批负面清单，针对权责清单和公共服务事项，制定一事项一细则的事中事后监管办法。

2. "三同"规范确保服务标准化

全面推动实行办事要件标准化、办事流程标准化、办事结果标准化，实现了"同一事项、同一编码、同一标准"。115个政务服务事项启动了"一表式"申报办理。规范了审批中介行为，包括放开中介机构协会商会审批限制和区域市场、取消审批中介要件、压缩中介机构服务时限、实施中介机构评价等4项改革措施，可研报告编制不超过10天；工程设计方案编制不超过20天，施工图、环评、能评报告编制不超过15天，施工图审查不超过10天，中介服务效率提高40%以上。①

3. 科技赋能助力政务服务智能化

（1）构建"14578"政务服务体系

"1"即构建一个"政务一网通"平台；"4"即实现四级全覆盖：市、区、街（镇）、社区；"5"即做好五大保障：标准规范、系统运行、全程监督、失信惩戒、评估评价；"7"即做好七个智能政务支撑：互联互通、数据交换、业务协同、身份认证、电子印章、电子签名、电子证照；"8"即实现政务服

---

① 资料来源：天津市政务服务办编制的"2019年京津冀'放管服'改革协同发展工作交流研讨会"上的发言材料.

务事项八种办理方式：承诺办、一窗办、网上办、就近办、马上办、一次办、无人办、移动办。

（2）建成天津网上办事大厅

除特殊事项外，100%政务服务事项网上可办；网上办事大厅实现了统一查询、统一投诉、统一咨询、统一支付、统一热线。天津网上办事大厅推行线上线下深度融合，一套服务标准，一个办理平台。连通国家政务服务平台等9个部委和35个市级部门专网。通过该平台足不出户即可办理从开办企业、投资项目，到小客车调控管理、婚姻登记等生产生活事项，实现办事从"脚尖"到"指尖"的跨越。为深入推进"放管服"改革，优化天津市营商环境，更好服务各类市场主体和广大人民群众办事需求，新版天津网上办事大厅已于2020年10月上线。截至2022年7月23日，共办件1038.9万件，网上实办率达99%，一次办结率达99%。新版"天津网上办事大厅"有以下优点。

一是界面更清晰，布局更美观。采用当前互联网通用网页设计风格，界面布局简洁大方，支持IE、谷歌等多种主流浏览器。另外，最新升级后的网上办事大厅，增设模糊检索功能，通过口语化的关键词即可精准查询专业化事项名称。全部事项信息都可进行综合和模糊查询，智能划分搜索结果，并对查询结果进行展示。

二是数据更丰富，操作更便捷。汇集天津市多个部门、单位系统数据，申请人在线申办业务时，系统可自动关联相关信息，实现数据资源互通共享。

三是审批更智能，效率更提高。在首页设置智能服务（无人审批）专属区域，上线劳务派遣经营、食品安全企业标准备案等18个无人审批事项，申请人可在线办理，系统可对申请人提供的相关材料智能审批，当场出具审批结果，大大缩短办理时限，无须等待后台人工复核，办理完成后，还可选择证照邮寄，实现"一次不用跑"，真正做到即申请即办结即领证。

四是主题更多元，办事更方便。开通"开办企业""企业注销""投资项目"等多个主题业务，实现了一件事情一次办，要件一次提交，多部门共享的"一站式"全流程业务办理。

新版"天津网上办事大厅"还增设了"容缺后补"功能，办理某事项时，对于部分材料如申请人当时未准备齐全，可选择暂不提交，下载打印《承诺书》签字上传，承诺在60个工作日内补齐全部申请材料，即可成功申办该业务，让办事更便利。

新版"天津网上办事大厅"还将持续优化办事流程、提升服务水平，实现"让数据多跑路，让群众少跑腿"，为市场主体和人民群众提供更加便捷、优质、高效的政务服务。市政务服务办今后还将进一步提升服务质量，提高办事效率。一是要全面推行"不见面"办事。下一步还要拓展办理深度，实现网上全程可办。在推进政务信息化过程中，兼顾好老年人、视障听障残疾人等群众的需求，采取必要的线下补充手段，有针对性地提供人工指导和服务。二是要推动更多事项集成办理，也就是"一件事一次办"，充分发挥地方政务大厅等"一站式"服务功能，加快实现一窗受理、限时办结、最多跑一次。三是要推进同城通办、跨省通办，加快政务数据共享，推进标准化建设和电子证照跨省互认，从教育、社保、医疗、养老、婚育和企业登记、经营许可办理等领域入手，加快推进政务服务"跨省通办"。

按照"网上办为常态，网下办为例外"的原则，推动三级电子政务外网、各政务服务办理场所全覆盖，构建全市"政务一网通"平台，推进部门业务系统数据共享、互联互通、业务协同，打破"信息孤岛"。截至2021年6月，"政务一网通"平台已归集240余万条政务数据信息，电子证照库已归集7个部门40类358万条证照信息。天津市政务数据共享交换平台共涉及2933个数据集，876个数据接口，21个主题，涵盖61个市级部门，16个区。中新天津生态城作为国家首批智慧城市试点，构建了区域"城市大脑"，打通各部门数据壁垒，实现了全过程、全时域、全空间智慧城市数据集成和综合应用。

（3）依托人工智能技术，实现智能"无人审批"

天津市印发了《天津市24小时政务自助服务厅（无人超市）建设规范》，一批"无人超市"已具备投运条件。目前，天津市已建成50个无人超市，109个无人审批事项在499个自助办理终端投入运行。建成智能政务自助服务区140余个；625个银行网点智慧柜员机开通"天津政务"板块。此外，采取将一个事项的所有要件整合成一张表单，制定智能比对审核标准，并录入计算机软件系统，自动对申请人办事申请进行比对和判断，自动出具证件、证照、证书、批文、证明等结果的形式，实现审批服务智能化、自助化、无人化、远程化。

4.精减流程实现服务便利化

在"减事项"方面，共取消事项346项，市级许可事项减少80%，下放事项 691 项，实现"滨海事滨海办""基层事基层办"；在"减材料"方面，取消了 3842 件申请材料，取消比例达 25.7%；在"减环节"方面，减少现场踏勘、公示、听证、招标、拍卖、鉴定或专家评审等 188 个办事环节；在"减证照"方面，实施多证（照）合一，实行"24 证合一"，共取消 106 个证照；在"减时限"方面，事项办理时限由法定平均时限 21.2 天压减至 5.4 天，实际办理时间 4 天，减少了 81.1%；滨海新区通过数据集成和审批职能整合实施"一企一证"，表格精减率达 73.3%，要件减少率达 61.3%，许可证合并率达 73.3%，为全国政务改革贡献了新区"样板"。

在推进"一号响应"方面，为了充分发挥天津市便民服务专线中心的投诉处理和政策监督作用，提升软硬件支撑能力，知识库从 5 万条扩容到 10.2 万条，日处置企业群众诉求能力超过 5 万件，2022 年 1 月至 4 月底，"12345"政务服务热线受理各类诉求 403.99 万件，日均 3.37 万件，座席评价满意率达到 99%。

5. "指尖办事"提供服务移动化

为了推进"互联网＋政务服务"和"放管服"改革措施落地落实，给群众提供最尽心的服务，天津市委网信办、市大数据管理中心全面推动政务服务移动端"津心办"建设。天津市官方移动政务服务平台"津心办"以"精心、敬心、用心、暖心"为宗旨，自 2019 年 12 月 26 日上线起受到了广大市民的热烈欢迎。目前"津心办"已实现应用程序、支付宝小程序及微信小程序三个使用渠道，三端累计注册人数超千万。"津心办"平台的六大特点为：

一是融合"政务服务＋新闻资讯"。上线"瞰天津、阅津彩"新闻资讯专区，在全国第一个实现政务服务移动端中开通新闻资讯服务，形成全方位、多层次、多声部的主流传播矩阵。融合"门户网站＋移动端"，与市政府门户网站一体化融合，将"津心办"打造为市政府门户网站移动端统一入口。

二是融合"政务服务＋政策解读"。聚焦企业群众与政府部门间政策信息不对称的问题，推出"津策通"服务，实现海量查找、定制服务，已发布政策文件 1681 个、政策解读 769 份，一图读懂 368 个，打造惠企政策百科。[①]

① 贺睿：《"津心办"将持续推动公共服务高效化》，新京报官方网站，2022 年 12 月 26 日，http://epaper.bjnews.com.cn/html/2022-12/26/content_826547.htm?div=0.

　　三是融合"政务服务 + 社会治理"。连通"津心办"与全市一体化社会治理信息化平台"津治通"，在全国率先实现民生服务"一张网"和城市治理"一张网"在"指尖"合一，形成"一网通办——津心办平台""一网统管——津治通平台""两津联动"的发展模式。

　　四是融合"智能技术 + 定制服务"。上线"智能搜索""智能客服""千人千面"等智能化功能，通过大数据、智能化技术精准推送服务事项，一次搜索通览全流程事项，以人机交互方式 7 × 24 小时解决群众问题，实现了从"被动服务"向"主动服务"的转变，加快推动从"能办"向"好办"转变。

　　五是融合"线上服务 + 线下服务"。在持续优化线上渠道建设的同时，线下做好"最后一公里"服务，与建设银行天津分行等机构深入合作，在部分建行网点加挂"津心办"智慧政务服务网点，增设智慧柜员机，设置政务服务专区，集合高频政务服务事项，方便社区群众办事。①

　　六是，在便民惠企服务方面，"津心办"各相关部门将不断对标国家和兄弟省市成功经验，进一步扩充接入高频服务事项，使市民在"津心办"各端享受到更多社保医保、养老婚育、就业创业、纳税缴费等方面的在线办事事项。同时，还将推动全市"关键小事"智能速办相关工作，让市民在办理生育登记、社保卡申领等"关键小事"时更省心。在电子证照应用方面，将着重推动身份证等市民必备的电子证照在"津心办"平台及全国一体化政务服务平台移动端的使用。各相关部门也将在户政、社保、住房、医疗等相关事项办理的应用场景中，推广"扫码亮证"服务，着力打造实名认证、实人核验、实证共享的服务模式，方便市民使用。同时，还将通过推动电子材料数据共享和互信互认，进一步推动实现政务服务事项申报、办理、支付、出件等"无感通办"。此外，天津市各相关部门还将通过加强各服务事项运营、加快与全国一体化平台移动端对接，为市民群众提供更加优质精准、便捷高效、安全可靠的服务。

　　2023 年，"津心办"应用程序、支付宝小程序、微信小程序三端累计注册用户超过 2098 万人次，累计访问量超过 15 亿次，实现市级服务事项超过

---

① 贺睿：《"津心办"将持续推动公共服务高效化》，新京报官方网站，2022 年 12 月 26 日，http://epaper.bjnews.com.cn/html/2022-12/26/content_826547.htm?div=0。

1800 项，建设了多个市级、区级、商业机构旗舰店，搭载多项市民使用高频事项，服务事项对接范围覆盖全市，已真正成为天津市闪亮的"数字名片"。

五、福建："数字福建"引领政务服务效率的提升

2000 年 10 月，时任福建省省长的习近平同志着眼未来，增创福建发展新优势，高瞻远瞩地作出了建设"数字福建"的决策，拉开了福建大规模推进信息化建设的大幕。"数字福建"建设作为 21 世纪的一项重大工程持续推进，全力激发数字时代的活力，引领和推动着经济发展、社会治理、百姓生活等方方面面的变革。20 多年来，福建始终牢记习近平同志的嘱托，持续推进信息化建设，在电子政务、数字经济、智慧社会等方面率先探索。作为信息化建设先行省份，福建省在推动数字福建进程中，以信息资源的整合共享和信息技术的创新应用为抓手，加快数字政府建设。福建把电子政务作为数字福建的引领工程，持续优化政务服务，2021 年福建省级数字政府服务能力在全国位列优秀级，"闽政通"在省级政务类应用程序中位列优秀级。2018 年以来，福建还连续成功举办四届数字中国建设峰会，将数字政府作为峰会重要内容，集中展示全国数字政府建设和发展成果，为各地提供理论实践交流平台。福建以举办峰会为契机，认真学习借鉴各地先进经验做法，全面提速数字政府建设。多年来，福建不断深化数字政府创新实践，为全国数字政府建设探索了路径、提供了样本。

（一）坚持顶层谋划，协同推进数字政府建设

1. 构建协同推进的体制机制。20 多年来，福建省委、省政府坚持一张蓝图绘到底，持续强化和提升数字福建领导和推进机制，形成了纵向横向职能协同、业务衔接、分工负责的信息化组织管理体系。同时，加强制度设计、政策引领，先后制定实施 5 份数字福建专项规划、22 份年度工作要点，确保数字政府建设始终沿着习近平同志当年指引的方向前进。

2. 构建集约融通的建设格局。时任福建省省长的习近平同志从"数字福建"建设伊始就提出了"要统筹、不要多头"的建设原则。在基础平台层，2000 年，福建省在全国率先大规模推进信息化建设，把加快电子政务建设作

为重要抓手，先行先试，主动作为。率先统一建设全省政务信息网、开展信息资源整合与开发利用；率先实施省级范围政务信息资源标准化、规范化、时空化改造；率先开展省直部门数据中心和信息中心整合。福建省成为电子证照、无线政务专网、电子政务综合试点、政务信息开放、政务信息系统整合共享应用、健康医疗大数据等六项全国试点省份，电子政务建设保持全国领先。福建建成被称为数字福建"点睛工程"的全省政务信息网，避免各部门重复建设专网，节约投资近 7 亿元，并于 2012 年建成全国首个省级政务云平台。2017 年 4 月 25 日，"数字福建"云计算中心政务云正式投入使用，截至 2021 年 4 月底，数字福建云计算中心（政务云）已为 269 个部门 1723 个应用系统提供近万兆外部网络互联带宽。数字福建云计算中心（商务云）已投入运行。全省建成社会化互联网数据中心 34 个，建成机架数 4.2 万个。[①]

在业务平台层面，持续迭代优化省级一体化协同办公平台、省统一实名认证和授权平台、省市两级政务服务总线、公共数据开放平台、公共数据开发服务平台等公共平台，省级政务数据汇聚共享平台已汇聚 79 个省直部门 6200 多项 400 多亿条数据记录和文件，日均提供在线数据共享、查询 / 核验 100 多万次，日均批量交换 3600 多万条，为经济发展、政务服务和社会治理提供了强大数据支撑。作为我国首批共享数据接入的省份，福建省积极推动省直部门按目录汇聚数据到省政务数据汇聚共享平台，由平台统一与国家共享交换平台对接，实现国家和福建省共享数据互联互通，在全国率先实现了省级政务数据中心整合。福建省政务数据汇聚共享平台已汇聚公安、工商、民政、人社等 57 个省直（中直）部门有关法人、自然人、信用、电子证照、传感监测等多种类别的 1700 多项共计 29 亿条数据记录（含文件），日均汇聚 414.5 万条数据记录。按照"大平台、大整合、高共享"的集约化建设思路，福建率先启动建设省级"生态云"平台。2018 年 3 月，该平台正式上线运行，5 月在全国率先建成省级生态环境大数据平台并投入使用。[②]

2015 年，福建省启动实施省级政务数据整合汇聚与共享应用工程。2016 年 10 月，福建省人民政府发布了《福建省政务数据管理办法》（省政府令第

---

① 王益民：《数字政府》，中共中央党校出版社，2020 年.
② 王益民：《数字政府》，中共中央党校出版社，2020 年.

178 号），提出要加强政务数据管理，推进政务数据汇聚共享和开放开发，加快"数字福建"建设，增强政府公信力和透明度，提高行政效率，提升服务水平。2017 年 11 月，福建省发布了《福建省人民政府办公厅关于印发福建省政务信息系统整合共享实施方案的通知》（闽政办〔2017〕126 号），该通知要求，在 2018 年底，要基本完成省直部门和设区市政务系统清理和整合工作，完成事业单位数据中心整合。2018 年 6 月，福建省又发布了《福建省人民政府办公厅关于进一步加快推进政务信息系统整合共享工作的通知》（闽政办函〔2018〕30 号），通知提出，要进一步强化整合共享工作责任落实，着力破解制约网上办事难点堵点，加快完善整合共享相关法规标准，加强整合共享安全保障和评估。

3. 构建安全可靠的保障制度。习近平总书记强调，网络安全和信息化是一体之两翼、驱动之双轮，必须统一谋划、统一部署、统一推进、统一实施。20 多年来，福建始终坚持数字政府建设与保障信息安全并重，成立数字福建顾问委员会和专家委员会，聘请包括多位院士在内的知名专家对规划编制、项目论证、安全防护等全过程进行咨询指导，在全国率先建立起网络与信息安全组织协调机构，网络安全体系建设与信息化建设同步协调推进，同步规划、同步建设、同步验收，20 多年来福建未发生重大网络安全事故。

（二）坚持问题导向，打造贴近民生的应用体系

习近平同志强调，数字福建要"贴近社会、贴近民生、贴近企业"。福建始终把服务部门、服务全局作为出发点，把服务民生、服务基层作为落脚点，积极开展网上政务服务应用创新，大力推进"省内通办""跨省通办"，整合各级政务服务资源，形成全省行政审批"一张网"，全力打造能办事、快办事、办成事的"便利福建"。福建省现已基本建成全省自然人对象档案（"一人一档"）和法人对象档案。同时建立了自然人、法人、物品、事件、地址等相关对象的关系图谱。实现全省"一号通认"。率先建设省级统一身份认证平台——福建省社会用户实名认证授权平台，为全省各级政务平台提供身份认证支撑服务，完成 50 个省内政务服务平台（业务系统）身份认证对接，初步实现全省"一号通认"。具备"一码通行"基础条件。完成与公安部网络身份认证系统（e-ID）对接，可以生成居民身份码；完成与福建省电子证照共享

服务平台对接，最多可以生成户籍信息、婚育收养和社会保障等 15 类重要信息二维码，实现个人信息"一人一档，随手可查"。完成与省医保局业务系统对接，上线医保扫码付款功能，一键生成医保结算码，用户通过扫码支付即可在医保定点药店脱卡结算，初步具备"一码通行"基础条件。与省卫生健康委密切合作，推进电子健康码、医保结算码和金融支付码"三码"融合应用，解决医疗卫生机构"多卡并存，互不通用"、手机支付无法结算等"痛点""堵点"问题。① 实现聚合支付。对接财政非税支付缴费平台、多卡融合公共平台、微信支付和支付宝等多个渠道，初步实现聚合支付。正在筹备建设全省统一支付平台，为各级各部门非税支付和商业支付提供线上线下缴费能力。

各级政务服务事项全程网办比例超过 80%，"一趟不用跑"事项占比 90%以上，"闽政通"应用程序已覆盖 1300 余项民生服务，实现高频便民事项掌上办。福建还上线金融服务云平台，汇聚对接市场监管、税务、电力、社保等 17 个政府部门和公共事业单位 4410 多项涉企数据，运用人工智能算法对企业信用进行综合评估、精准画像，解决传统审批流程数据不对称难题，帮助金融机构全面及时掌握企业真实经营和资信情况，精准对接融资需求和金融供给，有效破解中小微企业融资难融资贵问题。目前，平台已入驻金融机构 116 家，注册用户超 21 万户，省内各家金融机构通过平台发布 570 余款金融产品，累计为超 3.7 万户企业（含个体工商户）解决融资需求近 4.4 万笔、金额超 1500 亿元。

（三）坚持守正创新，持续提升政务服务能力

当前，福建数字政府建设进入了新阶段、开启了新征程。福建将深入贯彻习近平总书记关于网络强国的重要思想和关于数字中国、智慧社会的重要论述，全面落实《国务院关于加强数字政府建设的指导意见》，把数字政府建设作为数字福建建设的重要内容，聚焦提高效率、提升效能、提增效益，加快推进数字政府建设，以高质量政务服务助力全方位推进高质量发展超越。

1. 以基础平台为依托，着力提升公共底座支撑能力。要提升政务云、电子政务网络、重点共性应用和业务协同平台支撑能力，整合构建结构合理、

---

① 王益民：《数字政府》，中共中央党校出版社，2020 年.

互联互通、集约高效的基础平台体系。福建建设上线了"福建省经济社会运行和高质量发展监测与绩效管理平台"，通过运用信息化手段，密切跟踪分析地区行业走势，科学做好监测预警，实现"用数据说话、用数据决策、用数据管理、用数据创新"。当前，福建正在积极再造数字政府整体新布局，规划建设"1241+N"一体化体系，形成结构合理、泛在智联的数字基础设施布局。其中，"1"是建设覆盖全省的上下贯通、横向联通的政务"一张网"；"2"是指政务业务云和政务数据云"两朵云"，并建设统一云管平台；"4"是一体化应用支撑平台、一体化公共数据平台、一体化运维监管平台、一体化综合集成平台，实现数据共享和业务协同；"1"是一个综合门户，打造数字政府的官方唯一总入口；"N"是创新数字政府 N 个应用服务。[①]

2. 以提升效能为导向，着力优化数字应用服务能力。要以数字技术与政府治理深度融合为抓手，统筹经济调节、市场监管、社会管理、公共服务、生态环境保护和政府内部运行数字化转型，全面提升政府履职效能。福建将秉持"经济管理要统筹、社会治理要下沉"理念，更大力度推进政务流程全面优化、系统再造，加强政府管理服务标准化、规范化、透明化，积极改进政务服务模式，拓展政务服务功能，提高政府行政效率，让企业和群众办事更便捷，切实提升基层社会治理水平。当前，福建正加快建设全省公共数据汇聚共享服务体系，全省各级各部门政务信息系统基本实现应接尽接，推动公共数据资源应汇尽汇，着力破除部门壁垒、打破数据烟囱，为打造政务服务"一网通办"、省域治理"一网统管"、政府运行"一网协同"高效协同数字政府提供坚实数据基础。

3. 以数据共享为核心，着力强化数据要素供给能力。要加强数据统筹管理，持续丰富数据资源，强化数据治理，加强数据高效共享，促进数据有序开发利用，充分释放数据要素价值。2021 年，福建成立了省属国企福建省大数据有限公司，作为全省公共数据资源一级开发机构，对公共数据进行汇聚、整合、治理、脱敏脱密等一系列基础性的数据处理，形成可供开发利用的数据资源。下一步，福建还将筹建福建大数据交易中心，积极探索数据要素市

---

① 郭宁宁：《坚定不移推进数字福建建设 高标准打造高效协同数字政府》，人民网，2022 年 7 月 13 日，http://finance.people.com.cn/n1/2022/0713/c1004-32474238.html.

场化配置，建立数据资源基础制度和标准规范，完善数据资源分类分级和授权使用制度，建立公共数据"网上超市"，扩大公共数据有序开放和开发利用范围，加快实现从"用数据治理"向"对数据治理"的全面转变。同时，加强数据安全保护，构建涵盖分类分级、合规检测、安全管控、数据鉴权、数据脱敏等业务模块的数据安全防护体系，切实强化数据安全保护。

4.以高效有序为标准，着力健全制度规则保障能力。要建立健全与数字政府建设相适应的法律法规、标准规范、运行规则等制度规则体系，突破建设发展的瓶颈。近年来，福建先后出台了《福建省大数据发展条例》《福建省电子政务建设和应用管理办法》《福建省政务数据管理办法》等一系列地方性法规和规范性文件，正在研究制定《福建省公共数据资源开放开发管理办法》。下一步，福建将加快完善全方位、多层次、立体化的数字化治理法规制度体系，研究制定一整套与数字政府相适应的体制机制和工作规范，加快构建科学先进、层次分明、管用实用的数字政府标准规范体系，在创新实践中总结形成更多理论成果和制度成果，为推进国家治理体系和治理能力现代化贡献更多"福建经验"。

六、贵州："大数据＋政务"引领数字政府建设

2014年以来，贵州省以建设国家大数据综合试验区为契机，深入实施"聚通用"，推进系统整合、数据共享、流程再造、重心下沉，破解"互联互通难、信息共享难、业务协同难"等痛点、堵点和难点问题，以全面构建线上线下融合的创新型服务体系作为支撑，打通服务群众的"最后一公里"，走出一条大数据助推脱贫新路子，全力打造"服务到家"品牌。贵州加快大数据与社会治理的融合，推动大数据应用提高政府治理能力取得显著成效，获批建设国家"互联网＋政务服务试点示范省"。2023年，国家信息中心对贵州省数字政府建设成效评估报告出炉。报告指出，通过坚持省级统筹、平台联通、数据集中、业务协同的思路，贵州信息化集约建设机制推动数字政府建设取得显著成效，实现了数据汇聚、数据打通、数据高效利用的云平台建设目标，政府管理、社会治理和民生服务水平明显提升，数字政府建设水平稳居全国前列。

（一）"数"聚政务，优化服务体系

贵州省推动大数据战略行动向纵深发展，加快建设国家大数据（贵州）综合试验区，打造政务数据"聚通用"升级版，提升社会治理、民生服务、乡村振兴和产业发展水平。贵州积极推进政务数据"一云一网一平台"建设，通过建设云上贵州"一朵云"，形成"一云统揽"新体系，实现全省政府数据大集中；建设政务服务"一张网"，形成"一网通办"新支撑，实现政务服务大联通；打造智能工作"一平台"，形成"一平台服务"新赋能，实现数据资源大调度。目前，贵州省政务数据"一云一网一平台"已如期建成，并正式上线运行。

"一云"，实现云上贵州"一朵云"，承载省、市、县政府部门全部9728个应用系统，实现所有系统网络通、应用通、数据通。数据集聚量从2015年的10TB增长到现在的1387TB。[①]"云上贵州"从一个物理分散、逻辑集中的"大仓库"，变成一个统一的"大应用程序"，实现了应用和数据"大集中"。根据不同权限，通过"云上贵州"总云，可以查看访问省、市、县所有应用系统和相关数据，可实时查看每一个系统存在哪个数据中心、哪个机房、哪一台服务器上，以及占用多少存储量，并能实时监控每个机房、每个机柜、每台服务器的用电、通风、温度、湿度等情况，确保数据和系统安全可控。

"一网"，推进各级各部门电子政务外网、业务专网与互联网互联互通，除国家另行规定外，打通省级21家单位业务专网。利用广电网推进电子政务网络村级全覆盖，已在安顺市平坝区92个行政村实现试点覆盖。在全国率先实现电子政务网络省市县乡村五级全覆盖。桌面端建设"贵州政务服务网"、移动端打造"云上贵州多彩宝"，打造为群众提供政务服务的统一入口，实现全省网上政务服务端口"大统一"。"贵州政务服务网"首批接入国家政务服务平台，网上可查询和办理的省、市、县、乡、村五级服务事项达58.8万项，注册用户2370多万，占全省常住人口的66%，实现了"进一张网、办全省事"。"云上贵州多彩宝"面向老百姓提供高频服务事项，注册用户约190万，占常住人口的5%。生育登记、社保资格认证、婚姻登记预约等300余项高频、

---

① 王益民：《数字政府》，中共中央党校出版社，2020年．

热频政务服务事项，可直接在网上办结，提供了身份证、驾驶证等电子凭证。在贵阳，坐飞机、住酒店可以不带身份证，通过"云上贵州多彩宝"电子身份证认证即可；开车忘记带驾驶证时，可以出示驾驶证电子凭证。[①] 贵州省政务服务事项 100% 网上可办，"全程网办"率已达 79.32%。[②]

"一平台"，打通各级各部门自建业务审批系统，建设全省统一的数据治理平台和政务服务平台，统一服务省、市、县、乡、村五级，提供协同办公、行政审批、资金监管、数据调度、数据搜索等服务。在全国率先建立数据调度机制，探索政府数据治理体系，率先建成全省数据调度平台，着力解决数据"互联互通难、信息共享难、业务协同难"等问题，实现跨层级、跨地域、跨部门的数据高效调度管理，全省统一数据共享交换平台首批与国家平台对接，公安部、住建部、教育部等 8 个国家部委数据下沉到省平台。整合各级各部门办事服务平台，实现全省的工作人员在一个平台上办公、在一个平台上审批、在一个平台上能够获取使用数据。

"贵政通"是在省政府办公厅、省大数据局统筹指导下，由云上贵州大数据产业发展有限公司投资建设，整合政务微信、安全沙箱、VPN 等产品所打造的云网平台创新应用产品。"贵政通"以"打造全省公务人员移动办公总入口"为基本定位，构建以政务微信为入口、移动中台为底座、安全接入为保障"三位一体"的全省统一移动办公平台。自 2021 年在数博会上正式发布以来，推广应用"贵政通"有力推动了全省各级政府间数据跨层级、跨地域、跨部门、跨系统、跨业务互联互通，有力支撑了贵州省数字政府建设和应用发展，有效提升了贵州省公务人员移动办公能力水平。[③]

"贵政通"在助力提高办公效率，降低行政成本，帮助全省各地各单位进一步降本、增效、减负等方面取得明显成效：一是"贵政通"采用集中部署、分级应用的集约模式，与全省 9 个市州、88 个区县分散建设和运维相比，可节省建设投资超 2 亿元，每年节省运维费超千万元，仅线上公文传输每年就

①　王益民：《数字政府》，中共中央党校出版社，2020 年．

②　方亚丽：《贵州信息化集约建设机制推动数字政府建设》，《贵州日报》2023 年 5 月 10 日第 1 版，网址 http://szb.eyesnews.cn/pc/cont/202305/10/content_93040.html.

③　《"贵政通"注册用户突破 10 万人，初步实现全省公务人员移动办公一体化》，贵州省大数据局，2022 年 1 月 28 日，http://dsj.guizhou.gov.cn/xwzx/zwyw/202201/t20220128_72441105.html.

可节约 1600 万张纸，进一步实现了绿色环保。二是通过"贵政通"实现移动端全流程处理公文、省市县乡村五级联动办公的模式，实现让数据多跑路、人员少跑腿、办公更轻松。相比于传统公文传送模式，省政府办公厅使用"贵政通"发文至全省 237 家单位，签收处理平均只要 1 天，较以往用时缩短 2 天，行政办公效率提升明显。三是"贵政通"基于基层干部"累点"，进一步实现了公务人员统一入口，即随时随地掌上办公，完成公文签收、文件传阅、事务处理、工作督办等工作，让工作更加便捷、高效。

目前，"贵政通"注册用户突破 10 万人，已覆盖全省 460 家省市级单位、88 个县区、800 余个乡镇，已整合接入第三方各类应用 50 余个，初步形成纵横联动、协同高效、安全便捷的行政办公体系。下一步，"贵政通"运营团队将按照 1 个平台集约化建设、9 个市州本地化服务、N 个应用商服务的模式，持续创新发展应用能力，打造丰富、良性发展的"贵政通"生态，推动全省公务人员移动办公统一化，加快推进贵州省政府数字化转型，高标准建设贵州省数字政府。积极破解政务数据"全网检索"难题，在交通、农业领域初步实现了数据关联分析、智能搜索。①

（二）"数"治有方，高效通联

建设全省一体化数据中心。贵州以"数据"为核心，按照"集中、集约、共享、一体化、融合、协同、服务"的理念，2014 年，建成全国首个"统筹标准、统筹存储、统筹共享、统筹安全"的云上贵州系统平台，成为全省政府数据的大仓库，把数据和系统都"聚"起来。推动数据从"云端"向政用、民用、商用落地。为了解决安全性问题，"云上贵州"系统平台采用混合云架构部署方式，利用移动、联通、电信的三个主节点数据中心，按照"网络通、数据通、服务通"的要求，将各部门的非涉密应用系统进行统一管控。

制定全省统一的数据交换体系。2016 年，贵州统筹搭建了全省统一的贵州省数据共享交换平台，在各市州开设数据共享交换市州分平台，建设了人口、法人等四大基础库和医疗健康、精准扶贫等主题库，形成全省政务数据

---

① 《"贵政通"注册用户突破 10 万人，初步实现全省公务人员移动办公一体化》，贵州省大数据局，2022 年 1 月 28 日，http://dsj.guizhou.gov.cn/xwzx/zwyw/202201/t20220128_72441105.html。

共享资源池。按照"一数一源"的原则，统一标准格式，构建全省数据资源目录体系，强调数据目录下数据的可调用、可共享。共享平台接入了国家平台，基本形成了"上联国家、下通市州、横接厅局"的共享交换体系。精准扶贫云通过平台打通了省级公安、卫计、人社、民政等 17 个部门数据，实现扶贫数据实时共享，同时，通过国家和省级平台对接了国务院扶贫办、教育部、公安部、住建部的相关数据。①

接入各部门业务专网实现互联互通。为解决业务专网导致网络、应用、数据不通等问题，在保证专网数据安全前提下，通过接入汇聚、边界防护、访问交换、高级威胁监测等措施，推动电子政务外网和业务专网之间网络可达、应用可访、数据可通，逐步消除数据共享交换的"物理鸿沟"。目前，除国家另行规定外，省级 21 家单位 24 张业务专网全部打通。同时，利用广电网推进电子政务网络村级全覆盖，已在安顺市平坝区 92 个行政村实现试点覆盖。

加快推动政府信息公开和数据开放。完善贵州省政府数据开放平台功能，探索贵州省政府数据开放平台与共享交换平台实现跨网域数据同步。加快推动政府开放数据量质齐升，全国首部省级层面政府数据共享开放地方性法规——《贵州省政府数据共享开放条例》（以下简称《条例》）于 2020 年 12 月 1 日正式施行。《条例》从政府数据管理、政府数据共享、政府数据开放、监督管理等方面明确贵州省政府数据共享开放事项，旨在推动政府数据共享开放，加快政府数据汇聚、融通、应用，培育发展数据要素市场，提升政府社会治理能力和公共服务水平，促进经济社会发展。实行政务数据"三权分置"。明确政务数据归集权，解决"谁归集、谁维护"问题；明确政务数据使用权，解决"谁使用、谁负责"问题；明确政务数据管理权，解决"谁管理，谁统筹"问题，从一定程度上规避了数据权属问题。

打造实体化数据调度中心。部门设置"数据专员"，专门负责受理或提出数据需求申请，及时响应；同时，建立协商机制，解决数据共享过程中的具体问题和难点，保障数据共享开放畅通。建立数据调度平台。推动公共政务数据、高频使用的数据汇聚到公共数据资源池，基本实现政府部门对外提供共享开放数据与各生产数据之间同步，初步形成"数据使用部门提需求、数

---

① 王益民：《数字政府》，中共中央党校出版社，2020 年．

据提供部门作响应、大数据管理部门保流转"的数据调度新局面。

截至 2021 年，贵州省数据共享交换平台累计汇聚发布 76 个省直部门、9个市州和贵安新区 13493 条数据资源目录，完成挂接数据资源 8727 个，涉及 22 万余个信息项。2020 年，贵州省数据共享交换平台与国家平台完成了级联，省内各级政务部门可通过省平台直接申请使用国家部委数据资源，12108 个国家数据资源依托省数据共享交换平台面向全省各级政务部门提供服务。为确保数据调度机制的有序实施，2016 年在全国率先出台《贵州省政务数据资源管理暂行办法》（以下简称《暂行办法》），《暂行办法》出台后，贵州省政务数据"聚通用"数据汇聚量、共享交换次数实现几何级增长，获批国家政务信息系统整合共享试点省、公共信息资源开放试点省、公共数据资源开发利用试点省、数据直达基层试点省，成为全国省级政府数据开放 A 类地区。近年来，国家先后出台了建立数据协调机制、构建数据基础制度等重要文件，对政务数据资源管理提出了新要求，2023 年《贵州省政务数据资源管理办法》（以下简称《办法》）正式实施，《办法》有以下举措。一是体现贵州特色，完善"数据专员"工作机制，强化省、市、县三级统筹协调，夯实贵州省"数据使用部门提需求、数据提供部门作响应、大数据管理部门保流转"调度机制。二是细化落实《条例》，进一步明确政府部门数据资源存储、编目、共享、开放、元数据标注等规范化管理要求，使工作更有可操作性。三是培育数据要素市场，明确在依法利用和保障安全的原则下，各级大数据主管部门统一授权具备条件的市场主体运营本级政务数据，开发形成不涉及国家秘密、商业秘密、个人隐私的数据服务和产品，通过贵阳大数据交易所进行交易。对进一步规范贵州省政务数据资源管理工作，加强政务数据共享应用具有重要意义，为建设数字经济发展创新区提供有力支撑。

2019 年 2 月，《贵州省大数据战略行动问责办法（试行）》由省委办公厅、省政府办公厅联合印发实施，为推动贵州数字政府建设提供有力的制度保障。办法要求开展大数据行动问责工作，要坚持"三个区分开来"和"依规依纪、实事求是，权责统一、失责必问，惩前毖后、治病救人，问题导向、注重实效"的原则，实行失职追责、尽职免责，激发担当责任、干事创业正能量。问责主要针对贯彻党中央、国务院和省委、省政府关于大数据战略行动各项决策部署不积极、不作为、不到位，贯彻《中共贵州省委、贵州省人民政府关于实施大数据战略行动建设国家大数据综合试验区的意见》(黔党发〔2016〕14 号),以及年度目标任务落实不力的相关领导集体、相关负责人实施问责。受到问责的单位或个人,取消当年考核评优和评选各类先进的资格;对受到问责的领导干部,其职务调整和影响期按有关规定执行。

(三)"数"有所用,创新服务

数字政府的核心就是做优做实为民服务的职能。要让数字化赋能的安保、环保、水务、交通、园林绿化、公共医疗、公共教育等领域,变成为群众和科创人员服务的"开源"平台,让群众获得重要的科创驱动资源。当前,贵州数字政府建设在政务、交通、医疗、文旅、乡村、民生等领域已发挥巨大作用,为提升政府管理、社会治理和民生服务水平提供了坚实基础,积累了许多宝贵经验,形成了"十大典型应用"。

贵州省在政务数据应用方面主要在做三件事——"聚通用"。大数据前提在"聚",关键在"通",目的在"用"。以建设"云上贵州"系统平台为主抓手,让政府各部门数据一个平台聚、一个标准通、一群队伍用,提升跨部门、跨区域、跨层级、跨系统的数据开放共享、流程协同、智慧应用,激活数据的政用价值。

通过促进跨领域、跨平台、跨部门数据的开放共享,使政府治理行为更加"可视化",倒逼政府业务流程再造,提升管理效率。贵阳"社会和云"的"一图一库四应用",建立了针对人、地、事、物、情、组织等多维度相互关联的块数据库,基于此数据库,发挥标签画像技术在精细化社会治理中的作用,为政府在社会管理中提供更加真实可靠的决策支持数据,实现精细到楼层、到户的社会服务和管理。"电梯应急处置服务平台"能够统计和分析电梯困人等故障数据。自运行以来,累计救援近 1.5 万次,到达现场平均时间 11.6 分钟,比国家标准缩短 18.4 分钟。[①]

通过对跨部门、跨领域数据进行分析,使政府决策更具超前性、准确性和科学性。通过动态收集民众需求,问政于民,问需于民,准确掌握社会大众的意愿和期望,提高社会公众对政府决策的参与度,在确保决策合理性的

---

① 王益民:《数字政府》,中共中央党校出版社,2020 年.

同时，让每个人都能达到专家的水平，保证决策顺利实施并达到预期目的，使政府决策更加民主化。"精准征兵"通过把公安、民政、教育、残联等各个部门数据与省军区数据融合，对全省的适龄青年进行精准画像、进行大数据分析。"智慧法院"对海量案件数据进行采集分析，精确推送典型案例、文书模板、裁判结果参考。贵州作为全国首批司法改革试点省份，试点法院法官人均结案数、结案率、当庭裁判率、服判息诉率、发回改判率等指标均明显趋好。"东方祥云"水库洪灾预警大数据应用，可将洪涝灾害预测期从传统的几十分钟提高到 72 小时。"智能交通云"接入各类交调站、车检器、视频监控、气象监测等感知设备约 1.9 万套，全省高速公路重要路段、长大构造物、收费站、服务区实现监测监控全覆盖，贵州省交通行业"用数据便民、用数据说话、用数据管理、用数据决策"。

以"服务到家"为抓手，利用大数据洞察民生需求，丰富服务内容，拓展服务渠道，扩大服务范围，提高服务质量，缩小城乡、区域差距，促进形成公平普惠、便捷高效的便民服务体系，不断满足人民群众日益增长的个性化、多样化需求，大幅提升群众的大数据获得感，推动数字贵州建设。"通村村"农村客运出行服务平台，在全国率先解决农村出行难、学生上学返家难、货运物流难的移动互联网应用平台，为农村老百姓提供安全、便捷、高效的出行服务和物流服务，成为乡村版"滴滴打车"，平台被列为 2017 年省级政府大数据应用示范项目。"贵州扶贫云"以大数据为支撑，打通公安、卫计、教育、人社、住建、民政、水利、国土、工商、水库移民、省招生考试院等13 个部门和单位数据，实现实时共享交换，精准识别扶贫对象的车子、房子、医疗、社保、子女教育等情况，自动生成数据、自动办理教育扶贫资助。"健康医疗云"构建了"纵向贯通、横向互通"和各级医疗机构"扁平化、零距离"的省、市、县、乡四级远程医疗服务体系，全省 293 家县级以上公立医院、妇幼保健机构和 1543 个乡镇卫生院全部联通远程医疗网络系统。2018年，完成远程医疗业务总量 23.5 万例，远程培训 139 场次 15.4 万人次，远程检验归档 451.1 万例，全省县级公立医院及乡镇卫生院诊疗人次 8294.8 万人次，全省新农合参合病人在乡级就诊人次 2091.3 万人次。[1]

---

[1] 王益民：《数字政府》，中共中央党校出版社，2020 年．

在乡村振兴领域，贵州乡村振兴云系统的业务覆盖了全省9个市州、86个区县、2760个乡镇、1.9万余个行政村，成为全省统一的乡村振兴信息化平台；在民生领域，依托数字政府建设，社会救助主题数据库与公安、扶贫、市场监管等10个部门推进数据共享，实现了10多个部门33类数据的比对，提升了社会救助精准化管理水平。[①]

贵州省政务服务平台以"凡是能通过网络共享复用的材料，不得要求企业和群众重复提交；凡是能通过网络核验的信息，不得要求其他单位重复提供；凡是能实现网上办理的事项，不得要求必须到现场办理"为目标，以身份证号、统一社会信用代码为标识，建立个人申请材料库和电子证照批文库，实现跨地区、跨部门、跨层级"一库管理、互认共享"，让申请人无须重复提交材料，变被动服务为主动服务，极大地促进"放管服"改革的落地。一是建成全省统一电子证照批文库，形成居民电子证照目录和法人电子证照目录，汇聚个人、法人、组织等证照批文信息，已成为各级在审批服务过程中在线共享调用和校验核对数据的源头。二是正在推进"减证便民"措施落地，明确各级各部门审批服务中涉及申请人提交的营业执照、特种行业作业证等多个证书，审批部门不得再要求申请人提交，必须通过全省统一电子证照批文库共享调用来核验，同时也要求核发这些证书的部门必须将证书全集录入共享，如数据不全，核发部门就必须人工来核验，通过共享调用来强力推进证照批文的数据汇聚和应用。

今后，贵州将继续打造一批推进教育医疗、文化旅游、金融支付、便民出行等领域的公共数字产品，让优质公共服务"飞入寻常百姓家"，推动民生服务普惠化均等化，让群众共享社会发展红利。

【本章小结】

近年来，我国一些地区在数字政府建设方面"摸着石头过河"，进行了一些探索，如广东省采用"管运分离""政企合作"模式打造一体化数字政府，浙江省以"最多跑一次"改革推进政府数字化转型，上海市实行"一网通办"

---

① 方亚丽：《贵州信息化集约建设机制推动数字政府建设》，《贵州日报》2023年5月10日第1版，网址 http://szb.eyesnews.cn/pc/cont/202305/10/content_93040.html。

建设数字政府，天津市创新"一制三化"改革优化营商环境，福建省以"数字福建"引领政务服务效率提升，贵州省以"大数据＋政务"为抓手进行数字政府改革。以上地区在数字政府建设中积累了宝贵的经验，为中国式现代化数字政府建设新实践提供了有力支撑。

【思考题】

1. 广东省在数字政府建设实践中有哪些经验启示？

2. 请说出浙江"最多跑一次"改革推进政府数字化转型的特点。

3. 请介绍一下上海"一网通办"的改革亮点。

4. 天津"一制三化"改革的内容是什么？

5. 请说一下以"数字福建"引领政务服务效率提升的路径。

6. 请梳理一下贵州数字政府建设的思路。

【延伸阅读】

1. 中国行政体制改革研究会：《数字政府建设》，人民出版社，2021 年。

2. 编写组：《政府数字化转型理论与实践》，中共中央党校出版社，2020 年。

第九章　数字政府建设的国际实践

一、美国：以"开放政府"驱动政府数字化转型

美国数字政府的探索与建设开始于 20 世纪 80 年代，"信息高速公路"是美国数字政府建设的发端。1991 年通过了《高性能计算法案》，美国数字战略进程全面开启。1993 年，美国政府成立国家绩效评估委员会，发布了《运用信息技术改造政府》以及《创建经济高效的政府》，提议政府通过先进的信息技术克服在公共管理和服务上的弊端。随后，克林顿政府发布《国家信息基础设施行动》，通过国家信息基础设施的建设推进美国社会信息化程度和电子政务的发展。1996 年提出"重塑政府"，推行政务电子化。2002 年提出"电子政务"改造，实现"以信息为中心"向"以公民为中心"转变。2009 年提出"开放政府计划"，推动建设公开、透明、开放的数字政府。2012 年，发布数字政府战略，旨在应用大数据等信息技术手段，促进政务信息的公开。2017 年，特朗普签署行政命令，成立了美国科技委员会，旨在让政府数字化服务更加智能化。2020 年美国国际开发署发布的《数字战略 2020—2024》，试图在全球范围布局以自身为主导的数字生态系统，为数字政府下一阶段发展提供新方向。

（一）美国政府数字化转型发展历程

基于当前社会的环境和公民的需求，美国数字政府建设经历了国家信息基础设施行动的克林顿政府时期、以公民为中心的电子政务战略的小布什政府时期、开放的数字政府计划的奥巴马政府时期、数字政府技术现代化法案的特朗普政府时期及第五项建设"开放政府"国家行动计划的拜登政府时期五个阶段。

第一阶段，克林顿政府时期（1993—2001）。克林顿政府充分重视互联网

的重要性，敦促美国各政府机构加快官网的研发设计进程。1993 年，美国国家绩效评估委员会正式成立，首次提出构建"电子政府"，在政府中使用先进的信息网络技术。颁布了《国家信息基础设施行动》《全球信息基础设施行动计划》，加大对信息基础设施的投资力度。1996 年，美国政府推行"重塑政府运动"，积极推行政务电子化，应用网络技术以及通信技术来推行政府的公共服务职能，实现政府机构的优化和政府行政绩效的提高。

第二阶段，小布什政府时期（2002—2009）。小布什政府提出了"电子政务"的概念，实现了网站从仅仅浏览信息到可以实现办事服务的转变，从"以信息技术为中心"转变为"以公民为中心"。2001 年，美国白宫管理与预算办公室宣布成立"电子政务特别工作小组"，并于 2002 年公布了《电子政务战略——简化面向公民的服务》，提出以公民为中心、以结果为导向、以市场为基础三大原则，旨在提高政府的工作绩效、便于公民与联邦政府的互动、改善政府对公民的回应能力。

第三阶段，奥巴马政府时期（2009—2017）。奥巴马政府推动政府采用最新的技术趋势，如美国数字政府服务和 Data.gov 计划的推出，强调政务信息的公开，通过大数据及信息技术的应用，推动公平、透明、开放的美国数字政府建设。2009 年，美国联邦政府的数字政府战略由"电子政府"转向"开放政府"，并推动政府采用最新的技术趋势。2012 年，美国白宫发布了数字政府战略，旨在为美国公民提供更优质的公共服务，主要实现三个目标：一是让美国公民可以在任何时间、任何地点，利用任何设备获取所需的高质量的政府信息以及数字服务；二是确保美国政府适应新数字时代，抓住机遇，以智慧、安全和经济的方式来采购并管理设备、应用和数据；三是公开政府数据，激发国家创新，提升政务服务的质量。奥巴马政府在此时期高度重视大数据的应用，进而系统改造传统国家与政府治理手段及体系，促进了美国经济的快速增长。奥巴马政府提出的数字政府战略是美国积极向数字经济、数字城市、数字治理和数字政府转型的重要标志。

第四阶段，特朗普政府时期（2017—2021）。特朗普政府重视数字政府的发展，希望利用先进的数字技术更好地提供公共服务和智能化决策。2017 年5 月，特朗普总统签署行政命令，成立了美国科技委员会，旨在让政府数字化服务更加智能化，总目标包括"协调愿景、战略和方向"，在联邦政府使用信息技术方面向总统提供与政治决策有关的建议。特朗普政府时期美国政府数字化转型的目标：一是要让公众能够使用任意设备、在任意时间和任意地点获取政府提供的优质服务；二是政府要逐步适应数字化的发展进程，能够经济、安全、有效地管理数据应用和资产；三是强调社会创新与对创新工具的采购。①

第五阶段，拜登政府时期（2021年至今）。拜登政府时期美国白宫发布第五项建设"开放政府"国家行动计划，旨在建设"一个更具包容性、响应性和问责制"的政府。该计划包括：建立反馈机制，公众可以通过该机制请求和获取数据，帮助公众通过与各级政府、社区组织和研究人员合作，使政府对公平负责；改善公众参与制定法规的机会；进一步落实《减少文书工作法》，减少公众在获得公共福利和服务方面面临的障碍和负担；开发和共享公平数据；推进公平联邦议程；两年内改进国家档案目录，并推出一个改进搜索体验和新光学字符识别工具的新网站；进一步落实信息自由法案，提高整个联邦政府处理请求的效率和一致性。

（二）美国政府数字化转型经验做法

1. 设立首席信息官（CIO）职位，负责数字化转型建设

推动跨层级信息共享和业务协同美国首席信息官的职位设立在白宫管理与预算办公室，负责领导和监督整个联邦政府的 IT 支出。此外，依据克林格—科恩法案，每个联邦机构都设立一名首席信息官。政府首席信息官是世界数字政府排名中的一个重要指标。美国是世界上最早建立首席信息官制度的国家，制度中明确规定联邦及州政府部门的首席信息官的职责是，及时向政府首脑和其他高层管理人员提供政府信息化发展建议与协作、指导，监督所在部门信息技术等其他事务的实施，确保部门信息化工作顺利开展，维护一个和谐、稳定的整体化信息架构，对信息资源进行有效管理，提升本部门的信息资源管理运作效率，规范有效的工作流程。近些年来，美国政府与公众、企业、社会、各级政府之间的数字政务互动有所增加，主要由于在管理

---

① 姚水琼，齐胤植：《美国数字政府建设的实践研究与经验借鉴》，《治理研究》2019年第6期，60-65.

和预算办公室内设立数字政府行政办公室，努力开发和优化数字政府服务和流程，通过大数据、云计算等信息技术，增加美国公民的对政务服务的公众参与，同时推动数字政府服务的机构间合作，通过整合相关职能和内部数字政府程序的使用，努力简化政务服务手续，优化数字政府服务流程。①

当前美国联邦政府在线政府建设重点是跨层级信息共享和业务协同。联邦政府以大门户连接和绩效评估为主要手段，重点促进联邦政府、州政府和地方政府之间的协同。全美以"大门户"的形式连接共计 10000 多个各级政府网站，构成整体政府网。联邦政府通过年度绩效评估推动全体政府数字化转型。引入数字分析项目和客户管理理念，通过提升政府业绩和公众满意度来提高政府的服务质量。同时，每周对 4000 多个网站和 400 个行政部门进行绩效评价，并且向全社会公开评价结果。此外，绩效评估有效地推动政府数字服务的开发和交付。

2. 实施国家大数据战略，构建动态安全的数字政府网络

构建数据驱动战略体系，美国积极利用大数据在国家战略关注领域已实现突破。2012 年，白宫发布了《大数据研究和发展计划》，由白宫科学和技术政策办公室牵头成立大数据高级指导小组。该计划通过对海量和复杂的数字资料进行收集、整理，从而提升对社会经济发展的预测能力。为加速 2012 年提出的"大数据研发行动"进程，2016 年 5 月，美国政府发布《联邦大数据研究与开发战略计划》，提出七大战略，涵盖大数据技术、可信数据、共享管理、安全隐私、基础设施、人才培养和协作管理等与大数据研发相关等，构建数据驱动战略体系，利用新兴的大数据基础、技术和功能来激发联邦机构和整个国家的新潜能，加速科学发现和创新进程，并培育 21 世纪下一代科学家和工程师，促进经济增长。该计划涉及 15 个联邦机构，对各联邦部门制定与大数据相关的计划和投资提出了指导意见。美国政府的公民门户网站是 www.usa.gov，它提供了广泛的信息资源和各种政府来源的在线服务，有助于公众更好地了解政府结构的信息，是改善美国政府与公众沟通体验的国家门户。

---

① 姚水琼，齐胤植：《美国数字政府建设的实践研究与经验借鉴》，《治理研究》2019 年第 6 期，60-65.

为了改善用户的浏览体验，门户还允许用户创建政府账户，允许每个用户根据需要自定义门户。该网站包含辅助功能、实时聊天平台和聊天时间操作服务，除节假日外，每个工作日都可以方便地使用。这为所有政府信息和服务提供了一站式服务，全面列出了政府以用户友好的方式提供的所有公共服务、表格、工具和交易。

建立数字政府管理标准。由于数字产品的市场是动态的，需要制定互联网的管理标准。这些标准支持多种目标：互操作性、保护安全性和公民隐私权，并实现有效的服务。政府应该管理关键的市场，而不是把自己看作一个被动的参与者。政府之间的协调也是必需的，以便整个市场能够被理解和管理。美国通过建立数字政府管理标准，增强数据存储的安全性，保障信息的准确可靠，增加公众对政府的信任度，确保公民关键数据的安全，如医疗保健记录、财务信息和社会保障号不会受到损害。区块链平台为美国数字政府提供了一种全新的高容量解决方案，区块链技术能够解决状态管理系统数据的安全性和协调性问题。例如，美国在电子投票方面开发了一个基于区块链技术的在线投票平台，该平台采用椭圆曲线加密技术，保证了结果的准确性和可靠性。在民政方面开发了一个平台，确保公众在智能合同的基础上获得法律和经济服务。

3. 运用新兴智能技术，发展移动数字政府

美国政府注重运用人工智能、物联网等新兴技术，提升政府治理能力。政府使用物联网技术首要和最重要的事项是收集和分析海量用户数据，降低成本，并使政府流程更高效。美国总务管理局智能建筑计划的基本方法之一就是在政府设施中安装支持物联网的智能建筑应用程序。该项目于2012年实施，至今已在近100座政府建筑中安装了传感器。美国国家航空航天局正在使用卫星技术来分析从物联网设备中收集的数据。实践证明，在公共管理中使用人工智能应用程序有助于提高数字政府在线服务的效率，国家机构通过使用公共数据库来最大限度地精减投资过程，提高国家管理的效率和服务的传输速度。智慧城市是与物联网相关的概念，美国数字政府服务与智慧城市建立关联，并考虑城市的特点，包括通过线上医疗服务推广，实施线上教育，发展移动通信服务，提高和加快能源使用率，特别注重使用绿色环保清洁能源来推动社区的医疗保健。美国政府通过加大对人工智能、物联网建设

的投资力度，为公众提供跨时间、跨区域、跨平台的高质量服务。目前物联网在美国的公共交通、公共安全、数据实时采集与管理等方面发挥着基础性的作用。

云计算帮助数字政府提高服务效率，其优点体现在：一是迅速、便利共享数据与信息，并帮助政府机构部门实现数据库共享；二是降低政务信息系统的开发运行及管理维护的成本，从而加大数字政府的硬件和软件系统的投资，进而改善政务服务。公共部门可通过云计算技术，对海量数据进行存储、分析、研究，从而打破数据壁垒，实现信息共享。例如宾夕法尼亚州通过预测建模开发"支付分数计算器"，从而能够高效估计无抚养权亲人在法院强制条件下对儿童的抚养能力，并了解费用支付情况。美国联邦铁路管理局通过建立"企业数据存储"系统来预测铁路建设项目的投资结果，以便有效地管理资金。

2017年以来，美国政府开始推行移动政府建设，由公民服务和创新技术办公室负责，隶属于总务管理局，该部门运行着digitalgov.gov网站，致力于为政府机构提供建议、培训和服务工具，也为公民提供更多高效率、有价值的服务。美国国务院、农业部、人口普查局、美国国税局以及更多的部门和机构都提供苹果IOS和Android版本的智能手机应用程序。国务院的特色应用程序被称为智慧旅客。该程序允许用户查看签证要求、当地相关的法律、大使馆和医院地址以及各国的旅行注意事项。门户的设计使公民能够轻松地找到广泛的、有特点的信息，以及具体的、个性化的服务。政府还制定了具有前瞻性的企业发展路线图，为政府现代化的下一阶段提供前进的道路。

4. 建立公私合作关系，构建数字政府服务采购模式

美国将政府使用数字技术和公共部门信息作为其未来数字化议程的重要内容之一。许多州已利用公私合作伙伴关系（PPP）模式推动公民聚焦数字化政府。鼓励政企合作，对数字政府涉及的部分信息技术采取"外包"模式。目前，美国政府对私营部门在想法、概念、技术和信息共享方面的开放程度逐渐提升。在数字政府战略建设过程中，通过将部分公共服务及惠民项目外包给互联网巨头公司来提升政府信息技术，如苹果、微软、亚马逊、脸书以及谷歌等知名互联网企业。这类企业凭借优秀的人力资本和强大的资金保障在规定时间内为政府部门提供优质高效的信息技术服务，政府职员在此基础

和平台上负责信息采集、分析等工作。这种技术外包手段不仅提升了政务效率，而且为政府提供了安全、可靠和经过检验的解决方案、软件和专业知识，同时也为互联网巨头公司提供了更多的商业机会，有助于通过使用"无成本"契约模式来实现公私合作。[①]

目前，美国的犹他州、马里兰州、威斯康星州、阿肯色州和得克萨斯州等都已成功运用了"无成本"契约模式，在政府与行业之间形成了独特的公私合作伙伴关系，有效地推进了政府数字化转型，提升了数字时代的政府治理能力。利用这种模式，政府不需要进行前期投资，就可以建立和启动数字化服务。就像消费者在网上购买电影票一样，公司会向使用数字化政府服务的用户收取一定的费用。由于数字化服务只有在被使用时公司才能赚到钱，因此公司会积极推动公民采纳和使用这项服务。使用"无成本"契约模式形成的政府和行业间公私合作伙伴关系重新构建了数字政府服务采购模式。

（三）第五项建设"开放政府"国家行动计划

美国白宫第五项建设"开放政府"国家行动计划，旨在建设"一个更具包容性、响应性和问责制"的政府。其特点包括改善对政府数据、研究和信息的访问。公开发布联邦政府的研究、信息和数据。联邦统计机构的使命是通过传播高质量的统计信息为公众提供信息，在促成这些重要成果方面继续发挥着重要作用，促进公众对公共数据和机构活动的更多访问，同时提升联邦政府的反馈速度。

扩大公众对联邦资助的研究结果和数据的访问。为了增加普通民众对联邦资助的研究结果和数据的了解，并为进一步创新和参与科学打开新的可能性，联邦政府先前向各机构提供了指导，以制定更多获取纳税人资助研究的计划；简化研究人员对联邦机密数据的访问，根据《循证决策基础法》的要求，启动标准申请程序，用于寻找和申请访问联邦统计机构的限制性保密数据。

扩大对国家档案馆的在线访问，涵盖服务不足的社区。国家档案馆目录

---

① 姚水琼，齐胤植：《美国数字政府建设的实践研究与经验借鉴》，《治理研究》2019 年第 6 期，60-65.

是联邦政府对国家档案馆持有的记录的在线门户。国家档案和记录管理局承诺在未来两年改进目录，推出新网站，改善搜索体验和新的光学字符识别工具，并通过扩大用户贡献类型来加强目录。

二、英国：以"数字政府即平台"推动公共服务数字化

（一）英国数字政府发展历程

英国政府也早在 1994 年提出"电子英国"建设计划，同时搭建中央政府网站，开通政府信息中心。由于发展太快，政府网站数量众多，英国政府又从 2007 年开始整合和简化线上办公网站，从 951 个精减到 26 个，2013 年基于 GOV.UK 将 24 个部门与 331 个公共服务项目纳入政府线上办公范畴，这一阶段使原先分散的网站有效整合，并把政府数字政务及有关的服务全部集中到政府网站上。英国于 2012 年发布《数字政府战略》，数字政府替代传统的电子政务，正式开启政府转型之路。2014 年启动《政府数字包容战略》，2015 年实施《"数字政府即平台"》计划，增加公众与政府间的互动，重点打造线上身份认证、支付与通知三大数字政务平台。英国数字政府建设进程进一步推动。2017 年，英国出台《政府转型战略（2017—2020）》，采取七大举措重点打造线上身份认证、线上支付与线上通知三大数字政府服务平台。2019 年发布的最新版《数字服务标准》设立 14 条服务标准，提升用户体验度和服务满意度，实现从"服务数字化"到"数字服务化"的转变。英国数字政府建设战略规划注重与本国国情相符合，顺应了时代发展的趋势。根据英国政府最新发布的《政府数字服务战略（2021—2024）》，数字政府建设这一阶段将着重解决跨政府部门联合服务问题，并建立适用于所有人的单一数字身份，推出在线政务服务的单点登录方案，归口线上政府服务至单一平台。①

（二）英国数字政府转型理念

从《政府转型战略（2017—2020）》到《数字服务标准》再到《政府数字

---

① 钱斐，周崇修：《发达国家政府数字化转型的经验探索》，《江苏科技信息》2023 年第 13 期，66-70.

服务战略（2021—2024）》，英国数字政府建设正在实现从"服务数字化"到"数字服务化"的重大转变。英国政府注重制定符合本国国情的数字政府转型战略，以顺应互联网时代下政府数字化转型的发展趋势，以便为公众提供更加便捷、高效的政务服务。为配合与支持数字政府转型，英国政府先后出台系统性的战略规划，并始终秉持了"用户即中心""数据即价值""政府即平台"等价值理念。

1. 用户即中心

英国政府高度关注用户需求，致力于建立政府信用体系，增强公民对政府使用个人资料的信任，以提供更加精准的个性化服务。通过了解和把握公民对政府需求的宏观变化和新技术带来的机遇，增强组织的灵活性；通过对数据的有效利用，为用户提供更有针对性的服务。比如，一线工作人员可以利用实时数据预测和分析用户的心理，为满足公民和企业不断变化的需求做好准备，并向政府决策提供有效信息，帮助政府针对外部环境的变化作出更加灵活和快速的回应。同时，英国政府将公务员也视为用户的一部分，认为只有为公务员提供良好的工作环境，才能让他们更好地为其他用户提供高质量服务。因此，英国将通过打造一支"卓越的公务员队伍"，为他们提供一个包容、灵活、现代化和相互连接的工作平台，支持和鼓励各部门引进数字工具和技术，以进一步提升政府公共服务的专业化水平。此外，英国公共部门还将强化在数字变革中的领导作用，在关注用户的基础上超越以用户为中心的设计原则，与用户自身开展合作，共同设计服务，并利用数字方式来实现这一宏伟目标。

2. 数据即价值

数据是政府能够更高效地满足用户需求的重要基础，是一切数字化的前提。政府拥有各种不同特征的数据集，这些数据集有些是非结构化的，有些则包含与公民有关的个人数据，有些数据集包含由政府代表国家掌控和管理的信息，如学校和医院的信息。为更好地利用数据，英国议会通过"数字经济法案"的数据共享条款来消除不利于政府有效使用数据的各种障碍。同时，为更好地利用数据改进决策，聘用专业的数据分析员和行为科学家组成团队，处理跨领域的政策和操作问题，并与政策开发人员合作，建立预测模型，为重要的政策和业务决策提供准确信息和有力证据，提高政府数据分析和利用能力，使分析人员和非分析人员都能更好地进行决策。此外，为增强数据管理和使用的安全性，英国政府一方面通过任命一名新的政府首席数据官来保障数据的安全利用，同时成立新的数据咨询委员会，旨在有效地协调和监督政府的数据使用状况；另一方面，政府将向公共部门提供必要的指导，以确保它们能够充分利用数据，遵循数据管理的最佳原则，包括数据的收集、存储、处理和分析。

3. 政府即平台

自 2010 年起，英国开始逐步建立并推出了政府网站平台"GOV.UK"，并把跨政府平台和服务作为未来发展方向。2020 年 4 月，英国政府成立数据标准局（DSA），隶属于政府数字服务局（GDS），主要致力于数字化标准的建设，以提升跨部门数据共享水平和数字服务质量。[①] 当前，政府数字服务局的重点任务是构建政府治理技术平台，增强政府平台的数字服务功能。为此，政府数字服务局扩大了政府平台的开放程度，让公民和企业参与进来共同推进平台建设，以更好地理解用户需求，并使平台模式能够为其提供更加便捷和高效的服务。同时，为了消除组件、平台和功能复用的障碍，政府数字服务局开始帮助各部门了解共享平台、组件和业务功能的价值，确保为重用代码、组件、平台和业务功能提供正确的技术支持和指导。并且，终止与大型、单一的供应商开展 IT 项目合作，通过建立共享组件和平台，扩展正在使用的平台功能，以提供更为广泛的政府数字服务。

（三）数字政府建设制度保障

数字政府转型的成功既需要秉持科学合理的价值理念和选择合适的技术工具，又有赖于良好的制度设计与制度保障。英国在数字转型过程中高度重视制度设计与制度保障问题，不论是在宏观战略规划方面，还是在微观服务标准与评价方面，英国政府均付诸精心的制度安排，从而为英国数字政府的成功转型提供了强有力的制度保障，确保了英国数字政府转型的有序化和制度化。

---

① 詹国彬：《英国数字政府转型：价值理念、技术工具与制度保障》，《行政论坛》2021 年第 6 期，136-143.

1. 战略规划制度

2010 年以来，英国政府数字服务局在数字政府转型的过程中逐渐成为政府产品、平台和服务数字化转型的中心。为提供更好的数字政府服务，英国数字政府平台"GOV.UK"于 2021 年 5 月发布了《政府数字服务战略（2021—2024）》，进一步明确了政府数字服务局的目标。目前，政府数字服务局已经有能力审视政府各数字团队的工作，并确定用户对于产品、平台和服务的普遍需求，通过集中建设，协调各部门专注于提升政府服务质量。未来，政府数字服务局将运用其在政府中心的独特地位为每个用户打造一个更加便捷、协同和个性化的用户体验。另外，该战略还规定了 2021 年到 2024 年中政府数字服务局应该完成的五项主要任务：一是确保"GOV.UK"仍然是唯一值得信赖的为公众提供信息、指导和服务的来源；二是增强跨部门协同服务能力，保证服务的完整性；三是简化数字身份认证，使服务照顾到更多的弱势群体；四是扩大数字化工具的普及和使用，提高政府服务效率；五是实现跨部门的数据联合，实现公民与国家的"一次沟通"。

2. 人才培养制度

培养专业化的数字人才，营造良好的数字文化环境是更好为公众提供服务的前提。为此，英国的做法包括：一是自 2017 年以来，英国已经在设计、建立和维护数字服务等方面招募了许多专业的人员并推动这些项目取得了重大进展。同时，向政府引入了一些新的职业（如服务经理、用户研究人员、数据科学家和内容设计师），这些职业现在也已经在大部分公共部门建立起来。二是通过建设数据科学院校，实施数据科学快速培训计划，培养一批在数字技术方面拥有丰富专业知识的熟练公务员队伍，以胜任数字化工作。三是为数字技术专业人员制订一个结构化的职业发展方案，加强部门间的公开交流，以营造具有良好文化氛围的工作环境。四是建立和发展跨政府的工作社群，以提高公务员专业知识水平，推动公务员队伍内外非正式网络的建立，增强跨政府交互能力和组织灵活性。

3. 数据共享制度

为应对全球化、数字化和风险社会所带来的压力以及不断满足民众对政府服务质量的更高期望，打造整体政府和实现跨部门协同将成为必然选择。英国政府着力推动各部门的通力合作，通过整理和筛选所需的基准数据，了解每个部门及其分支机构目前是如何工作的，特别是在业务、服务和技术架构方面，使政府可以对未来的权衡或转型作出更明确的选择。英国将与其他国家政府合作，通过双边国际关系、开放政府伙伴关系等合作关系，为数字服务和技术制定全球标准，在合作中学习其他国家的成功经验和做法，提升自身服务水平。同时，英国积极分享数字平台、技术组件、制度方法等，以此来帮助其他国家的政府提升数字化水平。在国家层面上，英国还将制定数字政府服务、数字安全、数据共享等国家标准，加快实现各区域、各部门、各层级之间数字化服务的互联互通。

4. 数字服务标准化制度

数字服务标准化是保证数字服务质量的重要抓手，为实现"提供世界最优质的政府数字服务"目标，英国内阁办公室于 2013 年 4 月发布了《数字服务标准》，为政府各部门创建和运行数字服务提供了统一标准，并在之后的六年里进行了三次更新。服务标准能够为政府提供一个保持良好服务的原则，解释了政府及其团队应该通过何种方式来构建符合标准的优秀服务。《数字服务标准》最初只是针对英国中央政府团队而设计，经过不断修订和完善，目前已经被广泛应用于其他公共部门和地方政府。另外，为了确保数字服务能够达到预期目标，中央数字数据办公室（CDDO）和部门所在的评估小组还将依据标准对政府部门的服务情况进行一系列评估，包括对服务上线前的预期评估和上线后的跟踪评估。标准化制度既为英国数字政府服务是否达标提供了明确的参考依据，也回应了"用户即中心"的价值理念。

5. 数字服务考评制度

为进一步落实《数字服务标准》，保障数字服务质量，英国政府建立了一套完备的考评制度。在新冠疫情的影响下，中央数字数据办公室全程通过远程方式对数字服务质量进行评估。考评主要分为两个阶段，分别是上线前评估阶段和上线后评估阶段。上线前评估又称为可行性评估，采用线上讨论和答辩的方式，评估主要由来自政府数字社区中的专家组进行。评估小组通常由四五名评审员组成，包括一名首席评估员、一名用户研究人员、一名设计师和一名技术负责人，部分情况下还会有一两名观察员进行旁听，保证评估的公平公正。评估通常持续约四个小时，评估结果将由中央数字数据办公室以评估报告的形式公布于政府网站。上线后评估主要为绩效评估，由绩效分析社群、产品服务社群、用户研究社群进行考评。绩效指标包含服务交易成本、用户满意度、服务完成度、数字接受度（指与其他渠道，如书面或电话相比，使用在线政府服务的人所占的百分比）等四项。另外，服务团队自身还需要了解服务对目标用户的有效性，并将该绩效上传至对应的评估组织。

（四）英国数字政府建设的经验启示

第一，要形成强有力的政府数字化转型推进机制。英国数字政府战略之所以能落地执行，主要归功于内阁办公室专设的数字服务小组。该小组作为一个重要角色推动数字技术在英国政府中的发展，使数字技术对于政府转型的重要性得以被广泛接受。该机构的具体工作内容包括负责制定默认数字服务标准，开发、运营统一的通用技术平台和门户网站，协助其他部门提高数字能力，为管理层提供数字培训，搭建数字技术共享平台，为没有条件接触数字化的民众提供辅助支持，督促各部门按时发布部门数字战略，并及时总结战略实施成效等。英国数字政府建设目前以内阁办公室为领导机构，设立专业的数字服务管理机构——政府数字服务局，负责数字政府建设总协调，制定标准和规范，保障政府数字化转型的有序推进；而英国数字政府建设的具体实施，采用了更为灵活机动的方式展开，由各政府部门的数字和技术人员组成一个组织（TDLN），由政府数字服务局负责运行，通过定期开会讨论，实现跨部门交流，推动数字化转型战略的实现。目前，政府数字服务局已上升为英国国家数据基础设施的一部分。

第二，要提升政府部门主要负责人的数字素养。作为"一把手工程"，部门领导人的数字素养对于部门数字能力建设有重要影响。英国政府将提升各部门领导人的数字素养作为提升部门数字能力的一条重要途径，对主要负责人进行数字培训，提升其数字技能、培养其数字化思维。通过设置招聘中心帮助各部门组建长期稳定的数字团队，招聘技术和数字化专家担任各部门的领导职务。通过搭建与政府部门领导人沟通交流的网络，为数字服务管理人员提供互相交流的渠道，使其成为探讨共同问题的最佳途径，间接促进各部门领导人数字素养的提升。

第三，要广泛吸纳社会力量提供数字服务。在数字社会形态下，通过社会化方式提供政府公共服务的趋势日益明显。为鼓励更多的第三方力量参与政府数字化转型战略，英国政府转型计划提出改进招标过程，降低企业的进入门槛。更重要的是，英国政府将开放合作的理念践行于政府数字化转型的各个环节。例如，积极开放 API 将企业和第三方平台作为政府网站的延伸和扩展。此外，政府内阁办公室搭建的政务云平台，也是一个开放的平台，吸引数千家中小企业供应商不断加入数字市场，从而为用户提供了多达两万余项的数字服务。

第四，要全面实践"数字政府即平台"的发展理念。"数字政府即平台"是英国政府数字服务建设发展的重要经验，英国政府内阁办公室与政府各部门协商、牵头制定和提供一系列通用的跨政府部门技术平台，范围覆盖数据开放、数据分析、身份认证、网络支付、云计算服务等，以支持新一代政府数字服务的运行。采用"数字政府即平台"模式，可以让政府部门的管理决策团队把更多时间精力放在以用户为中心的服务设计上，而不是一切从最初的软硬件环境构建开始，从而使得政府的数字服务更容易创建，运行成本也更加低廉。[①]

三、韩国：以"数据开放"促进数字政府建设

韩国的数字政府建设已成为全球最佳实践典范之一。韩国数字政府建设经历了 1.0、2.0、3.0 时期。韩国数字政府建设特别是数字政府 3.0 战略将政府数据开放定为政府 3.0 战略的基础和重点，公众作为潜在数据资源的创造者，能够使用由自身创造出来的数据，获得数字时代的便利。

韩国以满足民众个性化需求为出发点，建立相关政府部门的数据汇聚更新机制，明确数据属性界定、权利归属、使用标准和安全责任，实现数据共享全流程化。在实践层面，韩国政府一方面通过建设公共数据门户网集中发布部门数据，主动公开大量不涉及公民个人隐私和公共安全的数据，此外还提供精准服务，根据公民需求提供定制化信息，便于公众查询、使用，有利于发挥社会监督的作用，为透明政府建设提供数据支撑；另一方面，鼓励数据商用，鼓励社会面对公共数据的充分利用，设立开放数据中心、数据开放

① 张晓，鲍静：《数字政府即平台：英国政府数字化转型战略研究及其启示》，《中国行政管理》2018 年第 3 期，27-32.

战略委员会，制定"促进公共数据提供与推广基本计划（2013—2017）"作为核心政策，建立一站式的公共数据提供框架。增强公共数据的兼容性，统一数据开放接口，方便公众和企业获取，并进行二次开发利用，创造社会经济价值。

（一）韩国数字政府"数据开放"发展历程

韩国数字政府建设经历了如下五个阶段。

1. 启动期（1979—1996）

20 世纪 70 年代后期，韩国政府开始推进行政业务的电算化，80 年代中期投入 2 亿美元启动"国家基础信息系统工程"，该工程覆盖了韩国政府的多个领域，促使政府简化了诸多办事流程，使公民能够不受时间、地域的限制获取各种文件，政府的办事效率得到提升。

2. 基础期（1996—2000）

1996 年，韩国政府出台《促进信息化基本法》，为推进韩国政府各部门之间信息化发展提供了法律保障，投资 1313 亿美元建设"韩国信息基础设施工程"，在大力发展基础设施的同时，建立相应的社会、文化环境，开启了政府在国家生活中扮演单纯提供信息角色的数字政府 1.0 时代。

3. 成长期（2001—2007）

数字政府特别委员会提出了 11 项数字政府的任务，建立了"一站式"的电子政务门户网站，向公众提供在线服务。

4. 数字政府 2.0 时期（2008—2012）

韩国政府开始使用 Web2.0 技术，发布的《国家信息化基本规划》和《国家信息化实施规划（2009—2012）》，部署了电子政务发展方向和具体的实施计划，数字政府 2.0 时期政府角色表现为限制性地公开信息和参与民众互动。[①]

5. 数字政府 3.0 时期（2013 年至今）

2013 年 6 月，韩国政府根据建设透明的政府、有能力的政府、服务型政府的理念，宣布实施数字政府 3.0 战略，启动了数字政府建设的新范式。数字政府 3.0 战略提出公开公共信息，促进信息共享，消除政府部门间的内部隔

---

① 陈畴镛：《韩国数字政府建设及其启示》，《信息化建设》2018 年第 6 期．

阅，使用大数据，实现科学决策；注重收集公众需求，以公众为中心转变服务模式，变被动服务为主动服务，创新定制服务等建设目标，建设一个让公众满意的"透明政府""有能力政府""服务型政府"。[①] 制定《促进公共数据提供与推广基本计划（2013—2017）》推动数据开放。为推动数字化转型升级，韩国政府重点推进数字大坝、智能政府和国民安全、社会间接资本数字化等数字新政核心项目。此外，韩国政府还注重数字人才的培养，发布《人工智能国家战略》，计划培养 10 万名人工智能和软件领域专业人才，并对所有国民实施人工智能素质教育。新一届韩国政府提出将要打造基于数字技术和大数据的定制型惠民"数字平台政府"。

在数字政府 3.0 战略提出后，韩国政府数据开放迈开了新步伐。2013 年，政府数据开放主要集中在组织架构的完善。同年 10 月，韩国发布了《数据开放法》，为数据开放提供法律支撑；11 月成立了数据开放中心；12 月成立了数据开放战略委员会和数据开放调解委员会。数据开放战略委员会是数据开放战略政策制定的最高职能部门，其下属的内务部负责对公开数据清查机构绩效进行评估，同时制定总体规划，为数据开放打下基础；数据开放中心隶属于内务部，负责支持公共机构的数据发布和促进开放数据在私有机构内的使用；数据开放调解委员会负责调解有关数据公开的争议；在中央和地方公共机构内设置首席数据开放官，具体负责各部门的数据开放工作。

2014 年，韩国政府发布数据开放相关标准和方案。当年，制定出台数据开放总体规划，就 2014—2016 年的数据开放战略作了规划。2014 年 12 月，涉及 36 个领域的关键数据开放战略发布，迈开了数据开放的第一步。2015 年，韩国政府发布了数据质量评定框架，对数据开放的质量做出要求并启动数据规划合作方案。2016 年 1 月，成立开放数据孵化中心，促进了数据的开发和使用，提高政府定制化数字服务水平。2016 年 12 月，制定了第二份数据开放总体规划，规划了 2017—2019 年的数据开放战略。其愿景是建立一个促进公众和企业繁荣的数字社会。其主要目标包括：通过增加日常生活中数据的使用，让公众生活得更好；通过扩大以数据为中心的产业生态系统，创造新的附加值。其战略要旨包括三个层面：支持高质量数据的发布以支持数

---

① 钱斐，周崇修：《发达国家政府数字化转型的经验探索》，《江苏科技信息》2023 年第 13 期．

据产业生态发展；扩大公众参与，促进公开数据在居民日常生活中的使用；创建数据驱动的政府平台和治理框架。其具体的任务包括：适应产业新的需求，增加整合智能的高品质数据的发布量，在此基础上建立一个数据生态系统，用于培育新产业和分发数据。同时，加大对企业利用公开数据进入海外市场的支持力度；为公众使用数据提供便利，提供居民公开参与所需的数据，在社会问题的解决中强调数据使用，加强培训提高全体公众使用数据的能力；建立一个数据驱动的政府，建立一个基于统一平台的开放数据管理框架，在此基础上加强公私协作，扩大私有数据和服务的共享，通过加强政府绩效管理，改进基于生命周期的开放数据质量管理，在全球范围内扩大数据合作伙伴关系。2019 年，韩国政府发表了《数字政府革新推进计划》，该计划旨在适应以人工智能、云计算等尖端信息通信技术为主导的数字化转型趋势，以提升工作效率、更好为民服务为目的，改善现有的电子政府服务。2022 年韩国正式发布《大韩民国数字战略》，其中包含的五大战略分别是：

（1）打造全球顶级水平的数字实力；

（2）大力发展数字经济；

（3）提升数字社会的包容性；

（4）构建开放的政府数字平台；

（5）推动数字文化创新。[①]

（二）韩国数字政府"数据开放"建设实践

2017 年 3 月，韩国政府制定了国家重点数据与公司数据融合方案，发布了涉及 14 个领域的"国家重点数据"数据集。这些数据是以解决社会问题为导向的、智能的、整合的数据。在发布程序中，首先发布易与私有部门整合的公共数据，随后致力于支持公共数据和私营数据的融合和提炼，最后发布在智能信息社会发展中举足轻重的但是不易被挖掘的数据。这一过程是一个公有数据与私有数据整合的过程。以医药行业为例，公有机构提供全国的医疗健康数据，私营机构提供新的药品、治疗方案和护理方案数据，二者整合，

---

① 黄庆明，游传满：《韩国新数字发展战略的背景和要点简析》，大湾区评论，2023 年 7 月 13 日，
https://new.qq.com/rain/a/20230713A0842M00.

得到全国的医疗数据。在整合过程中，人工智能和机器学习发挥了重要作用，为全面和个性化服务提供数字基础。基于公有部门提供的健康数据和私有部门提供的医疗数据结合后，病人可以得到一份最适合自己情况的全面的治疗方案。

与此同时，韩国政府制定出台了数据驱动的平台政府和强化质量管理方案，提出 2018 年实现中央各部门的数据管理，2019 年实现地方政府的数据管理，2020 年拓展到全部的公共机构。其目的是建立一个"政府综合数据管理框架"，以支持数据驱动的决策和服务开发。方案提倡流水线化的数据管理，其实施方法包括：从数据生产开始到数据收集和管理的简化，扩展基于数据生命周期的开放数据质量管理的范围，并将数据管理扩大到整个公共部门；各公共部门进行数据质量的自我评价，建立质量管理反馈体系，在流水线化的数据管理基础上，公共部门利用数据，发挥其作用促进管理和决策。具体的实施策略包括：为综合数据管理奠定基础；开发元数据，利用数据可视化技术绘制地图；为数据驱动的决策建立支持框架；建立政府综合数据分析中心。[①]

数据生态的构建同样促进了新兴产业的发展。2017 年 3 月，立足于培育新兴产业的数据开放生态规划开始施行。规划计划通过行业、学术界、研究机构和政府间的合作，为新兴行业创造一个数据发布和使用的环境。具体支持手段包括为每个新兴产业组织一个咨询机构以提供咨询服务。同时由政府牵头，开发和标准化关键行业数据，设计数据发布和管理框架，为开放数据的使用提供便利。同年 5 月，面向初创企业的 Mega-Collabo 数据开放项目颁布。该项目是一个在公私合作的基础上运营的全面的企业支持计划，涵盖了初创企业建立的整个阶段，包括如何使用开放数据，如何进行融资、营销、拓展海外市场。该计划为初创企业的知识产权申请提供担保和技术评估；为企业提供信用调查和评估服务；支持线上和线下的公关；支持企业举行远距离会议。

开放数据门户是依据韩国公共数据法要求设立的一个政府信息集成平台。这个门户是一个集成站点，它提供公共机构的开放数据。具体的服务包括数据搜索和使用；数据公开和案例共享；企业家访谈；分享开发者的数据开放经验；政策咨询；处理数据公开请求等。

---

① 王益民：《数字政府》，中共中央党校出版社，2020 年．

开放数据门户包括网页端、ESB 系统、网页服务三大模块。网页端提供了开放的数据和数据使用支持服务，包括开放数据的提供和相关咨询服务。ESB 系统包括管理功能和录入模块。管理功能主要包括数据管理服务和应用程序接口管理等。录入模块包括合同管理、核准名单管理、组织机构管理等。网页服务包括开放数据登记服务、开放平台服务、管理功能和开放平台应用支持。开放数据登记服务包含数据的录入和管理。开放平台服务囊括了案例搜索、开放应用程序接口服务等。管理功能包括标准数据集管理、元数据管理等。开放平台应用支持涵盖了私人信息服务、自动代码生成。网页端由公众、民用部门、公共机构、政府部门使用，其发布者是行政机构和其他公共部门。他们也是 ESB 系统的运营者，同时也操作接口控制系统。网页服务由发布服务器平台运营。该平台管理了包括身份验证接口、数据集录入接口、数据管理接口等功能。开放广场是一个由韩国政府建立的提供全面数据开放服务的场所，在这里，拥有开放数据创意的人们聚集在一起，交流经验和技术，并将他们的想法进一步应用到商业中，创建初创企业。其作用类似创业沙龙。但其作用不限于此，韩国政府定期提供有关开放数据的课程、专题讲座和咨询。

开放数据服务孕育了一批创业项目。Kimgisa Navi 是一款导航软件，其数据来源是数据开放调解委员会提供的道路网信息和公路路况信息。Goodoc 是一款医疗应用，为患者提供医院和医生的收费信息及其他医疗专业领域信息，其数据来源是政府提供的医疗信息。该应用于 2012 年就已诞生，但借助大数据的力量实现了扩展，如今已发展成为月活 100 万、总下载量 300 万次的应用，并成功进入日本市场。[①]Red Table 是一款向外国人和游客推荐餐厅的应用，其数据来源是韩国旅游组织提供的区域市场分析。

（三）韩国数字政府"数据开放"的经验总结

1. 以政府规划设计为蓝本

韩国在数字政府建设上取得的成效，得益于政府清晰的发展规划，而更重要的是对发展规划采取的有效措施，包括配有详细的实施方案、管理结构

---

① 王益民：《数字政府》，中共中央党校出版社，2020 年．

和预期结果。韩国数字政府建设属于"政府主导"模式，对数字政府能够提高国家核心竞争力有着深刻的认识。1996 年韩国政府成立"信息化推进委员会"，2001 年设立了直接对总统负责的"电子政务特别委员会"，此后韩国历任总统都高度重视数字政府建设，投入了巨大的精力和资金。韩国把数字政府建设和扶持信息通信产业这一经济目标捆绑在一起推进。数字政府建设需要长期持续不断地投入，韩国政府把信息通信产业发展带来的实际效益作为重要的经济支撑。①

以高效政府和服务型政府为愿景。韩国通过数字政府建设，重新设计行政业务流程，革新和简化办事流程，实行行政事务的重组，大力开发行政信息资源，推行大办公室制和窗口服务制，使政府服务更加贴近群众生活。政府还倡导"亲切"服务，将"亲切"服务作为评判公务人员工作的标准之一。"民愿 24 小时系统"、"行政信息共享中心"、移动电话电子政务、政务公开系统、电子政务宣传手册等各项措施都保障了相关政策的高效实施。公民通过与全体政府部门相连接的"泛政府在线沟通门户"，可直接向政府反映意见和建议，使公民能够更为便捷地参与政府决策过程。公民可利用"行政信息公开系统"，在线申请并查阅各种政务信息及国家档案。配合实施数字政府3.0，韩国政府提出了"智慧电子政务 2015 计划"，愿景是创建一个高效政府，积极鼓励民众随时随地通过智能设备参与政府服务。具体包括打造全球最佳移动电子政务，建设一个安全稳定的社会，推动工作生活平衡的智能工作方式，加强与民众沟通，提供个性化服务等内容。

2. 以数据共享公开为核心

韩国数字政府 3.0 区别于 2.0 的主要特点是从供给驱动型的透明度（响应性的公开信息公开）向需求驱动型的透明度（主动分享）转变，通过数据开放和信息共享，驱动以数据为导向的决策方法，为民众提供个性化服务。一是主动向公众发布大量行政管理数据与公共服务信息，允许公众方便获取政府数据。二是通过信息公开促进透明政府建设，主动公开大量不涉及公共安全与个人隐私的政府管理数据，为公众监督政府运作提供便捷的数据支撑，公众能够广泛参与政策制定。三是提供有针对性、定制化的公共信息，方便

---

① 陈畴镛：《韩国数字政府建设及其启示》，《信息化建设》2018 年第 6 期．

公众生活，提高公共服务多样化与精细化水平。四是鼓励公开信息数据的商用，大力鼓励企业运用政府公开的数据以创造就业岗位，从而降低韩国的失业率。

3. 以应用新兴技术为手段

韩国政府积极运用信息技术加强统一平台与数据库建设，打造移动电子政务（m-Government）。通过建设公共数据门户网、信息公开门户网、24 小时公共服务在线网，方便公众"一站式"获取信息与办理事项，充分实现公民与政府间随时随地的交流互动。利用大数据，增强公开数据的兼容性和可获得性，统一数据开放接口，方便公众和企业获取开放数据进行二次开发利用，创造社会经济价值。韩国在数字政府建设中，突出移动电子政务的作用，设计政务移动客户端方便公众利用智能手机等随时获取公共信息，表达公共服务需求。通过物联网和人工智能应用提高在线服务效率，提高国家管理的效率和服务的传输速度，使用公共数据库最大限度地精减投资过程，发展政府生产力。韩国行政自治部和信息化振兴院共同发布了《2017 年电子政府十大技术趋势》报告，宣布将电子政府逐渐发展成为结合数据分析、机器人技术，提供更周到服务的"以数据为中心的政府"。①

4. 以部门系统整合为平台

韩国的数字政府建设强调跨政府部门互动，为民众提供无缝在线服务，并配备了后台基础设施。韩国通过构建政府总体架构（GEA），把面向民众、企业和政府机构的跨政府服务整合到一个平台上，有效提升了政府公共服务的精细化水平。GEA 的特点是标准化的电子目录系统，它的电子授权和电子签名系统解决了供应商身份确认和信息审核的问题。GEA 将商业流程从 75 步简化为 15 步，将处理时间从 4 周缩短到 1 周。又如韩国在线电子采购系统（KONEPS），是一个一体化的电子采购门户，集合了 120 个政府采购系统，通过多部门的协同，为用户提供从采购管理、注册、竞标、签署合同到付款的一站式采购流程。所有关于公共采购通知的信息，包括投标、合同以及采购流程的实时跟踪等，都发布在该门户上。通过将投标过程从 30 多个小时减

---

① 陈畤镛：《韩国数字政府建设及其启示》，《信息化建设》2018 年第 6 期．

少到不到 2 个小时，既提高了效率，也增加了公共招标的透明度。①

四、日本：以"人工智能（AI）"赋能政府数字化改革

（一）日本政府数字化改革之路

关于日本数字政府的讨论可以追溯到 20 世纪 90 年代中期。1994 年 12 月 25 日，日本内阁会议通过了《推进行政信息化的基本计划》，其中提出了计划目标："行政信息化在推进事务、事业及组织改革的同时，需要注意确保安全，并从纸质信息管理转移到运用网络的电子化信息管理，以在 21 世纪初期实现高度信息化行政，即'电子政府'为目标"。②

日本政府在进入 21 世纪之际就开始探索"电子政务"的转型方式。2000 年 7 月 21—23 日召开的 G8 九州冲绳峰会上，"全球信息社会"是主要的议题之一。会议围绕信息通信技术（ICT）的数字机遇和数字鸿沟等问题展开了讨论。此后，日本政府于 2000 年 11 月 27 日发布了《IT 基本战略》文件。在该文件中，明确了信息技术发展目标，提出要"建设超高速互联网和尽快实现因特网常时连接、制定电子商务规则、实现电子政府、面向新时代进行人才培养等，根据市场规律，营造出最大限度发挥民间活力的环境，使日本在 5 年内成为世界最先进的'IT 国家'"。

到了 21 世纪的第二个十年则继续思考"电子政务"向"数字政府"的升级重塑。2010 年，日本推出"新信息通信技术战略"，其中的"实现以国民为中心的电子行政"政策，要求创造国民无论身处何地都能 24 小时"一站式"在线申请政府服务的平台，尤其体现以日本政府为"支轴"着眼对所有个体的持续联动。2013 年，日本通过《我的号码法案》和《政府首席信息官法案》，并提出"世界最先进 IT 国家创造宣言"，强调以提供高速便捷的电子行政服务为目标，将数字政务界定为政策的主轴，并彰显政府联动国民及社会的效率保证。

---

① 陈畴镛：《韩国数字政府建设及其启示》，《信息化建设》2018 年第 6 期，30–34.
② 高鹤，谷口洋志：《日本电子政府的发展状况与推进政策探析》，《日本研究》2021 年第 1 期，58–70.

2017 年 5 月 30 日，高度信息通信网络社会推进战略本部下属的"官民数据使用推进战略会议"发布了《数字政府推进方针》文件，其中指出："推进电子行政的目的，是通过行政 IT 化提高国民的便利程度以及实现行政运营的效率化"，该文件中对"数字政府"的解释是："数字政府是把有关服务、平台、管理的电子行政所有层面变革为对应的数字社会形式的状态。"2019 年 12 月 20 日，日本通过的《数字政府实行计划》指出，日本推进数字政府建设，旨在整个社会的数字化进程中，确保数字技术和人工智能（AI）系统联动政府部门、私营企业、普通公民等的所有活动，以满足每个人需求的方式来解决社会问题，使他们能够享受到安全且有保障的生活，并切实感受生活的富足。①

（二）日本政府数字化改革中的 AI 之联

日本政府在提出"世界最先进 IT 国家创造宣言"后，开始在数字政府构建中探索运用 AI 技术。2016 年 1 月，日本内阁在《第 5 期科学技术基本计划》中首次提出打造基于 AI 的"超智能社会（Society 5.0）"目标。

2017 年 5 月，日本经济产业省提出落实发展愿景的主要技术有物联网、大数据、AI、机器人等 4 个关键要素。日本拟借此布设的公共政策格局在于联动物联网承载的物品运用数据、互联网承载的人类行为数据，拓展大数据的联动集合；打造以上述数据为支撑的 AI 系统以识别和预测未来发展方向，并基于联动相关领域的算法尝试给出克服社会挑战的最优解；同时为切实将解决现实人类社会问题的措施落地，联动包括家庭、工厂、办公室、交通等硬件和软件的自动化运转，引入机器人来落实公共政策、改善人类生活。日本旨在通过灵活运用 AI 技术，强化以数字政府为"支轴"联动的中心，引领构建更加系统协调、持续包容的社会。之后，日本着眼于数字政府转型中对 AI 技术运用的探索，基于中央联动地方、公共部门联动私营部门的逻辑，加以纵横双向推广。通过运用 AI 技术，日本将政府内部、政府与社会各部门联系起来，使其能以更全面、更多元的方式应对社会问题。2018 年，日本在"世界最先进 IT 国家创造宣言"基础上提出"世界最先进数字国家创造宣

---

① 杨达，林丽：《"绿色联动"：日本数字政府转型的战略透视》，《中国行政管理》2021 年第 11 期，138–144.

言·官民数据活用推进基本计划"，旨在利用数字技术及 AI 系统实现 100% 的行政服务数字化等行政服务改革。[①]

2019 年，日本颁布《数字程序法》，形成其当下正力推的"数字优先""只一次""一站式连接"等"数字化三原则"改革。具体要实现以下目标：（1）通过数字政府和 AI 系统，人们可以不分时间和地点以最佳方式获得必要的服务，并让每个人都能最大限度地发挥自己的能力，从而让其体验"可持续和繁荣的生活"。（2）实现中央和地方、公共部门与私营部门、数据与服务有机联动以确保社会创新不断涌现，从而快速、灵活地解决社会问题，推动经济可持续增长。

同时，日本内阁会议还决定包括成立"数字厅"在内的数字改革基本方针。此外，总务省发表了 2021 年作为重点领域应积极采取的措施——"通过数字变革构建新的地区和社会"，拟结合数字政府转型及 AI 技术的运用，从根本上推进自治体数字化和社会变革等"新的日常"构建。其中也强调，政府和公共服务部门不仅需要实现自我变革，还需要为创造具有冲击性的创新而发挥中心"支轴"作用。

（三）日本政府数字化改革 AI 着力之处

第一，着眼系统协调，形成政府系统联动社会各方面的宏观统筹体系。"人工智能技术战略会议"是体系的核心载体，其于 2016 年由日本总务省、文部科学省、经济产业省联合设立，作为推进第四次工业革命以更好落实公共服务的政府指挥塔，并形成稳固政府"支轴"地位的关键支撑。2016 年 6 月，日本经济再生本部制定的《日本复兴战略 2016》在内阁会议上通过，强调依托 AI 来创新物联网、大数据、机器人的灵活运用，以此作为推动日本"第四次产业革命"的关键。在此基础上，日本设置"第四次工业革命官民会议"，并在其下设立"人工智能技术战略会议"。"人工智能技术战略会议"是在数字政府背景下加强推进 AI 技术发展应用的重要平台，数字政府虽不完

---

① 杨达，林丽：《"绿色联动"：日本数字政府转型的战略透视》，《中国行政管理》2021 年第 11 期，138-144.

全着眼于 AI 的研发，但却是 AI 在现实中运用的重要载体。①依托"人工智能技术战略会议"自上而下构建的体系，日本着力于跨地区跨部门的系统推进相关措施，联动政府和私营部门在各个领域的合作，努力实现 AI 技术从研发到社会实施的对接，尤其解决地方公共服务不足的问题。由于电子化普及滞后以及少子化、老龄化社会日益严峻，地方政府的行政成本不断增加，行政人员的技术能力短缺情况也越发明显。为提供可持续的公共服务且提高其效率及便捷度，日本正着力培育更多具备 AI 技术的专业人员，并利用通信技术搭载 AI 以建立标准化和高效化的业务流程。除了对相关人才培养的重视外，日本政府也采取多样化的措施鼓励和引导科技领域中小企业的发展，使包括 AI 在内的新技术能高效直接地成为一些社会问题的解决方案。

第二，着眼持续推进，形成政府持续联动 AI 技术运用边界的"动态平衡"。围绕持续推演内涵，日本在公共服务方面强调"以人为本""多样性""持续可能"的三大理念，着眼实现国内的"社会 5.0"并联动国际的战略，将上述三大理念具象化为"人才"、"产业竞争力"、"技术体系"和"国际"等 4 个具体目标。有别于过去的工业发展带来的冲击，AI 技术以更具争议的角色出现在人与技术关系的讨论中。一方面，可以看到 AI 的出现和发展挑战了传统的技术伦理，而政府无疑需要正确引导和利用其发展，维护社会基本价值的稳定，规避科技发展带来的价值风险。另一方面，AI 无疑对现有的法律法规乃至治理方式提出了新的要求和挑战。不同于工业发展向人们提供产品，AI 更多地被用于为人们提供服务，因此，过去对市场和商品交易相关的规约不再完全适用。

第三，着眼兼容并包，形成政府包容联动涵盖"数据弱者"在内所有公民的"效率与公平"并举，彰显政府对社会的和谐调控。为减少数字政府转型及运用 AI 技术以提升行政效率而可能对"行政公平"造成的冲击，日本内阁府于 2018 年 12 月公布了"以人为中心的 AI 社会原则（草案）"，包括保护基本人权、加强人工智能教育、管理个人信息、确保安全、确保公平竞争环境、确保公平透明和问责制以及创造跨境数据使用的环境。与此同时，日本

---

① 杨达，林丽：《"绿色联动"：日本数字政府转型的战略透视》，《中国行政管理》2021 年第 11 期，138-144.

还从尽可能联动每个区域、每个群体、每个个体出发，尤其重视对"数据弱者"的关注，使 AI 真正成为助力每一个个体应对社会生活问题和风险的有效方式。整体而言，日本在利用数字技术推进社会整体发展的同时又兼顾公平，保障社会"数字化"发展过程中的平衡和协调。[①]

五、新加坡：以"智慧国 2025 计划"加速数字政府建设

新加坡作为全球数字经济发展中最具有代表性的国家之一，早在 20 世纪 80 年代就开始了"数字政府"的基础建设。2014 年，新加坡又率先提出"智慧国 2025 计划"，从数字基础设施与平台、数据资源、网络安全等方面进一步巩固数字化支撑能力，强化政府管理机制创新和发展环境优化，利用多维度的数字化应用赋能城市运营管理、社会数字治理、民生生活保障，打造全球领先的智能化城市。

（一）新加坡数字政府发展过程

纵观新加坡数字政府的建设过程，从 20 世纪 80 年代至今大致经历了以下四个阶段。

第一阶段：信息技术普及阶段（1980 年至 1990 年）。新加坡从 20 世纪 80 年代初就开始了对电子政务的探索，尝试通过信息技术的普及和培训来提高政府的工作效率。新加坡政府先后制定了《国家计算机计划（1980—1985）》《国家 IT 计划（1986—1991）》等战略规划，提倡办公无纸化、自动化和全社会的电脑化，为各级公务员配备电脑并对其进行信息化培训。在这期间，新加坡政府先后开发了 250 多套计算机管理系统，并建立了一个覆盖 23 个部门的计算机互联网络，旨在促进政府部门之间的数据共享和政企间的数据交换。

第二阶段：国家科技计划阶段（1990 年至 2000 年）。随着国家计算机与 IT 计划的实施，信息技术在各级政府和全社会已得到了广泛的应用，在此

---

① 杨达，林丽：《"绿色联动"：日本数字政府转型的战略透视》，《中国行政管理》2021 年第 11 期，138−144.

基础上新加坡政府又制定了《国家科技计划（1991—2000）》《IT 2000 智慧岛计划（1992—1999）》，致力于打通信息孤岛，促进数据交换共享和互联互通，并建成了国内第一个宽带网络，政府开始基于互联网为公民提供服务。同时，新加坡政府于 1996 年宣布实施《覆盖全国的高速宽带多媒体网络计划（Singapore One）》，旨在建设一个集高速和交互于一体的多媒体网络信息服务平台，公众可通过该网络享受 7×24 小时全天候服务。①

　　第三阶段：电子政务行动计划阶段（2000 年至 2006 年）。2000 年新加坡政府出台了第一个电子政务行动计划，提出要在全球经济日益数字化进程中将新加坡发展成电子政务领先的国家。在第一个计划启动三年后，新加坡政府又推出了新的计划《e-Government Action Plan Ⅱ》，该计划的愿景是在未来三年间打造一个网络化的政府，实现数字化业务系统的部门全覆盖。在此期间，新加坡政府还推出了"信息通信 21 世纪""互联网新加坡"等战略规划，促进 IT 技术的整合与应用，打造一个在任何时候、任何地点都能获得信息服务的高效能社会。

　　第四阶段：智慧国建设阶段（2006 年至今）。经过 21 世纪初电子政务和信息技术产业的发展，新加坡的国家影响力逐步上升。2006 年，新加坡政府提出"智慧国 2015 计划"。这是一个为期十年的信息通信产业发展蓝图，旨在充分利用信息通信技术（ICT）提高新加坡的经济竞争力和创新能力，将新加坡打造成一个信息技术应用无处不在的智慧国家、一个全球化的城市。该计划从根本上加快了数字政府建设，实现了"多个部门、一个政府"的目标。同时"智慧国 2015 计划"还在 IT 产业发展、ICT 基础设施建设、IT 人力资源等 45 个方面作出了战略规划。"智慧国 2015 计划"在 2014 年就已提前完成目标。2014 年 6 月，新加坡提出了智慧国计划的升级版——"智慧国 2025 计划"，这是全球首个政府统筹的智慧国家发展蓝图。该计划旨在使用科学技术为民众创造更加舒适且充满意义的生活，利用互联网、物联网、数据分析和通信技术，提升民众生活质量、增加商业机会、促进种族团结。比起上一个计划所侧重的 ICT 建设，新的十年计划将秉持"大数据治国"的全新理念，推动建立全国性数据连接、收集、分析的操作系统，并通过对大数据的处理

---

① 胡税根、杨竞楠：《新加坡数字政府建设的实践与经验借鉴》，《治理研究》2019 年第 6 期，53—59.

和分析，准确预测公民需求，优化公共服务供给，使公民享受到更加及时和优质的公共服务。[①]

（二）新加坡数字政府建设实践

1. 实施智慧城市基础建设

新加坡"智慧国"计划的主张和倡导"3C"核心理念，通过"连接"（Connect）和"收集"（Collect）以及"理解"（Comprehend）组成了新加坡"智慧国"计划的基础部分。通过覆盖全国的宽带网络、无线网络以及广泛分布的传感器，采集和传输各类数据；而分析应用则是建立在数据获取的基础上，通过利用实时数据更好地进行分析、研判来建立态势感知以服务于大众及政府未来的决策。

为了建立一个在任何时间、任何地点都可进行安全接入的经济和高速的网络，并以此打通和强化人们互相之间的即时连接以及公共数据资源的共通共用，新加坡政府建设了包括覆盖全国各类商场、写字楼、公交车站等公共空间和人流密集场所的无线网络热点项目，以帮助市民使用1700项政府数字公共服务，实现全民全覆盖的网络互联体系，几乎每个人、公司、学校等都能全天无间断地连接公共设施。每个公共设施和开放空间都与传感器连接，政府可以更好地收集实时数据来帮助居民和游客更容易和更高效地生活。例如人工政务客服、EZlink公交卡大数据分析等。

新加坡政府通过遍布公共场所的各类传感器，来全面精准地获取、采集各类必要数据信息，同时对于隐私和敏感数据进行有效的数据安全保护，并建立各类应用场景的数据库表来进行存储利用，例如市政管理、交通运输、税收、卫生、养老、安全等各类民生保障方面，让所得的数据信息能够服务于民，造福公众。从另一个角度看，这些数据也为政府对未来城市运营管理进行科学研判和决策制定提供了依据和条件。

2. 多方参与数字化协同治理

新加坡政府通过开放创新的理念吸引社会各方参与城市数字化建设，通过制定总体战略规划、优化资金扶持政策、建立基础研究平台等措施，充分

---

① 胡税根，杨竞楠：《新加坡数字政府建设的实践与经验借鉴》，《治理研究》2019年第6期，53-59.

发挥调控、引导与服务功能。另外，注重与各类企业、科研院所及市民们的创意创新合作，实现政府与社会多方力量的良性整合。

新加坡政府鼓励民众从智慧城市服务的消费者转变为共同的创造者和贡献者，每个公民都可以通过数字化工具来塑造和改善他们的社区治理能力。公民和社会团队可以利用开放数据创建各类基于数字化社区治理的解决方案，并与政府端的需求结合推动解决方案的发展。

另外，新加坡政府也针对智慧城市计划实施了公职人员的数字化能力培育方案，目前已经培训完成 2 万名公职人员，使其具有数据分析和数据科学方面的能力。而在新加坡，所有部委都已经提交了关于使用人工智能的计划，以实现扩大政府内部数字化的目标。[①]

3. 智慧服务助力数字治理

基于各类传感器收集到的丰富的信息数据，新加坡政府构建了虚拟的数字孪生城市，还原了包括地形地貌、建筑楼宇、草木绿地、公共设施等城市所有现实环境，并且整合了全量全要素的数据，如城市基础数据、动态实时数据、政务数据、商业数据等。通过数字孪生城市，实时反馈城市运行态势，分析诊断现状问题，给城市的协同治理提供数据保障。政府部门可通过数字模型对过去和现在的数据进行分析以预判未来发展趋势并制订相应计划。同时，模型中的数据经过处理后可开源给企业、科研院所，以及个人用户进行使用。用户可以在该平台上看到一个由信息数据构成的虚拟城市，方便进行信息获取、科学研究以及商业开发等，从而实现公共数据资源对于民众和企业各方的数据赋能。

在城市安全监管方面，新加坡将城市安全防范与治安监控的技术性能和自动化、多功能的协同联动响应能力作为其基本要求，同时重视城市公共安全管理在信息层面上的执行和运作过程。由此，新加坡政府建立了一套统一城市公共安全信息平台，通过实时监测城市公共安全运行情况，达到城市公共安全事件即时预警和快速发现的目标，并将城市公共安全各单一业务及监控系统进行网络融合、信息交互、数据共享。

在城市智能交通建设方面，新加坡的城市智能交通管理体系的规划和建

---

① 胡税根，杨竟楠：《新加坡数字政府建设的实践与经验借鉴》，《治理研究》2019 年第 6 期，53—59.

设大致经历了交通管理系统整合、公共交通系统整合、智能交通体系建设三个阶段，实现了对城市交通建设的智能化管理，为出行者和道路使用者提供方便和便捷，同时更注重车辆的最佳行驶路线、繁忙时间的道路控制、公共交通的配合和衔接，为高密度的人流和车辆提供优质的服务。例如，新加坡交通管理局实施"早鸟计划"，监测早高峰期前的免费乘车提议是否能够缓解交通拥堵状况。再如，政府还在出租车站试验站点热感应技术，以估计排队等候的乘客拥挤状况，并为出租车调度提供依据。

在绿色环境方面，通过对城市区域路灯和公交车站等室外公共场所部署与光纤相连的智能设备，搭载检测空气污染情况、雨量或交通堵塞情况等功能的传感器。通过传感器发回的数据与预先设置的模型算法，给相关部门的工作人员发送预警信息，方便工作人员及时采取措施，达到监测环境质量和清淤的目的。另外，新加坡还充分利用海浪发电、太阳能光伏发电等再生清洁能源并网供电，较好地实现了城市发电能耗的节省。

目前部分已上线的智慧城市应用程序：

Singpass：新加坡居民可信赖的数字身份系统，可方便、安全地在线访问，也适用于政府和私人部门服务；

LifeSG：提供跨政府服务的简化体验，因此公民可以节省时间并专注于重要的事情；

GoBusiness：一站式提供政府资源和电子服务，以帮助新加坡的企业顺利开展业务；

ACRA：中小企业所有者可以从"ACRA"的自动许可中受益，智能表单会逐渐询问正确的信息，国家贸易平台协助进行产品的进口和融资。[①]

4.营商环境显著改善

新加坡凭借其多年来在智慧政务、交通、便民服务和协同治理等领域取得的成果，被普遍认为是在数字经济发展中最具有代表性的国家之一。在2021年智慧城市指数报告中，新加坡连续三年稳居全球智慧城市排行榜的榜首。新加坡的数字化协同治理模式通过在技术端深度嵌入政策、产品和服务，并借助数字化能力来重塑其在政府、企业、民众端的价值链，形成了良好的

---

① 胡税根，杨竟楠：《新加坡数字政府建设的实践与经验借鉴》，《治理研究》2019年第6期，53-59.

城市治理效果。

从 2012—2021 年新加坡数字政府服务市民和企业满意度来看，经过数字化服务的建设，5 分及以上满意度的人群和企业比例均得到了 10% 的提升，2021 年的比例分别达到了 85% 和 76%。参考新加坡 2023 年满意度达到 75%—80% 的 KPI 目标，已经提前完成。从 2018—2020 年全流程数字化政府服务的比例来看，已经实现了 94% 的政府服务全流程数字化，实现了比较高的完成度，而在 2023 年他们的目标是实现 100% 全覆盖。[①]

（三）新加坡数字政府治理的经验启示

1. 着重宏观政策引领

新加坡率先在全球范围内实现主动化和个性化的公共服务，在公共交通、医疗卫生、政务服务、社区服务等领域广泛利用大数据以及人工智能等数字技术，将"智慧国"建设规划、评价指标以及应用范围纳入官方政策文件，并建立健全法律体系应对"智慧国"建设带来的挑战。2018 年 6 月，新加坡公布《数字政府蓝图》，对各政府部门提出数字化服务的绩效考核指标。2018 年 10 月，又推出《数字服务标准》，对数字化政府服务的设计和使用制定统一标准。2019 年，启动开放式网络创新计划和国家人工智能战略。2021 年，为使本国在全球电子商务、人工智能和网络安全等高新技术领域中取得领先，新加坡推行科技准入认证。2022 年，为规范和指导人工智能在医疗卫生领域的应用，政府专门发布《医疗保健领域人工智能应用指南》，根据实践成果实时跟进、定期更新。同时，大力主张和提倡"3C"理念，以保证信息安全为前提，通过运用先进数字技术让城市运行更为系统化、更具理性，从而确保政府机构对公共资源的利用更高效。[②]

2. 开放政府公共数据

新加坡是世界上第一个建成全国性宽带网和较早实现政府数据开放的国家。为了使国家数据和资源价值获得最大化开发利用，早在 2008 年就提出一项全国性计划——新加坡政府地理空间信息库（SGSPACE），将已有的土地、

---

① 胡税根，杨竟楠：《新加坡数字政府建设的实践与经验借鉴》，《治理研究》2019 年第 6 期，53—59.
② 李海龙，姜暐：《新加坡如何建设"智慧国家"》，《学习时报》2022 年 9 月 30 日第 2 版.

人口、商业和公共安全四大数据中心整合到统一框架下，全面推进空间信息共享。2011年，颁布的《新加坡政府电子政务总体规划（2011—2015）》，被视为政府开放数据的源头。新加坡政府数据网成为新加坡政府首个可供公众访问政府公开数据的一站式门户网络。至今，这一网站可提供来自70个公共机构的公开数据集，包括数据、主题、博客、开发人员门户等模块，开放数据范围涉及经济、教育、环境、健康、基建等8个领域。为更好地创建"空间化的社会"，新加坡政府鼓励公众和企业获取并利用地理空间信息来更好地辅助决策，利用政府公开数据提升研究能力、创造新的价值，以大大减少政府公共部门采集、管理和更新地理空间信息的重复劳动。[①]

3. 支持城市数字化治理

新加坡政府大力支持数字化城市基建，努力消除"数字鸿沟"，建设超前基建。充分利用人工智能、大数据、云计算等新技术去分析数据，以"智"图"治"，通过打造"政府超脑"来精准决策，精准服务城市治理，建设智慧社区，推行"数字适老""未来社区"社会治理模式。随着公共交通网络的建立、发展和成熟，新加坡城市信息网络新型基站不断完善，以人工智能、云计算、区块链等为代表的新技术基础设施，以数据中心、智能计算中心为代表的算力基础设施，不断投入使用城市基础建设中。当下，政府机构致力于推动支持多元主体利用科学技术发展城市基建，在现有新基站的基础上不断拓宽城市数字化新型基建，以期更好地建造"智慧国"。

4. 鼓励多元生态协同

新加坡政府引导鼓励多元主体参与协作城市治理，用市场化的方式，精准解决城市痛点难题，这一成果突出表现在公共医疗卫生领域。2019年，新加坡政府通过总体宏观规划提出在医疗保健等五大领域加快发展人工智能，制定"医疗保健2020"总体规划改善本国居民医疗服务，鼓励政府部门、国有企业、私营企业以及高校等多元主体协同参与城市医疗数字化建设。新加坡政府推进与企业、社会组织、高校的合作，建设区域服务机构网络，推进医疗信息化建设。以公立医院为核心，引入周边综合诊所、社区医院、养老院等作为支撑的医疗集群，应用医疗区块链系统，将患者病历、病史以及转

---

① 李海龙，姜曈：《新加坡如何建设"智慧国家"》，《学习时报》2022年9月30日第2版.

诊数据等各级数据库共享，整合服务，共享设备、床位、电子病历，发挥综合效应和分级管理作用，有效地提高数据可及性、数据可用性以及医疗服务效率，保证医疗资源合理分配。为进一步实现"智慧国 2025 计划"，新加坡创新机构和新加坡保健服务集团签订了为期 3 年的合作谅解备忘录，计划进一步推进人工智能等新兴科技在医疗领域的应用，继续与高校、协会以及企业等保持合作，建立国家电子健康记录系统等。除公共医疗卫生领域外，新加坡政府面向企业、研究机构和公众开放"虚拟新加坡"项目，可用于灾难管理、基础设施建设及社区服务测试等方面的城市模拟仿真、规划与管理决策、工具开发、科学研究，充分鼓励多元生态协同参与社会治理。[①]

【本章小结】

近年来，随着大数据、人工智能、区块链等现代信息技术的不断发展，数字政府受到世界各国政府的普遍重视。本章立足美国、英国、韩国、日本和新加坡等国家的数字政府建设实践，就其发展历程、顶层设计、运作规划、创新特点、经验启示等方面展开分析，以期为我国数字政府建设及助力我国治理体系与治理能力现代化提供借鉴参考。

【思考题】

1. 请介绍一下美国政府数字化转型的经验做法。

2. 英国数字政府转型理念是什么？

3. 请介绍一下韩国数字政府的发展历程。

4. 日本数字化改革的特点有哪些？

5. 请介绍一下新加坡数字政府建设的实践经验。

【延伸阅读】

1. 张建锋：《数智化：数字政府、数字经济与数字社会大融合》，电子工业出版社，2022 年。

2. 中国网络空间研究院：《世界互联网发展报告 2022》，电子工业出版社，2022 年。

---

① 李海龙，姜晔：《新加坡如何建设"智慧国家"》，《学习时报》2022 年 9 月 30 日第 2 版.

第十章　新时代新征程实现我国数字政府建设现代化的路径选择

党的十八大以来，党中央、国务院坚持以人民为中心的发展思想，从推进国家治理体系和治理能力现代化全局出发，就加快推进数字政府建设作出一系列重大部署。各地方各部门坚持技术赋能与业务协同并重，同步推进"放管服"改革与数字政府建设，数字治理取得了显著成效。但与此同时，数字政府建设依旧面临不少堵点、难点问题，尤其是有些问题普遍存在、长期存在，高频出现、反复出现。大家都感到仅靠完善线上服务体系或数字政府建设主责部门推动难以解决。今后几年，政府机构改革和职能转变工作仍将不断深化，在此过程中，需要及时总结经验，更多关注数字政府建设的要求，使行政管理体制改革能够充分体现数字时代国家治理的特点和要求。[①]

一、完善顶层设计，强化数字服务理念

数字政府建设是具有复杂性、系统性、长期性的治理变革。目前来看，还存在不少堵点难点问题亟待破解。其中，比较突出的问题是政府自身职责体系与数字治理的要求还不匹配，主要表现为以下几点。

（一）业务部门与数据管理部门的权责和协调关系不顺

数据是政府履职过程的记录和结果，也是数字政府建设的核心要素与重要依托。但数据在政府部门之间流通共享还存在一些难题。首先，数据采集者、管理者以及使用者之间的权责尚未明晰，激励和监督问责机制还不健全。对于多领域协同的要求，数据共享往往是短期性、临时性的，呈现出一种"一

---

① 江小娟：《加强顶层设计 解决突出问题 协调推进数字政府建设与行政体制改革》，《中国行政管理》2021 年第 12 期，9—11.

事一议"的特征。同时，激励和监督问责不够，导致不少数据采集部门不愿意与其他部门共享数据，很多情况下都是基于非正式渠道有限度地共享。其次，数据管理部门与业务部门间协调机制有待进一步完善。随着数据不断集中，客观上出现了与具体的业务工作不衔接不匹配的问题。数据管理部门往往权限不太高，协调业务部门难度比较大，出现"小马拉大车"现象。最后，部门的"数据职责"尚未实现清单化管理和规范化界定。实践中，各部门常态化工作有规可循，而各部门在政务数据的采集生成、更新维护、牵头共享等方面，还很少从部门职责角度予以清晰界定。这就容易造成部门数据底数不清，在数据汇聚和共享过程中发生"扯皮"或"滥竽充数"等问题。从另一个角度看，部门职责清单在制定后往往缺乏形成相应数据的基础。例如，某省级政府对本级政府部门1700多个业务处室进行了统计，发现只有1/3的处室有对应职责的数据积累，对权责清单能形成数据支持的不到20%，有专家比较尖锐地概括为归集规模小、共享比例低、数据质量差。[1]另外，目前相关部门发布的"四级四同"事项、部门职责目录或权力清单目录之间还存在部分名称不对应、行使层级不对应问题，不利于数据的有效整合。

（二）线上与线下流程和业务的协同程度有待提高

基于数据共享实现整体性、一体化的业务协同，这是数字治理的内在要求。目前，各级政府和部门大多已建立线上政务服务或管理平台，但线上平台和线下业务在流程融合方面，还存在一些结构性障碍。例如，在行政审批领域，随着相对集中审批权改革的推行，审批和监管从原本在一个部门的内循环转变为两个部门间的外循环，"审管衔接"问题更加凸显。再如，服务或管理事项"应上尽上、全程在线"在操作中还没有完全实现，一些关键节点还是需要现场采集和核验才能办理，一些事项由于名称、办理时限、受理材料、服务流程等不统一，需要"异地代收代办""多地联办"，且缺乏线上平台统一流转办件材料，影响了线上办理的即时性。在针对高频政务服务事项"跨省通办"的调研中发现，由于不同地区政务服务事项的标准不统一，在

---

[1]　江小娟：《加强顶层设计　解决突出问题　协调推进数字政府建设与行政体制改革》，《中国行政管理》2021年第12期，9—11.

很大程度上制约了通办范围。

（三）线上服务全网通办诉求与条块管理体制不匹配

线上服务的优势就是信息流动方便快捷，但实践中，条与块之间、条与条之间在数字治理方面存在比较明显的壁垒和隔阂。一方面，"条强块弱"问题比较突出。典型的例子是，纵向信息系统的数据返还较为困难，导致"块"上政府面临重复录入和数据不足等问题。地方政府直接对接部委或省级垂直管理业务信息系统的难度较大，对共享的数据使用有次数、时段、频次的限制，且以核验、监管核查为主，无法获得实际数据或关联数据加以应用。一些地区基层部门反映，数据难以回流基层，"上报数据多，可获得的数据少"，尤其是与本地区民生密切相关的、共享需求大的法人、人口、教育、生育、婚姻等数据，主要都在垂直管理业务信息系统之中。另一方面，多头共治问题比较突出。实践中，有关部门在制定规划时对数字政府建设的相关内容衔接和协调不够，在数据管理和使用方面也存在多头采集、彼此隔离、衔接不畅等问题。例如，政务服务方面，一些地区大量高频服务事项分散在不同系统，数据汇聚滞后于实际应用，多套系统来回切换、重复录入和运算，且录入数据质量不高。又如，在监管数据方面，一些地区目前多个监管平台标准不一，数据共享交换难实现，常常需要手工补录数据到多个平台。[①]解决突出问题，完善政府数字化职责与机构配置，加快数字政府建设，并不能以线上办事多少和流程是否顺畅为唯一标准，我们的目标是为人民群众和市场主体提供更便捷、更高效的服务，对市场进行更有效的监管，同时也要考虑政府自身效率和成本。在这个前提下，针对前面提到的问题，在行政机构改革和政府职能转变工作中，特别要注重完善和强化政府部门数字化职责与机构配置，重点有以下几个方面。

1. 推动对各部门各层级数字治理工作明责确权

基于数据生成的全过程，坚持业务协同牵引，明确政府部门数据归集、共享、开放、应用、安全、存储、归档等职责，建立健全数据治理制度和标

---

① 江小娟：《加强顶层设计 解决突出问题 协调推进数字政府建设与行政体制改革》，《中国行政管理》2021 年第 12 期，9-11.

准体系，推动"一数一源一标准"建设。要重点解决好数据与业务之间的配套协调问题，让数据更好地赋能业务，让业务能及时将数据归集。

2. 推进政府职责体系适应数字治理的要求

在数字治理时代，政府职责体系应当实现"四化"，即根据职责定位，将职责分工及其履行流程、方式、效果在部门及其内部进一步细化和明确，做到标准化、程序化、精细化、规范化。在此基础上，可以尝试将核心业务职能映射到数据层面，建立与履行业务职能相对应的数据体系，实现核心业务的信息化和数字化。

3. 完善机构编制工作明确数字化责任和权力

有观点提出可以推进政府编制的"四定"，即在原来的"三定"（定职责、定机构和定编制）基础上，确定各个部门各个岗位采集、共享、使用的数据清单，明确"采数""管数""供数""用数"权责，即为第四定。这是一个大问题，还需要更多的研究来支撑和考虑多种因素来论证。不过，探索的方向应该是明确的，就是要通过规则化、法治化的手段，明确数据治理责任的关系和分工、责任链条的分界点与衔接点等。也有观点建议可以先进行清单化管理，并推动基础好的地方和部门先行试点，探索研究合适的路径和具体形态。

一是提高对基层窗口的服务和支撑能力。要将线上职责整合与线下部门分工对应协调，推进线上线下业务部门的关系同向理顺。进入"一窗通办""一网统管"的业务即使不能在线下一条龙打通，也要推动部门间衔接通畅、业务协同、标准互认和业务创新，尤其是对于那些服务场景多、服务对象广的基层窗口服务平台，上级部门更要尽最大可能简化程序，提供方便，让基层工作人员愿用、会用、用好，让老百姓能见到实惠，有获得感。

二是通过数字政府建设促进机构设置更科学合理。可以通过职责和业务的数字化情况，对各部门及其内设机构的履职情况进行分析评估，科学调整职能、机构和人员。数字政府建设有利于推动政府形态虚拟化、组织结构弹性化，建立一体化、协同化的办公平台，根据实际情况灵活调整机构设置，对各种不确定性做出准确、及时和高效的响应。

三是完善各个平台和条块的协同化。要持续建设和完善国家公共数据资源体系、国家数据共享交换平台、国家公共数据开放平台和开发利用端口、国家电子政务网络、全流程一体化在线服务平台等"大平台""大系统"，推动各级各类平台不断整合，打破信息孤岛，实现应联尽联、信息共享，进一步强化条块之间、部门之间的协调性、联动性。例如，在政务服务领域，由国务院办公厅牵头推动，国务院部门垂直管理业务信息系统与地方平台进行系统对接和数据共享，取得了明显成效。目前，该领域还有半数系统尚未完成对接，需进一步推动，同时也可以考虑将其推广至智慧城市、数字乡村等领域。

二、加大培训力度，提升党员特别是领导干部的数字素养

"数字素养"一词最早出现于 20 世纪 90 年代末期，随着全球数字化转型发展，逐渐成为诸多专家学者研究的焦点。"数字素养"经历了从理论到实践、从个别到一般的发展历程。欧美等国家首先意识到数字素养在数字化发展进程中所起到的重要作用，推出了一系列将数字素养大众化的政策，推动了数字素养从特殊到普遍的转化。近年来，伴随着我国数字化的转型发展，人民群众对"数字化"的概念的认识日益深化。2021 年，中央网信办出台了《提升全民数字素养与技能行动纲要》，将提升"公民数字素养"列入国家发展的重要行动规划之中，其中特别指明要将提升领导干部的数字素养纳为本次行动的重要工程之一。2022 年 6 月，国务院出台《国务院关于加强数字政府建设的指导意见》，明确了提高领导干部数字素养以及提升领导干部数字治理能力的重要性。党中央对于领导干部数字素养的强调与重视推动了政、学、商等各界对领导干部数字素养的研究。新时代新征程，领导干部要明确数字素养的具体内涵，并不断探索提升数字治理能力的有效路径，以更好地应对数字化时代的全面到来，进而推动社会主义事业的全面发展。[1]

（一）领导干部数字素养的内涵

"数字素养"是伴随着"数字化"发展而来的，是数字技术融入社会生产生活后对人的一种内在要求，主要体现在对于数字技术的认识、处理与运用

---

[1] 赵丹丹，杨明琪：《论领导干部数字素养与数字治理能力的提升》，《领导科学》2023 年第 5 期，50-54.

等方面。领导干部是党和国家事业发展的"关键少数"，领导干部的数字素养对于提升其自身数字治理能力以及推动数字经济、数字政府、数字社会的发展起着至关重要的作用。领导干部的数字素养主要体现在领导干部的数字意识、数字思维、数字责任、数字建设、数字治理五个方面。

1. 领导干部的数字意识

领导干部的数字意识是领导干部数字素养的基本内容。新时代领导干部数字意识指的是领导干部对于社会数字化发展的感知与认识。领导干部的数字意识是领导干部适应并应对数字化发展潮流的基础与前提。一方面，新时代领导干部的数字意识体现为对大数据、云计算、移动互联网、物联网、人工智能、区块链、元宇宙等数字化概念与数字化技术的认识与理解，以及对于全球数字理论与技术的最新发展动态的掌握，体现的是领导干部对于数字概念、数字技术的自觉感知。另一方面，领导干部的数字意识体现在对于数据价值的认识之中，即能够透过数字感知社会发展，看到政府建设与治理趋势。从宏观层面而言，领导干部的数字意识强调领导干部运用大历史观，对历史与当下进行比较，从中感知数字化带来的社会变化。从微观层面而言，领导干部的数字意识首先表现为领导干部对于社会人口动态、资源利用率、经济涨跌等相关数据的关注度，并且能够以数据为"切入点"感知社会变化，进而洞悉社会发展动态。其次，领导干部的数字意识体现为领导干部能够在工作过程中突破时间、空间的限制，运用数字化理念，通过分析和运用关键数据去解决实际问题等。

2. 领导干部的数字思维

领导干部的数字思维是领导干部数字素养的本质所在。领导干部是否具备数字思维决定了其工作实践是否能适应数字化时代。领导干部的行为及所作的决策是否科学，依赖于领导干部对事物发展逻辑和规律的深刻认识。随着数字化时代的来临，事物发展逻辑和规律面临新的变化，要求领导者必须从传统思维向数字思维进行转变，以应对社会发展带来的"数字难题"。需要肯定的是，领导干部的数字思维并非单纯要求领导干部用数字去思考问题，而是要将数据纳入生产要素之中，转变传统思维中单一价值链，重点在于通过数字将不同事物进行灵活、高效、快捷的联结，进而实现对全部资源的统筹，构建整体价值思维。一定程度上，领导干部的数字思维是其能否继续成为适应数字时代发展的领导干部以及成长为优秀领导干部的重要条件。

3. 领导干部的数字责任

领导干部肩负的数字责任是领导干部数字素养的重要内容。领导干部数字责任的形成是数据监管的日益完善与领导干部个人自觉意识不断增强双重作用的结果。故而，领导干部的数字责任既包括法律层面的数字责任，也包括道德层面的数字责任。法律层面的数字责任体现为领导干部在面对各行各业以及不同群体的数据信息时，要在遵守法律的基础上对数据进行合法处理和利用，将数据安全置于首位，坚决防止数据泄露，坚决维护行业信息安全、人民群众个人信息安全以及国家数据安全。道德层面的数字责任体现为领导干部不断提升的数字警觉以及数字素质，对数据生产方、采集方、管理方等数据全产业链各环节予以尊重，以及对普遍认可的数据信息使用规则的带头遵守与维护。数字时代没有旁观者，领导干部身兼重任更要以身作则，扛起数字时代的各项责任。

4. 领导干部的数字建设

领导干部的数字建设是领导干部数字素养的实践指向。领导干部的数字建设体现在对所管辖范围的具体数字化建设之中。一方面，体现在硬件设备的建设之中，表现为对所管辖范围信息通信、电力、物流、5G、互联网、数据中心等为代表的基础网络设施建设以及对管理范围相关数据的追踪、定位与获取的大型、多领域数字系统与平台的搭建等。其中，政务层面数字建设主要表现为"互联网 + 基层治理""互联网 + 政务服务""政务云平台"等的建设。另一方面，表现为加强对数字人才队伍的组建，培养优秀的数字技术人才和数字管理人才，推动数字技术创新以及加强对职工及群众的数字化宣传教育。因此，领导干部数字建设所包含的数字基础设施和数字人才队伍建设不仅体现着领导干部自身的数字素养，还推动着数字素养的全民化发展。

5. 领导干部的数字治理

领导干部的数字治理既包含数字理论，又包含数字实践，是领导干部数字素养的目标所在，同时也是在实践层面对领导干部数字素养的终极考验。数字化时代，领导干部对数据、数字技术以及数字空间的治理成为领导干部治理能力提升面临的重要挑战，也是数字化时代领导干部必须不断学习的治理新模式。一方面，伴随全球治理的数字化趋势，加强领导干部对大数据的使用是数字治理的重要内容和必然要求，也是扭转部分领导干部对数字化环境水土不服、自主抗拒的"良药"。另一方面，数字治理强调的是领导干部在治理工作中对于数字化的理解、掌握与运用，是领导干部融入数字化发展环境并将新型数字化理论及技术与传统治理理念相结合的结果，既强调领导干部对数字理论、技术、内容、平台等的掌握，又强调领导干部要加强对治理理念、治理内容、治理方式的巩固、学习与创新。数字治理的最大特点在于便捷、高效以及更高的民主化。领导干部将数字化作为途径与手段应用于政务服务，在数字治理过程中提高政治水平、业务能力和技术水准，有助于加快推动数字政府建设。[①]

（二）加大培训力度提升党员特别是领导干部的数字素养

1. 要增强领导干部数字化意识

数字化意识在很大程度上影响着数字政府建设工作的推进，互联网思维跟不上、信息化知识储备不够、信息化能力不强将导致领导干部在业务领域难以开展工作。因此，领导干部的数字化意识须进一步增强，提高对互联网规律的把握能力、对网络舆论的引导能力、对信息化发展的驾驭能力、对网络安全的保障能力，主动适应信息化要求、强化数字化思维。

2. 要加强领导干部数字素养培训

培训应当重在提升领导干部的数字素养和数字治理能力，培育领导干部"用数据说话、用数据决策、用数据管理、用数据创新"的思维和能力，使其能够更敏锐地捕捉群众对于数字化公共服务与产品的最迫切需求，洞察市场、社会、国家以及国际发展的最新趋势，找到并有效化解数字化改革中存在的难点问题，不断创新公共服务、社会治理、市场监管等模式，促进数字时代政府治理能力和治理水平的提升。

3. 要构建完备的数字素养和数字技能培育体系

要持续提升干部队伍的数字思维、数字技能和数字素养，建设起一支讲政治、懂业务、精技术的复合型干部队伍，是一项紧迫而艰巨的任务。广大

---

① 赵丹丹，杨明琪：《论领导干部数字素养与数字治理能力的提升》，《领导科学》2023 年第 5 期，50-54.

党政机关和企事业单位，均应构建起全员数字素养和技能培育体系，尤其是要搭建起领导干部数字素养培训的终身教育平台，使其能主动适应信息化要求、强化互联网思维，从而推动政府从"经验决策"向"数据决策"转变。

4. 要加强基层党员干部数字技能培训

各级党政机关和企事业单位均应合理组织全体党员干部开展数字技能业务培训，尤其是要对软件工程学概论以及思维导图的制作方法进行必要的培训。未来的社会治理将普遍实现数字化，为适应政府事务紧跟时代发展的需要，数字政府的重大应用也需随时更新。这些工作并不能完全依赖第三方公司。因此，适应全面推进数字政府建设的需要，除了要使广大党员干部拥有必要的数字化基础知识和基本技能外，还应有计划地选拔一批党员干部进行软件编程专门培训，这也是数字政府建设取得成功的重要保障之一。①

三、加快数据资源的开放，实现政务数据的共享

大数据的兴起不仅使新技术在政府治理中得到了应用，还给我国的政府行政体制改革等带来了巨大的发展契机。政务数据实现共享畅通，还可对政府部门之间的协调和联动起促进作用，不仅能够提升政府工作效率，还能够及时地知道公众的需求，给予群众更加准确及时的服务，使政府决策更加科学、可靠。"十四五"规划中也提到要将数字化政务服务的效能进一步提高，强化公共数据的共享，促进政务信息化。地方政府为了从下而上响应国家大数据治理战略的需求，对大数据的共享管理实行了一系列的探索，许多地方政府开始设立大数据管理部门，直到现在，我国省级及其以下的市县也建立了多个名称不一的大数据中心、大数据管理局等，以上提到的机构很多都是从原来的组织架构上分离建立的，有少部分是重新独立建立的机构，所以，对这些大数据治理机构的职能进行更加严格的规范是必不可少的。

---

① 《提高干部数字治理能力 读懂这些数字政府建设新要求》，人民网，2022 年 7 月 1 日，http://politics.people.com.cn/n1/2022/0701/c1001-32462927.html.

（一）政务数据共享的内涵

随着"互联网＋政务服务"的飞速发展，政务信息化的逐渐推进，政务数据从以前的各部门独立储存管理逐渐转向多个单位、多种类型数据聚集储存，形成了体量大、类型多的政务数据。[①] 政务数据是政府的各个组织以及执行事务或举办活动时产生的数据，其中包括了大量的数据信息，小到每个公民的自身信息，大则包括了国家的重大决策以及重要机密数据。一般而言，政务数据被认为是政府部门收集和拥有的数据类型，它包括在其职能范围内产生的内部数据，以及管理过程中所需的外部数据。从类型来看，它主要分为5类：政府采集的数据、政府提供服务产生的数据、政府监管获得的数据、政府自己汇总的数据和政府发起形成的数据。它主要有以下4个方面的特点：（1）类型多且增长快；（2）是政府服务中形成的具有真实性、覆盖面广且多样特点的数据；（3）针对政府部门间的数据共享壁垒问题有着很好的解决作用，让政府对于行政管理的效率和社会公共服务的透明度增加了，具有一定的开放性；（4）政务数据的来源和使用会涉及很多法律问题，因此政府对于这些数据的获取和利用要保证数据的合法。[②]

政务数据共享在数字政府建设中处于一个基础性阶段，是全面实现政府治理体系和治理能力现代化的重要手段。实现政务数据共享的主要目的是提高政府的效能以及服务的水平，它是打通政府各部门间的"信息孤岛"，开展广泛合作，整合、开发和优化配置的关键，国家也逐步出台了多个文件来推动政务数据共享的进行。其中比较重要的两个文件有2016年国务院印发的《政务信息资源共享管理暂行办法》，以及《全国一体化在线政务服务平台数据共享服务管理暂行办法》。随着各级政府部门政务服务平台的政务数据规模的扩大，数据的来源以及结构呈现出更加复杂、数据所含的价值越来越高、数据利用率越来越低的特点，如何共享、使用这些数据，如何将这些规模巨大的数据优势转换成可以利用和理解的信息优势，促进智慧监管和服务，是亟待解决的难题。

---

① 萧文，冯蕾，廖景行：《我国政务数据共享标准化路径研究》，《标准科学》2021年第1期，85—90.
② 安小米，白献阳，洪学海：《政府大数据治理体系构成要素研究——基于贵州省的案例分析》，《电子政务》2019年第2期，2—16.

（二）加快数据资源的开放，实现政务数据的共享

政务数据共享中强调要解决"数据壁垒"，协同各方的主体力量。这是一项重大的系统工程，需要对数据进行全周期的管理。政府数据共享的主体是政府的各个部门，过程则是政府部门在完成任务时需要对自身拥有的数据和其他部门进行分享使用，结果就是为了提升政府部门的效率，优化公共服务等；协同治理和政务数据共享（一个以上的部门间通过数据的共享，实现能力互补，朝着相同的目标，完成单独部门无法实现的任务）的概念基本相同。换句话说，政务数据共享就是在进行协同。[①] 因此，在政府部门数据共享实现过程中还存在各种阻碍，如何解决政务数据共享存在的问题，提高政务数据资源的利用效率是当前政府各部门需要继续努力的方向，为了解决这些问题，可以通过协同治理的角度，针对政府职能在政务数据共享中的影响，进一步找寻政务数据共享的路径。

首先，数字政府需从整体性政府的视角出发，协调各方力求打通壁垒。政务数据的共享并不是一个系统的项目，这需要对数据进行全方位的、全生命周期的管理，不论是数据的产生、储存还是共享等都需要涵盖到。因此从宏观层面出发，政府对于相关数据全周期的管理就要进行一个系统而全面的统筹规划，制定相应的合理制度、制定政府数据共享主体之间的行为规范和办事指南，对照目前数字政府建设的基本情况，在国家层面就要出台关于政务数据共享管理的法律规则，对各级政府进行政务数据共享相关的行动进行权责明晰，自上而下地规范共享行为。

其次，实现政务数据共享与协同治理，最关键的是技术支持。有了政策支撑，没有合适的技术去实现一切都只是空谈。因此，在协同过程中，必须加强技术的扶持，增加数据的安全性，才能提高参与共享的信心，我们应该主动打破政务数据共享主体之间的壁垒，为协作主体之间的政府数据共享提供技术支持。

最后，各部门间的责任划分要清晰。各部门要明晰最主要的职能是什么，数据共享中的"分职"不是直接区分的，就拿公安来说，作为人员基本信息

---

① 李珺：《协同视角下政府数据共享的障碍及其治理》，《中国行政管理》2021 年第 2 期，101–106.

的归集者，如户籍地、身份证号等个人信息，如果要去办理营业执照的工商部门就可以作为数据的使用者提交数据使用申请，这样就不用个人重复提交资料。所以要明确各部门职责，以便数据的共享。因此，政府数据协同治理至关重要，通过优化不同因素之间的协同关系，有助于提升政府数据治理体系的整体效能。

四、健全数字政府绩效管理，提升数字政府建设效能

（一）数字政府建设中的绩效管理背景及问题

党的十九届四中全会通过的《中共中央关于坚持和完善中国特色社会主义制度推进国家治理体系和治理能力现代化若干重大问题的决定》中，对"坚持和完善中国特色社会主义行政体制，构建职责明确、依法行政的政府治理体系"①作出明确部署，并提出建设数字政府、构建全国一体化政务服务平台等重点任务，标志着我国数字政府治理迈上了新征程。但与西方发达国家较为先进的数字政府建设实践相比，我国数字政府建设起步晚，尚未形成行之有效的体系，在制度保障、法律体系和绩效管理等方面，我国数字政府仍有很长一段路要走。

2022年6月，国务院发布《国务院关于加强数字政府建设的指导意见》，明确指出，要"强化考核评估。在各级党委领导下，建立常态化考核机制，将数字政府建设工作作为政府绩效考核的重要内容，考核结果作为领导班子和有关领导干部综合考核评价的重要参考。建立完善数字政府建设评估指标体系，树立正确评估导向，重点分析和考核统筹管理、项目建设、数据共享开放、安全保障、应用成效等方面情况，确保评价结果的科学性和客观性"②。绩效管理能够为数字政府建设提供有效的制度激励，但不能忽视的是，在长

---

① 习近平：《中共中央关于坚持和完善中国特色社会主义制度 推进国家治理体系和治理能力现代化若干重大问题的决定》，共产党员网，2019年10月31日，https://www.12371.cn/2019/11/05/ARTI1572948516253457.shtml.

② 《国务院关于加强数字政府建设的指导意见》，中华人民共和国中央人民政府网站，https://www.gov.cn/zhengce/zhengceku/2022－06/23/content_5697299.htm.

期的政府绩效管理实践中，存在一些值得注意的倾向。一是绩效管理的目标导向性强。虽然我国的政府绩效管理方式各地存在差异，但由于政府绩效管理主体中政府机构占比极高，各种模式都带有目标责任考核制的特征，普遍采取自上而下的目标分解和任务考核，并主要依据官方统计数据进行绩效管理。绩效评价和最终绩效数据应用都受制于上级政府对于绩效管理目标的制定，容易诱发"数字出官、官出数字"和"上有政策、下有对策"的现象。二是缺乏更加科学的政府绩效评价方法。目前广泛采用的目标责任考核、公众满意度调查和第三方专业评价，三种绩效评价方式各有利弊。在目标责任考核制中，由于各部门的信息不对称，绩效评价有可能成为争取部门权力最大化的工具。在公众满意度调查中，参与评价的公众可能无法客观公允地进行评价，并且容易受到主观判断和心理预期的影响。引入第三方进行专业评价时，由于第三方评估市场发育不健全，第三方机构能力良莠不齐，因此有可能出现对政府部门认识不足、评价不准的情况。三是绩效信息的利用方式有限，绩效信息公开程度低。在政府绩效管理过程中，由绩效评价产生的绩效信息通常用于政府内部，用于考评奖励、人事决策、行政问责和预算编制等，绩效信息的运用缺乏相应的配套方案，绩效信息公开程度低也使得公众无法参与监督。我国当前的绩效信息透明度总体偏低，最应及时公开绩效信息的基层政府的信息透明度往往较差，同时还缺乏稳定的政府绩效信息公开平台。将绩效管理工具嵌入数字政府建设，既要规避绩效管理工具中的弊端，也应契合数字政府建设的需要；不仅要对"数据赋能"进行考评，更应对"整体协同"进行考评。[1]

（二）健全数字政府绩效管理的路径

我们从绩效管理制度调整、绩效管理组织安排和相关法律法规保障三个层面，提出一个数字政府绩效管理的框架设计。从数字政府"数据赋能"和"整体协同"两项基本特征出发，通过绩效管理工具推进数字政府建设。首先，必须从目标制定、绩效评估、绩效考核和数据安全四个环节调整数字政

---

[1] 马亮：《公众参与的政府绩效评估是否奏效：基于中国部分城市的多层分析》，《经济社会体制比较》2018年第3期，113-124.

府绩效管理的基本制度，将"数据赋能"和"整体协同"两类指标同时纳入绩效管理的目标体系中。其次，要建立数字政府绩效管理的组织体系，确保绩效管理工作顺利进行。再次，应建立完善数字政府绩效管理的法律法规，形成最高形式的制度保障。最后，通过制度调整之后的绩效管理工具，能够直接形成推进数字政府建设的制度激励，推动数字政府实现"数据赋能"和"整体协同"，而绩效管理的组织安排和法律法规保障，则能够进一步保证绩效管理发挥对数字政府建设的激励作用。

1. 数字政府绩效管理制度调适

第一，调整政府绩效管理的目标体系。在新公共管理学派的政府绩效管理中，目标制定通常注重"3E"，即经济、效率和效益，因而在实际的绩效管理过程中，就需要通过控制成本和投入以获得产出和效益，这种控制的理念在于利益最大化和成本最小化，以获取最高的效率。正是由于这种绩效管理的方法，最终可以大幅提高政府的行政"效率"，但这种"效率"大多是可量化的经济收益方面，从而引发了新公共管理运动的新难题。因此，采取政府绩效管理推进数字政府建设势必要将其管理的目标进行重新设定，以实现数字政府建设的最终目的。数字政府建设的关键点在于数字信息技术对于基层事务的帮助和推动政府结构扁平化并实现多元治理。相对来说，实现多元治理更为关键，数字信息技术的应用需要与之相匹配的组织结构才能发挥更大的作用，并且多元治理有助于政府更好地提供公共物品及服务。除此之外，原有的政府绩效管理目标通常是包含最终的产出和绩效，也就是政府提供服务的最终结果，而当前政府正处于数字化转型阶段，还没有过渡到数字政府的最终形态，因而可以把过程变量纳入绩效管理的考核体系中来。政府政务的最终结果是提供公共物品和公共服务，而数字政府建设的过程变量则可以考虑为推行政府数字化转型、打破科层制政府的部门分割和推进扁平化多元治理。因此，数字政府的绩效管理应将数字平台建设纳入目标考核体系。数字平台建设是打破部门间隔、推动部门间信息共享的重要中枢，在数字平台上，各类主体的定位更加合理、信息的传播和使用效率更高，从而能够更好地促进公共服务需求和供给的对接。建议相关部门可以将各部门整合度、参与度和政务信息整合情况作为部门间协同的绩效指标，将公众与政府的连接程度、信息成本和政府与公众交互程度作为公众与政府协同治理的指标。

第二，运用大数据进行数字政府建设绩效评价。在政府绩效管理的绩效评价过程中，应当借助数字政府的优势，利用政府大数据进行数字政府绩效评价工作。传统的绩效评价方法都具有较大的缺陷，公众满意度调查和第三方专业评价两种方法都受限于信息不对称，对政府绩效的评价无法满足准确、客观和全面的要求。大数据与传统数据不同，运用传统数据的方式是独享的、集中的和单向性的，而大数据的特性是规模性、多样性、高速性和高价值性，其数据结构是分散的、碎片化的，体现了社会开放性、权力多中心性和双向互动特性。利用政府大数据进行绩效评价，可以充分发挥政府大数据的优势和特性。首先，应当打破对评价指标数量和数据采集范围的限制，将评估对象的全部职能、全部职责、全部结果都纳入观测的范围。其次，为更加全面和合理地进行观测，应将数据范围扩展到政府提供公共物品和公共服务的事前、事中和事后全过程，实现政府绩效数据动态化监测。再次，政府大数据的获取源头应包含政府内部数据和社会运行数据。获取政府内部数据必须建立起规范的规章制度，开放各部门的数据权限，使政务数据能够及时汇总到数字平台；社会运行数据则包含了公众对政府提供的公共物品和公共服务的评价。最后，利用大数据对政府绩效进行监测是动态化的过程，不论是对政府内部还是对社会公众，利用大数据进行监测的技术含量都极高，因此要不断进行调整，并且应该体现出各地区的差异，做到因地制宜和因时制宜。

第三，依据绩效信息推进数字政府绩效改进。政府绩效管理的最终环节是利用绩效信息对政府行为进行改进，政府绩效信息的运用尤为重要。首先，应建立起明晰的政府职责体系，绩效管理部门根据大数据形成的报告解构政府绩效目标，然后将绩效目标细化到各个职能部门，形成政府内部各部门详尽的绩效分目标，并据此制定中长期战略和短期计划。其次，应建立多元主体协同参与机制，对数字政府建设全过程不断地进行评价、反馈、沟通和改进，更加注重多元主体协同参与，公布政府的绩效信息，引导社会公众通过监督、建议等方式参与数字政府绩效评价，推动构建政府主导、政企合作、社会参与的数字政府建设新格局，既促进政府与多元主体的互动和合作，谋求公共利益最大化，也体现了党坚持以人民为中心的发展理念，充分发挥党的政治引领和协调各方的作用。最后，建立绩效信息使用机制，绩效信息应反映对公众需求的实现程度，包括绩效目标制定、绩效执行、过程监控、绩效沟通、绩效考评、绩效审计等绩效管理不同阶段的运作情况，通过大数据获取海量不同形式的、反映绩效的多样性数据并进行利用，分析数据之间的关系进而将绩效信息用于问题诊断、决策支持、组织学习、绩效改进，增强公众对政务服务智能化和政府绩效管理数字化的体验和感受。

2. 完善数字政府绩效管理组织安排

第一，应成立负责数字政府绩效管理的专门部门。运用绩效管理工具推动数字政府建设，除了对绩效管理各环节进行重新调整以外，还必须建立相应的组织机构。获取数字政府建设的绩效信息，需要打破各部门之间的条块分割，同时还需要积极引导公众参与数字政府建设的绩效评价。因此，必须成立专门部门负责组织协调以上工作。第二，丰富绩效管理的评价主体。近年来，大量学者或者机构发布了数字政府绩效评价的结果，表明第三方评估主体具有较强的自主性和积极性。实现科学化的数字政府绩效管理，必须吸纳第三方专业机构、相关专家学者和公众作为评价主体，同时为了更好应用政府大数据获取绩效信息，也需要同第三方专业机构进行深度合作，因此需要建立和完善关于引入第三方主体参与数字政府绩效评价的机制。第三，健全引导公众参与的激励机制。数字政府的"数字赋能"和"整体协同"两项特征中，公众都扮演着重要角色，对数字政府建设进行绩效管理，引导公众参与也是应有之义。因此，应当加强政府对公众的数字政府需求作出积极回应，引导民众与政府之间形成良好的沟通和互动，提高公众参与的积极性。可以采取由点及面的方式，寻找中介组织、代表性企业和公众率先参与，加大对公众宣传力度，渐进引导公众对数字政府绩效进行评价和反馈。[①]

3. 建立完善数字政府绩效管理相关法律法规

第一，推动数字政府绩效管理法治化，做好数字政府绩效管理的顶层设计。法治是最高形式的顶层设计和制度发展，数字政府建设涉及政府的主导地位、多主体参与制度和政务数据的共联共通，相应法规的出台才能更好地发挥绩效管理对数字政府建设的推动作用。例如，在预算管理方面，2020年修订的《中华人民共和国预算法》多次提到了预算绩效管理相关内容，要求

---

① 马亮：《公众参与的政府绩效评估是否奏效：基于中国部分城市的多层分析》，《经济社会体制比较》2018年第3期，113-124.

各级政府、各部门、各单位对预算支出情况开展绩效评价，并要求各级人大对绩效结果进行重点审查。2022年国务院发布的《国务院关于加强数字政府建设的指导意见》中也提出，要完善法律法规制度，将经过实践检验行之有效的做法及时上升为制度规范，加快完善与数字政府建设相适应的法律法规框架体系。因此，推动数字政府绩效管理与时俱进，并逐步应用于相关法律法规文件中，是加快推进数字政府建设，实现国家治理能力现代化的应有之义。第二，完善数字政府数据利用和共享的相关法律法规，强化数字政府建设中的数据安全保障。数字政府的特点是在建立数据联通的基础上，实现政府治理形态的转变，利用绩效管理加快数字政府建设，更需要明确数据权属、打破部门分割，实现数字资源共享。要实现这一目标，除应根据绩效管理流程进行改进之外，还应完善数据安全和数据权属相关法律制度。首先，数字政府绩效管理涉及政府内部部门之间数据联通和政府与社会主体之间的数据共享，因此各地政府应明晰各类数据的产权边界，并制定相应的管理办法。其次，绩效信息的最终运用还应建立在源数据的安全基础上，各地政府应加大对涉及国家秘密、工作秘密、商业秘密、个人隐私和个人信息等数据的保护力度，落实主体责任和监督责任，构建全方位、多层级、一体化的信息安全防护体系。最后，应将数据安全纳入绩效管理目标体系之中，建立起动态监控、主动防御、协同响应的数字政府安全技术保障体系，完善日常监测、动态管理的数据安全保护机制。

五、加大经费投入，保障数字政府建设的技术和管理需求

加大经费投入，对于数字政府建设同样至关重要。我们认为，应至少在以下两个方面加大经费投入：

（一）加大经费投入，完善电子政务外网建设

标准统一的电子政务网络是推进"互联网＋政务服务"向数字化政府转型的重要基础，更是建设一体化数字政府的"脉络"。加强电子政务外网建设首先要严格坚持保密性原则，所有涉密信息严禁在电子政务外网存储、处理和传输。在新建的电子政务外网上，必须使用新电脑或非涉密电脑。如因操

作不当，造成违规接入或失泄密等严重后果的，依法依规追究相关单位和当事人责任。其次要保证电子政务网络稳定，建设电子政务外网备用线路，在主线发生故障时能迅速切换备用线路。在确保电子政务外网安全性和稳定性的基础上，应持续拓宽电子政务外网覆盖范围，推动所有机关企事业单位并入电子政务外网，形成横向连接党委、人大、政府、政协、法院、检察院等系统和单位，纵向贯通省、市、县、乡（镇、街道）四级，并与省市县纵向传输骨干网安全对接。最后要按照相关部门要求，研究制定电子政务服务网建设实施方案，以规范化、制度化的方式推动电子政务外网建设逐步完善。统筹推进数据中心建设和业务系统上云。机房或数据中心等硬件设施重复建设不仅增加了财政的负担，更是一种资源的浪费，要从源头上控制新建、续建独立的机房或数据中心，原则上不再另行采购硬件、云计算和信息安全等基础设施，原有的机房或数据中心要逐步进行淘汰，逐步取消原有机房，大力推动各机关单位业务应用系统迁移到政务云平台，让各个部门的业务和数据资源集中到统一的公共云平台上。应用系统上云不仅能够打破信息壁垒，促进数据的整合与共享，更能激发政务服务的创新活力。数字政府牵头部门要主动作为、全局统筹、通盘谋划，加强总体规划和顶层设计。加大统筹力度，整合现有政府信息化资源，实行统一规划、统一标准、统一管理、统一建设、统一监督，不断完善和提升政务外网的功能。

（二）加大经费投入，增加数字人才的有效供给

要加大数字政府建设支持力度，改革信息化项目财政资金投入方式，适度增加信息化项目资金额度，根据每年综合考量财力水平和数字政府建设实际需求，动态调整信息化项目资金。重点支持建设基础类、平台类、赋能类信息化系统，为上层应用建设提供坚实"底座"。撬动社会资本参与数字政府建设，通过社会资本的引入，既能为数字政府建设提供充足的资金，又能带来先进的技术。另外，培养引进专业的技术型人才也是夯实技术基础的重要环节。组织部门和用人单位要充分认识数字政府建设的重要意义，保障数字政府建设过程中的人才资源充足，为从事数字政府建设的专业技术人才在职称评定、职务晋升、福利改善等方面提供支持。在注重自身人才培养的同时，要坚持"走出去"与"引进来"并行的策略，将与数字政府建设相关的

技术人才和管理人才送到上海、浙江、福建、深圳、广州等数字政府建设绩效突出的省市学习和参观，让他们能够开眼界、长见识、增智慧，为高素质人才提供良好的干事创业的氛围。定期邀请知名专家进行数字政府建设相关技术和管理讲座或专业辅导，提升数字政府建设从业人员的技术水平和管理水平，加以考核选拔能力突出、工作积极的专业人才，夯实数字政府建设的人才基础。[①]

【本章小结】

新时代新征程，为实现我国数字政府建设现代化目标，需从完善顶层设计强化数字化服务理念，加大培训力度提升领导干部数字素养，加快数据资源开放实现政务数据共享，健全评价体系提升数字政府建设效能，加大经费投入保障数字政府建设管理需求等几个角度开展。在完善顶层设计强化数字化服务理念方面，首先要认识到政府数字化建设存在"业务部门与数据管理部门的权责和协调关系不顺""线上与线下流程和业务的协同程度有待提高""线上服务全网通办诉求与条块管理体制不匹配"等问题，而完善顶层设计需从"推动对各部门各层级数字治理工作明责确权""推进政府职责体系适应数字治理的要求""通过机构编制工作明确数字化责任和权力""提高对基层窗口的服务和支撑能力""通过数字化推进机构设置更科学合理""完善各个平台和条块的协同化"等六个角度整体规划。在加大培训力度提升领导干部数字素养方面，一是要增强领导干部数字化意识；二是要加强领导干部数字素养培训；三是要构建全员数字素养和技能培育体系；四是要加强基层党员干部数字技能培训。在加快数据资源开放实现政务数据共享方面，一是健全评价体系，提升数字政府建设效能；二是实现政务数据共享，实现协同治理；三是各部门间的责任划分要清晰。在加大经费投入保障数字政府建设管理需求方面，需重点在完善电子政务外网建设、加大经费投入和人才培养力度两个方面予以着手。

[①] 郑文学，贾宇云，伍骏骞：《数字政府建设中绩效管理的嵌入与路径》，《党政研究》2023年第1期，104-128.

【思考题】

1. 为什么说领导干部需要提高数字素养？

2. 什么因素影响了政府部门之间的数据共享？

3. 数字政府建设的经费如何得到保障？

【延伸阅读资料】

《国务院关于加强数字政府建设的指导意见》文件的出台是深入贯彻落实习近平总书记关于网络强国的重要思想，推进国家治理体系和治理能力现代化的重要举措，为下一阶段数字政府建设指明了方向。在推进数字政府建设过程中需重点把握好以下关键点。

一、坚持党的全面领导是推进数字政府建设的根本遵循

党的十八大以来，我国网络安全和信息化工作，实现深层次、根本性的变革，取得全方位、开创性的成就，最主要的经验就是坚持党的领导。

数字政府建设是一项系统工程，贯穿于政治、经济、社会、文化、生态文明建设各方面。我们要坚持党总揽全局、协调各方的领导核心作用，以前瞻性思考、全局性谋划、系统性布局、协同性推进的思路与方法统筹制度、组织、人员、技术和数据等各种资源，协调一致地开展数字政府建设的各项工作。一是在党的领导下健全科学规范的数字政府建设制度规则体系，推进政府职能转变，为国家治理体系和治理能力现代化提供有力支撑；二是在党的领导下推进数字化改革，融合新一代信息技术，丰富治理手段，进一步推动政府治理模式的变革，构建纵向贯通、横向协调、执行有力的数字治理体系；三是在党的领导下提升干部的数字治理能力，形成多层次、全方位的数字治理能力提升架构，在技能、知识方面提高基本数字技术素养，在政务、决策、服务等方面提高公共部门数字化转型的执行能力，在管理、效率方面优化数字化环境与创新发展的数字领导力等，创造加快推进政府数字化转型的人力资源环境。

二、坚持以人民为中心是推进数字政府建设的价值导向

党的十八大以来，以习近平同志为核心的党中央提出以人民为中心的发展思想，坚持一切为了人民、一切依靠人民。2016 年 4 月，习近平总书记在网络安全和信息化工作座谈会上指出，"网信事业要发展，必须贯彻以人民为

中心的发展思想"①。数字政府建设的根本目的就在于更好地为人民服务，不断增强人民群众的获得感、幸福感和安全感。

在数字政府建设中，要把以人民为中心的发展思想贯穿其中，把满足人民对美好生活的向往作为数字政府建设的出发点和落脚点，打造泛在可及、智慧便捷、公平普惠的数字化服务体系，形成让人民参与治理、人民监督政府、人民共享成果的格局。始终把是否让亿万人民在共享信息化发展成就上有更多的获得感作为衡量数字政府建设成效的主要指标。一是精准对接公众需求，持续优化全国一体化政务服务平台功能，全面提升公共服务数字化、智能化水平，着力破解企业和群众反映强烈的办事难、办事慢、办事烦琐问题，不断满足企业和群众多层次多样化服务需求；二是坚持数字普惠，促进数字包容，拓展公平普惠的民生服务，提高干部群众数字素养和能力，消除"数字鸿沟"，推进基本公共服务数字化应用，提升普惠性、基础性、兜底性服务能力，让数字政府建设成果更多更公平地惠及全体人民；三是提高风险防范意识，筑牢数据安全堤坝，完善法律法规制度，全面建设数字法治政府，依法依规推进技术应用、流程优化和制度创新，消除技术歧视，保障个人隐私，维护人民利益，在法治的轨道上和框架内保障公众的信任度和安全感。

三、坚持改革引领是推进数字政府建设的行动指南

党的十八大以来，党中央、国务院从推进国家治理体系和治理能力现代化全局出发，围绕实施网络强国战略、数字中国建设、"互联网+"行动等作出了一系列重大部署。2022年4月，习近平总书记指出，要全面贯彻网络强国战略，把数字技术广泛应用于政府管理服务，推动政府数字化、智能化运行，为推进国家治理体系和治理能力现代化提供有力支撑。②数字政府建设是引领驱动数字经济和数字社会建设发展，营造良好数字生态，加快数字化发展的必然要求；是建设网络强国、数字中国的基础性和先导性工程，坚持改革引领是推进数字政府建设的行动指南。

数字政府建设必须紧紧围绕经济社会发展迫切需要，着力强化改革思维，

---

① 习近平：《在网络安全和信息化工作座谈会上的讲话》，人民网，2016年4月26日，http://jhsjk.people.cn/article/28303771.

② 《习近平主持召开中央全面深化改革委员会第二十五次会议强调 加强数字政府建设 推进省以下财政体制改革》，人民网，2022年4月19日，http://jhsjk.people.cn/article/32403184.

注重顶层设计、系统工程和基层探索的有机结合、技术创新和制度创新的双轮驱动，以数字化改革助力政府职能转变，以数字政府改革建设为引领，推动政府、经济、社会全方面与数字化深度融合。一是提升政府治理能力，将数字技术广泛应用于政府管理服务，全面推进政府治理流程优化、模式创新和履职能力提升。二是优化政府治理体系，以数字化改革促进制度创新。坚持以优化政府职责体系引领政府数字化转型，以数字政府建设支撑加快转变政府职能，推进体制机制改革与数字技术应用深度融合。三是健全统筹协调机制，推动各类行政权力事项网上运行、动态管理，助力优化营商环境，精准服务行业和企业、城镇和乡村的发展需求，促进数字经济发展和数字社会建设，引领经济社会高质量发展。

四、坚持数据赋能是推进数字政府建设的发展动力

党的十八大以来，党中央、国务院高度重视数据基础资源价值，围绕实施大数据战略、发挥数据要素价值等作出了一系列重大部署，国务院印发《促进大数据发展行动纲要》，提出要加快培育数据要素市场。2017 年 12 月，习近平总书记在中共中央政治局第二次集体学习时强调，推动实施国家大数据战略，加快完善数字基础设施，推进数据资源整合和开放共享，保障数据安全，加快建设数字中国，更好服务我国经济社会发展和人民生活改善，习近平总书记指出"善于获取数据、分析数据、运用数据，是领导干部做好工作的基本功"①。

数据赋能是数字政府建设的关键和发展方向，一是建立健全数据治理制度和标准体系，创新数据管理机制，明确数据归集、共享、开放、应用、安全、存储、归档等责任，加快推进全国一体化政务大数据体系建设；二是加强数据汇聚融合、共享开放和开发利用，高度重视公共数据质量，依法依规促进数据高效共享和有序开发利用，充分发挥数据的基础资源作用和创新引擎作用；三是激发数据要素新动能，实现技术、业务与数据要素的深度融合，提高政府决策科学化水平和管理服务效率，提升各行业各领域运用公共数据推动经济社会发展的能力，充分释放数据要素价值，催生经济社会发展创新

---

① 习近平：《审时度势精心谋划超前布局力争主动 实施国家大数据战略加快建设数字中国》，《人民日报》2017 年 12 月 10 日第 1 版．

动力。

五、坚持整体协同是推进数字政府建设的实践路径

党的十九大报告提出了从 2020 年到 2035 年基本实现社会主义现代化的目标，高度强调了统筹推进"五位一体"总体布局的重要性。"十四五"时期进一步统筹推进数字政府、数字经济、数字社会、数字文化、数字生态建设，为建设成为社会主义现代化国家提供强有力的支撑。

数字政府、数字经济、数字社会、数字文化和数字生态的协同发展、互为支撑、彼此渗透、相互交融，将高质高效推进全国一盘棋的数字中国建设和发展。一是数字政府建设统筹推进技术融合、业务融合、数据融合，提升跨层级、跨地域、跨系统、跨部门、跨业务的协同管理和服务水平。通过部门间的协同合作机制，构建无缝衔接的数字政府协同高效数字化履职能力体系，向社会提供一体化公共服务。二是数字政府推进过程中的数字化投入、数字化服务、数字化政策和数字化监管等举措整体优化、融会贯通，打造适合数字中国融合发展的良好生态。三是数字政府推进过程中创造一种鼓励数字化转型的学习文化，积极塑造数字环境、优化组织结构、创新工作方式，为数字中国人力资源培育创造融合发展的优越条件。

六、坚持安全可控是推进数字政府建设的先决条件

党中央历来重视网络安全问题。党的十八大以来，以习近平同志为核心的党中央对网络空间安全提出了明确要求，党中央关于网络安全建设的进程有了重大推进，先后成立了中央国家安全委员会、中央网络安全和信息化委员会。习近平总书记指出，"网络安全和信息化是相辅相成的。安全是发展的前提，发展是安全的保障，安全和发展要同步推进"[1]。

在推进数字政府建设过程中，要坚持安全可控，数字政府基础设施、产品、服务、数据采用自主可控的先进技术、安全可靠的结构设计，规避各个环节的安全风险，增强网络安全防范意识。一是统筹建设数字政府关键基础设施，为各类政务信息化应用提供安全、稳定、可靠的计算和存储能力；二是建设完善政务数据共享交换平台，通过常态化网络安全保障机制，实现各

---

[1] 习近平：《在网络安全和信息化工作座谈会上的讲话》，人民网，2016 年 4 月 19 日，http://jhsjk.people.cn/article/28303260.

领域可信数据的节点部署；三是构建数据安全防护体系，厘清数据生产者、管理者、使用者责任，综合运用法律、制度、督查、监管等多种手段保障数据安全，推进可量化、可追溯、可评估的数据安全管理工作。①

① 王钦敏：《权威解读：加快推进数字政府建设》，人民网，2022 年 6 月 27 日，http://finance.people.com.cn/n1/2022/0627/c1004−32458063.html.

参考文献

[1] 黄璜：《数字政府：政策、特征与概念》，《治理研究》2020 年第 3 期．

[2] 姚水琼，齐胤植：《美国数字政府建设的实践研究与经验借鉴》，《治理研究》2019 年第 6 期．

[3] 郑家昊：《论政府类型从"统治"到"管理"的转变》，《天津行政学院学报》2013 年第 3 期．

[4] 张康之：《论风险社会中的"去中心化"》，《福建师范大学学报（哲学社会科学版）》2020 年第 5 期．

[5] 耿亚东：《大数据驱动政府模式变革：从管理型政府到服务型政府》，《内蒙古大学学报（哲学社会科学版）》2022 年第 4 期．

[6] 邵娜：《互联网时代政府模式变革的逻辑进路》，《海南大学学报（人文社会科学版）》2016 年第 1 期．

[7] 管志利：《政府数字化转型的总体性分析及合作治理之道》，《行政与法》2022 年第 10 期．

[8] 杨海锋，韦城宇：《西方整体政府对我国大部制改革的启示》，《中北大学学报（社会科学版）》2010 年第 4 期．

[9] 曾维和：《当代西方"整体政府"改革：组织创新及方法》，《上海交通大学学报（哲学社会科学版）》2008 年第 5 期．

[10] 陈国权，皇甫鑫：《在线协作、数据共享与整体性政府——基于浙江省"最多跑一次改革"的分析》，《国家行政学院学报》2018 年第 3 期．

[11] 许耀桐：《"最多跑一次"是深刻的行政革命》，《浙江日报》2018 年 4 月 12 日．

[12] 刘祺：《当代中国数字政府建设的梗阻问题与整体协同策略》，《福建师范大学学报（哲学社会科学版）》2020 年第 3 期．

[13] 徐晓林，明承瀚，陈涛：《数字政府环境下政务服务数据共享研究》，《行政论坛》2018 年第 1 期．

[14] 张成福，谢侃侃：《数字化时代的政府转型与数字政府》，《行政论坛》2020 年第 6 期．

[15] 解亚红：《"协同政府"：新公共管理改革的新阶段》，《中国行政管理》2004 年第 5 期．

[16] 王树文：《网络时代社会协同政府治理模式构建——基于政务微信的视角》，《学习与探索》2016 年第 3 期．

[17] 高轩：《当代西方协同政府改革及启示》，《理论导刊》2010 年第 7 期．

[18] 孔新峰，宋雄伟：《论英国"协同政府"的理念及对中国的启示》，《行政与法》2011 年第 6 期．

[19] 黄益平：《数字信用的应用与创新》，《中国金融》2023 年第 11 期．

[20] 齐海丽：《公民参与：服务型政府的建构路径》，《创新》2012 年第 1 期．

[21] 燕继荣：《服务型政府的研究路向——近十年来国内服务型政府研究综述》，《学海》2009 年第 1 期．

[22] 刘锋：《城市大脑的起源、发展与未来趋势》，《人民论坛·学术前沿》2021 年第 9 期．

[23] 中国信标委智慧城市标准工作组：《城市大脑发展白皮书（2022）》，2022 年 1 月．

[24] 邹静等：《城市未来社区的场景建设、居民融入与数字治理》，《电子政务》2023 年第 7 期．

[25] 王文彬，王倩：《基层治理数字化整体性转型：生态、逻辑与策略》，《深圳大学学报（人文社会科学版）》2022 年第 5 期．

[26] 宋潇，刘克，张龙鹏：《统合型数字治理：基层治理效能提升的理论逻辑与实践机制——基于深圳市龙华区的案例研究》，《电子政务》2023 年第 9 期．

[27] 胡仙芝，包海波，潘家栋：《数字化监管的应用场景模式析论——以浙江市场监管领域的数字化改革为例》，《中共福建省委党校（福建行政学院）学报》2022 年第 2 期．

[28] 刘亚平，李雪：《数字监管能力：概念界定、路径分析与实践演进》，

《中山大学学报（社会科学版）》2022 年第 6 期．

[29] 江小涓，黄颖轩：《数字时代的市场秩序、市场监管与平台治理》，《经济研究》2021 年第 12 期．

[30] 刘权：《数字经济视域下包容审慎监管的法治逻辑》，《法学研究》2022 年第 4 期．

[31]《让数据多跑路、基层少跑腿，数字赋能安全监管，这里有答案》，《中国应急管理报》2022 年 2 月 28 日．

[32] 冯登国，张敏，李昊：《大数据安全与隐私保护》，《计算机学报》2014 年第 1 期．

[33] 张勇进，王璟璇：《主要发达国家大数据政策比较研究》，《中国行政管理》2014 年第 12 期．

[34] 于浩：《大数据时代政府数据管理的机遇、挑战与对策》，《中国行政管理》2015 年第 3 期．

[35] 张引，陈敏，廖小飞：《大数据应用的现状与展望》，《计算机研究与发展》2013 年第 52 期．

[36] 王炯：《中小银行数字化风控体系构建的逻辑和策略》，《中华银行业》2023 年第 1 期．

[37] 张宇光，孙卫，刘贤刚等：《人工智能安全研究》，《保密科学技术》2019 年第 9 期．

[38] 江小娟：《加强顶层设计 解决突出问题 协调推进数字政府建设与行政体制改革》，《中国行政管理》2021 年第 12 期．

[39] 马亮：《数字政府建设：文献述评与研究展望》，《党政研究》2021 年第 3 期．

[40] 胡税根，杨竞楠：《新加坡数字政府建设的实践与经验借鉴》，《治理研究》2019 年第 6 期．

[41] 叶战备，王璐，田昊：《政府职责体系建设视角中的数字政府和数据治理》，《中国行政管理》2018 年第 7 期．

[42] 王伟玲：《加快实施数字政府战略：现实困境与破解路径》，《电子政务》2019 年第 12 期．

[43] 学习时报：《从建设"智慧城市"向提升"城市智慧"转变》，新华

网，2020 年 6 月 18 日，http://www.xinhuanet.com/politics/2020-06/18/c_1126128
934.htm.

[44] 董姝瑶：《人工智能冲击下的政府应对》，海报新闻，2023 年 6 月 25
日，http://w.dzwww.com/sjb/index.php?c=ad&a=show&id=pdOuHfZAxe.

[45] 王建，魏伟：《数字城市新基建之城市大脑：历程、机理、运营浅析》，
二七区人民政府网，2020 年 5 月 25 日，https://public.erqi.gov.cn/D3602Y/3332023.
jhtml.

[46]《"城市大脑"概念的提出与发展概述》，中国安防行业网，2019 年 9
月 12 日，http://news.21csp.com.cn/c16/201909/11388840.html.

[47] 活在信息时代公众号：《城市大脑（一）：概述》，知乎，2022 年 11
月 24 日，https://zhuanlan.zhihu.com/p/586449194?utm_id=0.

[48] 亿信华辰：《什么是城市大脑？》，知乎，2022 年 7 月 13 日，https://
www.zhihu.com/question/279634047/answer/2414981684.

[49] 黄建伟：《数智赋能网格化社会治理的"疏堵"之策》，光明网，
2022 年 12 月 12 日，https://m.gmw.cn/baijia/2022-12/12/36229711.html.

[50] 浙江工业大学：《社区治理数字化转型的发展现状和制约机制研
究——以杭州市为例》，浙江大学公共政策研究院网，2022 年 2 月 23 日，
http://www.ggzc.zju.edu.cn/2022/0302/c54204a2502370/page.htm.

[51]《舟山：数字监督治海，智慧平台连"岛"成"陆"》，新华每日电
讯，2023 年 5 月 23 日，http://www.news.cn/mrdx/2023-05/23/c_1310720956.htm.

[52] 宁波市委编办：《宁波市委编办打造预警监督平台加强数字监管能力
建设》，中国机构编制网，2021 年 11 月 11 日，http://www.scopsr.gov.cn/cxgl/
jdjc/202111/t20211111_382998.html.

[53] 戚聿东：《完善线上市场监管体系 引导数字经济健康发展》，国家
市场监管总局，2022 年 2 月 16 日，https://www.samr.gov.cn/zw/zfxxgk/fdzdgknr/
xwxcs/art/2023/art_a64d686b1d5a44108fc99e94570be7bc.html.

[54] 王绍绍：《数字监管持续发力 为平台健康发展系上"安全带"》，人民网，
2023 年 4 月 3 日，http://finance.people.com.cn/n1/2023/0403/c1004-32656397.html.

[55] 袁康：《以社会信用体系数字化助力数字经济健康发展》，光明网，
2022 年 9 月 30 日，https://theory.gmw.cn/2022-09/30/content_36060484.htm.

[56] 韩家平：《数字时代的交易模式与信用体系》，信用江苏，2020 年 9 月 18 日，http://credit.jiangsu.gov.cn/art/2020/9/18/art_78395_9510953.html.

[57] 光明网：《区块链技术赋能数字政务创新》，中国网，2022 年 12 月 6 日，http://union.china.com.cn/cmdt/txt/2022-12/06/content_42194950.html.

[58] 徐新星：《"数字信用"帮中小企业普惠融资按下"快捷键"》，中工网，2021 年 12 月 12 日，https://www.workercn.cn/c/2021-12-12/6848728.shtml.

[59] 广东台新闻频道新浪微博：《数字政府建设跑出"广东模式"》，2022 年 5 月 25 日，https://weibo.com/ttarticle/p/show?id=2309404773127984120384.

[60] 习近平：《国家中长期经济社会发展战略若干重大问题》，求是网 2020 年 10 月 31 日，http://www.qstheory.cn/dukan/qs/2020-10/31/c_1126680390.htm.

[61] NAMT. Determining the type of e-government use[J]. Government Information Quarterly, 2014,31(2):211-220.

[62] ERGAZAKISE, ERGAZAKIS K, ASKOUNIS D, et al. Digital Cities: Towards an Integrated Decision Support Methodology[J]. Telematics and Informatics, 2011(28):148-162.

[63] PAZALOSK, LOUKISE, NIKOLOPOULOS V. A Structured Methodology for Assessing and Improving e-Services in Digital Cities[J]. Telematics and Informatics, 2012(29):123-136.

[64] Liu T, Yang X, Zheng Y. Understanding the evolution of public-private partnerships in Chinese e-government: Four Stages of Development[J]. Asia Pacific Journal of Public Administration, 2020,42(04):222-247.

[65] Burak Erkut. From Digital Government to Digital Governance: Are We There Yet?[J]. Sustainability, 2020,12(03):860-873.

[66] Ines Mergel. Digital service teams in government[J]. Government Information Quarterly, 2019,36(04):101389.

[67] Hansson K, Belkacem K. Open Government and Democracy: A Research Review[J]. Social Science Computer, 2015(05):540-555.

[68] Siskos E, Askounis D, Psarras J. Multicriteria decision support for globale-government evaluation[J]. Omega, 2014,46(07):51-63.

[69] Mossberger K, Wu Y, Crawford J. Connecting citizens and local

governments? Social media and interactivity in major U.S.cities[J]. Government Information Quarterly, 2013,30(04):351–358.

[70] Dawes S S. The Evolution and Continuing Challenges of E-Governance[J]. Public Administration Review, 2010,68(06):86–102.

[71] Marche S, Mcniven J D. E-Government and E-Governance: The Future Isn't What It Used To Be[J]. Canadian Journal of Administrative Sciences, 2010, 20(01):74–86.

[72] Macintosh A. The emergence of digital governance[J]. Significance, 2010, 5(04):176–178.

[73] Alexander van Deursen, Jan van Dijk. Civil Servants' Internet Skills: Are They Ready for E-Government?[J]. Lecture Notes in Computer Science, 2010, 6228(01):132–143.

后　记

本书是国家社科基金课题《大数据赋能超大城市流动人口公共服务精细化研究》(课题号：20BZZ086)的阶段性研究成果。本书在出版的过程中得到了人民日报出版社的大力支持，在此表示深深感谢。

时代是思想之母，实践是理论之源。我们在数字政府建设的历史实践中，要做到准确识变、科学应变、主动求变，才能在实现网络强国和数字中国建设过程中赢得主动，才能在新时代和新的伟大斗争中赢得胜利。因此，我们要以更宽广的视野、更长远的眼光来思考和把握国家推进数字政府建设面临的一系列重大战略问题，既要作好理论总结，又要善于实践创新，以"时不我待"的精神和"时时放不下"的责任感，稳步推进我国数字政府建设。

最后，感谢中共天津市委党校（天津行政学院）、天津大数据管理中心的各位领导和老师在本书编写过程中给予的关心、支持和帮助；感谢课题组全体成员在本书编写过程中的通力合作，感谢我的家人在我撰写书稿过程中给予的关爱和支持。

"卧久者，行必远；伏久者，飞必高。"只要我们能够塌下心来，潜心研究专业知识，就一定能够实现从量的积累到质的飞跃。在未来的职业生涯中，我会和我的团队重整行装再出发，在专业理论和实践方面不断探索和总结，为书写中国式现代化之数字政府篇章贡献自己的绵薄之力。

王　健　于天津
2024 年 5 月 28 日